밤의

숨소리

상담사 치아 지음

밤의 숨소리

내숭 없이 솔직하게, 어른을 위한 관계 수업

FIKA

PROLOGUE

_____ "피임은 주로 질외사정을 해요. 안 되나요? 지금까지 아무 문제없었는데."

_____ "넣고 나서 다섯 번 왕복하고 사정했어요. 창피해요. 저, 조루인가요?"

_____ "성관계 중에 남자 친구의 성기가 자꾸 빠져요. 남자 친구는 제 질이 헐렁해서 그
렇대요."

_____ "거의 매일 자위합니다. 섹스중독일까 봐 무서워요."

_____ "오르가슴을 느껴본 적이 한 번도 없어요. 저, 불감증일까요?"

하루에도 수십 통씩 배달되는 성 상담 메일들. 그 안에는 아름다운
20대 청춘들의 불안, 초조, 걱정, 근심, 편견, 오해, 절망의 감정들이 가
득 담겨 있습니다. 몇 날 며칠 심각하게 고민한 끝에 용기를 내 보내온
메일들이죠. 메일을 보낸 분들에게 저는 가장 먼저 "이 고민은 당신 혼
자만 하는 것이 아닙니다."라는 이야기를 해주고 싶습니다. 성 상담 메
일을 보낸 분들은 대부분 '내가 부족해서 이런 일을 겪는 걸까?', '혹시
내 몸이 정상이 아닐까?' 하는 생각에 괴로워합니다. 절대 아닙니다. 대
부분 몰라서 또는 여건이 되지 않아서 실수하고 답을 찾지 못하는 것뿐
이지, 절대 무언가 잘못했거나 우리 몸의 어딘가가 부족해서가 아닙니
다. 그저 모두가 경험하는 '통과의례'라고 생각하면 됩니다.

시대가 변해 이제는 너도나도 '성(性)'에 대해 편하게 이야기한다지
만, 그래도 교육 현장에서는 아직 변하지 않은 것이 있습니다. 학교 성

교육이 여전히 임신 예방, 성폭력 예방에만 집중되어 있다는 사실 말입니다. 물론 꼭 필요한 교육입니다. 문제는 그것만 가르친다는 것입니다. 임신을 예방하기 위해 성기의 생물학적 형태와 임신의 원리, 성폭력 대처법을 배웁니다. 청소년의 몸은 아직 성관계를 받아들이기에는 미성숙하고 위험하니 절대 섹스를 해서는 안 된다고 말입니다.

하지만 현실은 어떨까요? 통계에 의하면 이미 대한민국 청소년의 5.4%(여성가족부 유해환경접촉 실태조사, 2014)는 성관계를 하고 있습니다.

맞습니다. 청소년기에 자칫 임신이라도 하면 신체적 성장은 물론 사회적 성장에도 나쁜 영향을 받을 수 있습니다. 그러니 청소년기의 성교육이 예방에 치우쳐 있는 것은 그렇다손 치더라도, 성인이 된 뒤에는 어떤가요? 그렇게 미성숙한 청소년기를 지나 이제는 성인이 된 청춘에게 "이젠 성인이 되었으니 즐겁게 섹스할 수 있잖아. 그러니 어떻게 하면 행복하게 섹스할 수 있는지 알려줄게."라고 말해주는 사람이나 교육 과정이 있던가요? 대학교 교양 커리큘럼이나 공공기관에서 관련 과정을 개설해 의무적으로 교육해주던가요?

인간은 단순히 임신하기 위해 성관계를 하는 게 아닙니다. 그럼에도 불구하고 여전히 우리 사회는 섹스를 그저 음담패설의 소재 정도로 삼

습니다. 어느 누구 하나 "이렇게 섹스하는 게 더 행복해."라고 가르쳐주
지 않고 교육의 대상이라고 생각하지도 않습니다. 어떤 체위가 좀 더 오
르가슴을 잘 느낄 수 있으며, 어떻게 삽입하고 움직여야 성적 만족을 더
크게 얻을 수 있는지 알려주지 않습니다.

그렇다면 '더 행복하고 짜릿하게' 섹스하려면 우린 도대체 어디서
어떻게 정보를 얻어야 하는 걸까요? 아니, 하다못해 '더'는 포기하더라
도 그저 '건강하고 바람직하게'만이라도 하고 싶다면요? 윗세대가 그랬
던 것처럼 우리도 야동을 보면서 하나하나 시행착오를 겪으며 방법을
배워야 하나요? 이젠 누군가 그 '경험'을 정리해서 알려주면 안 되는 걸
까요?

성적인 이야기는 그저 농담과 웃음의 소재로만 소비되어 왔습니다.
어쩌다 용기를 내 성욕이나 섹스, 자위에 대해 진지하게 이야기할라치
면 '헤픈 사람' 취급을 받기 일쑤였지요. 성과 관련해서는 고민을 털어
놓기만 해도 그 자체로 자존심이 상하고 주위의 놀림감이 되는, 이런 말
도 안 되는 사회 분위기를 이제는 청춘들이 앞장서서 박살을 내주어야
할 때입니다. 조금 더 뻔뻔하고, 조금 더 자연스럽게 말입니다.

이제 막 사랑을 시작한 청춘들이, 누군가를 만나고 사랑하고 헤어질
때까지의 그 긴 시간 동안 궁금해할 수많은 질문에 대해 나름의 답을

정리해보고 싶었습니다. 열정적으로 사랑하되 좀 더 안전하고 아름답게 인연을 가꿀 수 있는 다양한 정보를 한데 정리하여 알려주고 싶었습니다. 검색만으로도 수많은 정보를 얻을 수 있는 세상이지만, 어떤 정보가 참이고 어떤 정보가 거짓인지, 또 어떤 정보가 꼭 알아두어야 할 유익한 정보인지, 개인이 확인하기는 어렵습니다. 이 책이 정보의 바다에서 당신에게 꼭 필요한 정보만을 선별하고 다듬어 제시하는 큐레이터 역할을 할 수 있기를 바랍니다. 이 책이 출간되기까지, 제 블로그의 많은 독자들이 자신의 목소리를 아낌없이 들려주었습니다.

지금부터 그 '소중한' 정보를 하나하나 공유하겠습니다.

상담사 **치아** 드림

CONTENTS

CHAPTER 2

어디까지 해봤니?

애무에서 삽입까지
- 성 응용 편 -

첫 경험에서 피임까지
- 성 상식 편 -

어디까지 알고 있니?

쫄지 마!
삽입보다 중요한 건
따로 있으니까

1

첫 경험

1

섹스 경험이 없는 여자 친구, 정말 준비해야 할 것은

지금 만나고 있는 여자 친구는 섹스 경험이 없습니다. 저 역시 경험 없는 여자를 만나는 건 처음이고요. 여자 친구가 준비될 때까지 충분히 기다려줄 생각입니다. 다만, 여자 친구에게 신경을 많이 써주고 싶은데 저도 경험이 없는 여자 친구는 처음이다 보니 무엇을 어떻게 해야 할지 잘 모르겠습니다. 이런저런 글을 읽어보니 마음을 열고 남자 친구와 첫 경험을 했다가 너무 아팠다거나 만족하지 못해서 다시는 섹스를 안 하려는 경우도 있더군요. 여자 친구의 첫 경험이 아프기만 한 기억으로 남는다면, 저도 속상하고 상처가 될 것 같습니다. ㅠㅠ

사연 주신 분의 마음이 너무 예쁘고 사랑스럽습니다. 여자 친구의 첫 경험을 이렇게 신경 쓰고 준비하는 남자 친구라면 다른 모든 점에서도 만점이 아닐는지요. 보채지 않고 여자 친구가 마음의 준비가 될 때까지 기다려주고, 여자 친구의 첫 경험을 위해 무엇을 할 수 있을지 진지하게 고민하는 것만으로도 충분히 100점짜리 남자 친구입니다. 여자

친구를 대신해서 제가 고마워하고 싶을 정도네요.

첫 경험은 누구나 서툴고
많은 것이 궁금합니다

여성이라면 뱃살 접히는 걸 보고 뚱뚱하다고 하지 않을지, 혹시 몸 어딘가에서 냄새가 나는 건 아닐지, 손은 어디에 두어야 할지, 다리는 얼마나 벌려야 하는지, 애무는 어떻게 해야 하는지, 음경이 들어올 때 엉덩이도 움직여야 하는지, 허벅지에도 힘을 주어야 하는지, 그냥 누운 채 천장만 바라보고 있으면 되는 건지, 아니면 상대의 눈을 바라봐야 하는 건지, 그도 아니면 감는 게 좋은 건지, 첫 경험은 원래 아픈 건지, 내가 불감증이어서 아무 느낌이 없는 건지, 신음은 좋지 않아도 내야 하는 건지, 끝나면 어떤 말을 해야 하는 건지 등 하나부터 열까지 궁금한 것 투성이입니다.

물론 남성도 마찬가지입니다. 콘돔 끼우는 법을 여러 번 숙지하고 왔음에도 거듭 씌우기에 실패하기도 하고, 야동에서는 잘만 벗기던 브래지어 후크가 왜 이리도 안 풀리는지 버벅거리기도 하죠. 어디부터 만져야 하는지, 어디를 만지면 좋아할지, 들어가야 할 곳은 왜 이렇게 안 찾아지는지, 이곳저곳으로 밀어 넣다가 애먼 곳에 힘을 주어 상대의 비명을 듣기도 합니다. 그렇게 끙끙거리다 결국 아무것도 하지 못한 채 스르르 발기가 풀려버리기도 하죠.

인터넷이나 유튜브를 검색하면 이런 질문에 대한 답이 많지만, 사실 정답이 무엇인지는 전혀 중요하지 않습니다. 첫 경험은 누구나 서툴고 어색하니까요. 또 그래서 아름다운 거니까요. 지금은 자신의 서툰 모습이 부끄럽겠지만 시간이 한참 지난 후에는 실수투성이였던 첫 경험의 기억이 훨씬 소중하고 아름답게 남을 겁니다. 앞으로 조금씩 알아가고 또 조금씩 익숙해질 거고요. 물론 첫 경험부터 더 많이, 더 정확하게 알고 있다 해서 나쁠 건 없습니다. 다만, 모르고 서툰 자신의 모습에 기죽거나 주눅 들지 마세요. 처음은 서툰 게 더 자연스러운 거고, 또 자연스러운 게 아름다운 것입니다.

첫 경험, 집중할 것은 이론이 아닌 연인의 '몸'입니다

첫 경험의 아픔은 처녀막의 손상에서 오는 물리적인 파열의 고통과 삽입을 한 번도 경험해보지 않았던 여성의 질이 처음으로 음경의 굵기만큼 벌어지면서 질 주변 근육이 경험하는 뻐근한 통증, 그리고 첫 경험의 긴장으로 몸 전체가 경직되면서 느껴지는 몸 다양한 부위의 근육통이 원인입니다. (지금부터 일제강점기에나 어울릴 법한 '처녀막'이라는 단어 대신 '질 입구막'을 사용하겠습니다.)

질 입구막은 아무 기능이 없는 막 형태의 섬유조직일 뿐이지만, 신체 일부이기 때문에 파열되면 아플 수밖에 없습니다. 이 질 입구막이 단단하거나 두껍다면 남보다 통증이 강할 수도 있죠. 물론 다양한 원인으로 인해 질 입구막이 없거나, 질 입구막이 얇거나, 질 벽에 둘러쳐져 있어서 물리적으로 '파열'되지 않는다면, 운 좋게도 질 입구막으로 인한 통증은 없을 것입니다.

질 입구막도 피부이므로 첫 경험으로 인해 파열되면 피가 날 확률이 높습니다. 물론 파열되었더라도 피가 나지 않는 경우도 있습니다. 피가 나더라도 양은 사람마다 다릅니다. 그러니 많다고 놀랄 필요도, 적다고 이상하게 생각할 필요도 없습니다. 잠깐 비치고 끝나는 경우도 있고, 다음 날까지도 팬티에 피가 비치는 경우도 있습니다.

질은 무척 유연한 기관이라서 첫 경험이더라도 음경 정도의 굵기가 들어올 수 있을 정도로 충분히 늘어나지만, 긴장된 상황에서는 통증을 느낄 수 있습니다. 이럴 때는 이론으로 배운 지식을 되새기면서 머리 쓰려고 노력하기보다는 그저 상대의 '몸'에만 집중한 채 정성스럽게 애무하고 사랑해주는 게 도움이 됩니다. 그렇게 아주 천천히 부드럽게 오랜 시간 함께한다면 여성의 몸도 통증을 덜 느끼게 될 것입니다.

2

두려운 첫 경험,
그럴수록 리드하세요

남자 친구가 첫 경험을 하고 싶어 합니다. 물론 남자 친구도 처음이고요. 근데 저는 무섭습니다. 서로 처음이다 보니 선무당이 사람 잡는다고 자칫 섹스 후에 몸에 어떤 문제가 생길까 봐 걱정되기도 합니다. 남자 친구한테 어디 가서 해보고 오라고 할 수도 없고, 어쩌죠? ㅠㅠ

걱정하는 건 당연합니다. 첫 경험이니까요. 물론 상대가 경험 많은 능숙한 남자라면 첫 경험이 조금 더 부드럽고 자연스럽게 이루어질 가능성도 있습니다. 하지만 그건 경험이 있고 없고의 문제라기보다는 '인성'의 문제에 더 가깝습니다. 상대를 배려할 줄 아는 남자는 첫 경험이더라도 여성을 중심에 두고 행동할 테니까요.

무조건
밀고 들어오려고 하면

남녀 모두 첫 경험이라면 둘 다 잔뜩 긴장한 상태일 테고 애무도 능숙하지 않을 가능성이 큽니다. 긴장 상태에서 애무가 충분히 이뤄지지 못하면 '삽입을 위한 몸 상태'가 되기 어렵습니다. 남자 친구가 조바심을 내며 밀고 들어오려고 하면 양 손바닥으로 상대의 가슴을 지그시 밀어주세요. 조금만 천천히, 부드럽게 해달라고 사랑스러운 말투로 부탁하면 됩니다. 안으로 무조건 들어오기보다 음경이 질 입구를 스치는 느낌도 좋으니 질 바깥에 좀 더 머물면서 외음부와 음경이 마주하며 키스하게 해달라고 하세요. 그렇게 외부에서 오랫동안 머물게 하면, 남자는 스스로 흥분을 가라앉히고 천천히 그리고 부드럽게 자신이 아는 다양한 방법으로 좀 더 오래 애무에 집중할 겁니다. 서로의 몸을 애무하다 보면 흥분한 여자의 몸에서도 충분한 애액이 흐르게 될 테고요.

만약 성관계 시 통증이 있다면 반드시 아프다고 말해야 합니다. 아프다는 말도 못 하고 신음만 내면 남자는 그 신음의 의미를 모릅니다. 경험이 있는 남자라도 여자가 내는 신음이 정확히 무엇을 의미하는지 아는 사람은 많지 않습니다. 특히 섹스가 처음인 남자는 아파서 내는 신음을 흥분해서 내는 소리라고 착각할 수도 있습니다. 그러니 분위기 깨지는 것 따위는 걱정하지 말고, 아프면 아프다고 솔직하게 말하세요. 어디가 어떻게 아프니 어떻게 해주면 좋을 것 같다고 말입니다.

남자 친구가 긴장해서 서두르는 게 느껴진다면, 오히려 여성이 상대가 부드럽게, 그리고 천천히 들어오도록 리드하면 좋습니다. 질 입구를 못 찾으면 더욱 조바심을 내며 빨리 넣는 데만 집중할 수도 있거든요. 그렇게 삽입을 시도하면 여성은 통증을 느끼게 되고, 더러는 그 과정에서 빨리 사정해버리거나 발기가 죽어버리는 일도 생길 수 있습니다.

남자 친구가
질 입구를 찾지 못한다면

그럴 때는 남성의 음경을 살짝 쥐고 나의 질 입구에 갖다 대주어도 좋습니다. 부끄러워하지 마세요. 내가 사랑하는 사람의 몸이니까요. 정 민망하면, 남자의 손가락을 잡고 "여기인 것 같아." 하고 알려주어도 됩니다. 그렇게 정확한 위치만 알려주어도 남자는 이내 자신감을 회복하고 들어올 수 있습니다. 단, 아주 천천히 들어오도록 이끌어주세요.

첫 경험이 고통스러웠던 여성 중 일부는 앞으로도 아프기만 할까봐 걱정하는데, 그러지 않아도 됩니다. 한 번 삽입을 경험한 여성의 몸은 그 느낌을 기억하고 다음 번에는 이 기억을 활용하여 즐기기 시작할 테니까요.

3

첫 경험부터
오르가슴을 느낄 수 있을까요?

남자 친구와 첫 경험을 했습니다. 조금 아프긴 했지만, 많이 배려해준 덕분에 '사랑받는' 느낌은 충분히 들었어요. 그런데 오르가슴은 느낄 수 없었습니다. 전 사실 성욕이 많고 성에 대한 호기심도 많아서 어릴 때부터 자위를 시작했습니다. 그간 성관계를 하지 않았음에도 자위를 하며 언제든 오르가슴을 느낄 수 있었죠. 문제는 현재 상황인데, 지금은 실전이잖아요. 전 불감증도 아니고, 남자 친구도 섹스할 때 제 요구사항을 다 들어주는데 아직 한 번도 오르가슴을 느낀 적이 없습니다. 도대체 뭐가 문제일까요?

맞습니다. 자위를 한 번도 안 해봤거나 아직 오르가슴을 한 번도 느껴본 적이 없다면 모를까 어릴 적부터 자위도 해왔고, 또 그 과정에서 오르가슴도 자주 느꼈다면, 섹스를 하면서 오르가슴을 경험하지 못하는 지금 상황이 이해하기 힘들 겁니다.

이해하기 어렵지만 첫 경험에서 오르가슴을 못 느끼는 건 자연스러

운 일입니다. 자위로 경험하는 오르가슴과 삽입 섹스로 경험하는 오르
가슴은 완전히 다르거든요. 또한 대개 첫 경험에서는 오르가슴이 없습
니다.

처음부터 최고의 오르가슴을 느끼는 건 불가능합니다

조사에 의하면 20대 여성의 73%가 계획 없이 우연히, 충동적으로
첫 경험을 치렀으며, 그중 81%는 실망스러웠다고 합니다. 이처럼 대부
분의 경우 첫 경험에서 황홀감에 온몸을 부르르 떠는 오르가슴을 느끼
지는 못합니다. 경험해보지 못한 낯선 행동들, 남에게 내 알몸을 내보이
는 당혹스러움, 게다가 삽입의 과정은 오르가슴보다는 통증이 먼저 느
껴지는 경험입니다. 이러한 상황에서 온몸의 성적 차크라를 열어주는
극한의 쾌감이나 오르가슴을 이야기하는 건 조금 성급한 바람일 수 있
겠죠.

물론 10대부터 자위를 통해 본인의 성감을 개발해왔다면 조금 다르
긴 합니다. 그런 점에서 사연 주신 분은 혼자만의 문제로 치부하기보다
는 파트너와의 관계를 포함, 두루 검토해보고 판단해야 할 것 같습니다.
하지만 사위에 익숙하지 않은 여성은 성인이 된 뒤에 비로소 섹스를 접
했을 테니, 20대에 온몸의 성감대가 열리고 최고의 오르가슴을 느끼는
건 애초에 불가능한 경험이라고 보는 것이 맞습니다.

20대의 섹스에는, 다른 나이의 섹스와는 비교되지 않는 20대만의 오르가슴이 있습니다. 바로 폭풍 같은 사랑의 열정과 설렘입니다. 사실 그런 '사랑의 오르가슴'에 비하면 섹스에서 경험하는 오르가슴은 정말 보잘것없는 것일지도 모릅니다. 그러니 사랑하는 사람과의 섹스에서 오르가슴을 못 느껴 걱정하기보다는 지금은 '사랑' 그 자체에 집중하면 됩니다. 심지어 오르가슴을 전혀 느껴보지도 못한 채 20대를 보내더라도 (뜻밖에 오르가슴을 전혀 못 느껴본 여성도 많습니다.) 걱정하지 마세요. 오르가슴은 반복과 노력, 경험에 의해 반드시 만들어지니까요. 이 이야기는 뒤에서 더 자세히 다루겠습니다.

오르가슴은 불감, 속궁합의 문제가 아닙니다

첫 경험에서 오르가슴을 느끼지 못한 것은 오히려 정상입니다. 내가 불감이어서 또는 상대방이 애무에 서툴러서, 혹은 커플의 속궁합이 맞지 않아서 오르가슴을 느끼지 못하는 것이 아닙니다.

모든 경험은 실력을 낳고 실력은 만족을 낳는 법입니다. 지금부터라도 '건강한 자위'를 시작해서 자신의 성감대를 개발한다면 오르가슴의 고지는 훨씬 빨리 다가올 것입니다. 그렇게 시간이 지나고 횟수가 늘어가면서 점차 경험을 쌓다 보면 섹스를 즐기는 요령도 생기고, 여유도 생기고, 실력도 늡니다. 그러니 절대 조급해하지 않아도 됩니다. 수십 년의 행복한 시간이 기다리고 있는데 시작부터 너무 큰 걸 바라는 건 욕심 아닐까요?

또 여성의 몸은 임신과 출산을 겪으면서 많이 바뀝니다. 호르몬의 양도, 질의 구조도, 신경의 민감도도, 그리고 마음가짐도 말입니다. 이 황금 같은 변화의 시기에 오히려 섹스리스의 터널로 들어가는 암울한 부부도 있지만, 건강하게 변화해왔다면 30대 중반을 넘어 40대에 들어서면 이젠 스스로 민망해할 정도로 성욕을 자주 느끼는 자신을 발견할 수 있을 겁니다. 이전에는 손톱만큼의 느낌도 없었던 자극에도 온몸이 부르르 떨리며 애액도 많아지고, 몸의 감각들이 이전보다 강하게 살아나 잠깐의 애무에도 오르가슴을 위한 모든 준비가 완료되기도 할 것입니다. 그러니 지금부터 그 모든 것을 한 번에 소유하려는 욕심은 잠시 접어두세요. 단 한 번의 경험만으로 자신을 불감증이라 진단하고 절망과 자책에 빠지지도 말고요. 잊지 마세요. 첫 경험은 오르가슴이 없어도 그 순간 느끼는 설렘과 떨림만으로 충분히 아름답고 가치 있는 추억이라는 걸요.

4

중요한 건
삽입 자체보다 과정입니다

좋아하기는 하지만, 사귈 일은 없는 상대와 첫 경험을 했습니다. 그는 저를 미칠 듯 사랑해주지는 않지만, 평소 많이 배려해주는 사람입니다. 아주 사랑하는 사람과 첫 경험을 하지 않으면 후회할 줄 알았는데 생각보다 덤덤했습니다. 아주 아팠고 피가 났지만요. 열렬히 사랑하지 않아도 그저 나를 배려해주는 사람과 첫 경험을 해도 괜찮다는 생각이 들었습니다. 내가 누구랑 잤든 내가 참 괜찮은 나라는 사실에는 변함이 없으니까요. 오히려 다음에는 더 즐겁게 할 수 있을 거라는 생각이 들었어요.

사연 중 "내가 누구랑 잤든 내가 참 괜찮은 나라는 사실에는 변함이 없으니까요."라는 표현이 매우 인상적이었습니다. 맞습니다. 아주 많은 여성들이 첫 경험에 대해 환상을 갖고 있습니다. 그리고 그 환상과 다른 경험을 하고 나면 절망하거나 괴로워합니다. 물론 환상이 컸던 만큼 실망도 크겠지만, 사연 주신 분처럼 정말 중요한 건 '내가 그 일을 어떻게 받아들이느냐.' 하는 것입니다. 첫 경험은 누가 나에게 주는 선물이 아니라 스스로 만들어가는 기록이니까요.

첫 경험에 관한 한
남자와 여자의 기대는 매우 다릅니다

나의 첫 경험은 어땠나요? 기대만큼 환상적이었나요? 아니면 아직 못 해봐서 기대도 되지만 걱정도 되나요? 사실 대부분 첫 경험은 '술에 만취해서', '남자 친구가 너무 강하게 요구해서', '여행 갔다가 얼떨결에', '성매매 업소에 가서'처럼 다소 실망스럽거나 허탈한 기억으로 남아 있을 겁니다. 아직 경험 전이라면 소중히 간직하고 싶은 첫 경험이 이렇게 허무하고 시시할 줄이야, 하며 실망할지도 모릅니다. 이미 경험을 한 사람이라면 내 의지대로 되지 않았던 기억을 떠올리며 아쉬워할지도 모릅니다. 이어지는 글이 아직 경험하지 못한 분에게는 평소 궁금해했던 질문에 대한 답을, 이미 경험한 분에게는 혹시 첫 경험에 대해 갖고 있을지 모를 부정적인 이미지나 나쁜 기억을 다독이는 계기가 되면 좋겠습니다.

우선 남자와 여자는 첫 경험에 대해 기대하는 바가 매우 다릅니다. 여자들이 첫 경험에서 기대하는 것은 대개 잔잔한 음악과 향초, 은은한 조명이 있는 아름다운 공간에서 정말 사랑하는 사람이 나를 꼭 안아주고 부드럽게 키스를 나누는 로맨틱한 장면입니다. 첫 경험에서 삽입 후 격렬하게 왕복운동하며 섹스를 나누거나 오럴 애무를 하거나 69 체위를 상상하는 경우는 드뭅니다.

반면 남자가 지닌 첫 경험의 환상은 대개 야동에서 본 바로 그 장면입니다. 격렬한 신음소리, 삽입과 왕복운동, 흥건한 땀과 사정의 절정을 지나 섹스가 끝나면 여자 친구가 발그레 상기한 표정으로 내 품을 파고들며 "오늘, 정말 행복했어."라고 나지막이 속삭이는 장면 말입니다.

기대하는 바가 달라도 너무 다른 남녀의 첫 경험, 비극은 여기에서 시작됩니다.

첫 경험에 관하여
연인과 많은 이야기를 나누세요

'처음'이라는 단어에는 설렘과 동시에 두려움, 공포의 의미가 내재되어 있습니다. 해보지 않은 일을 할 때 대개는 긴장하고 불안해하죠. 특히 선배들의 경험담을 통해 그 일이 고통스러울 수 있다는 사실을 알고 있다면 공포는 더 클 것입니다. '평소 정말 하고 싶어서 안달이 난 상태'이거나 '정신이 혼미할 만큼 흥분된 상태'라면 좀 낫겠지만, 그렇지 않다면 오히려 긴장과 공포가 그나마 갖고 있던 설렘과 흥분까지 사라지게 할 것입니다.

당연한 감정입니다. 처음이니까요. 나만 그런 게 아닙니다. 처음엔 누구나 다 그렇습니다. 그러므로 중요한 건 두려움을 느끼지 않는 게 아니라 두려움과 걱정을 조금이나마 덜 수 있는 환경을 만드는 것입니다. 첫 번째 방법은 바로 '대화'입니다.

만약 섹스하는 두 사람 모두 첫 경험이라면 남자는 무척 서두를 것입니다. 당황하면 긴장하고 긴장하면 서두르게 되니까요. 여자도 다르지 않죠. 이때는 충분히 대화를 주고받으며 서로의 긴장감을 풀어주세요. '아프면 어떡하지?', '내가 너무 흥분하면 헤픈 여자로 보는 거 아닐까?', '질 입구는 찾을 수 있겠지?', '나 혹시 조루는 아닐까?' 등 서로 갖고 있는 두려움과 걱정들을 공유하고, 알고 있는 것을 나누며 첫 경험을 함께 준비해보세요. 오직 '삽입'만을 목표로 달려가지 말고 오늘은 이 사람의 몸을 충분히 어루만지며 경험한다는 마음가짐으로 아주 천천히 다가가면 됩니다. 사랑하는 사람은 세상에서 가장 완벽한 '내 편' 중 한 명입니다. 부끄럽다는 생각은 깨끗하게 지우고 가능한 한 많은 이야기를 나누세요.

로맨틱한 분위기와 약간의 음주는
두려움과 걱정을 덜어줍니다

여성이 지닌 첫 경험에 대한 환상을 모두 충족시키는 것은 어렵지만 기억에 남을 만한 로맨틱한 분위기는 충분히 준비할 수 있습니다. 여기에 약간의 음주가 함께한다면, 불필요한 긴장을 푸는 데 도움이 됩니다. 단, 술은 두 사람의 주량을 고려하여 반드시 '기분 좋을 만큼만' 먹어야 합니다. 첫 경험은 하지도 못한 채 침대에 쓰러져 드르렁드르렁 코를 골고 싶지 않다면 말입니다. 아세트알데하이드(숙취를 만드는 원인물질)가 만든 엄청난 두통을 이겨낼 수 있는 성욕은 없습니다. 게다가 알코올이 무력화시킨 남성의 뇌는 종종 음경에 발기 신호를 보내는 것도 잊게 하거든요.

여기에 한 가지 더, 첫 경험을 두렵게 만드는 또 다른 원인 중 하나는 바로 '임신에 대한 공포'입니다. 섹스 전 피임만이라도 확실하게 준비한다면 훨씬 편안하게 첫 경험을 치를 수 있습니다. 모든 피임법에는 실패 확률이 있으니 가장 안전한 피임법은 '이중 피임'입니다. 피임에 관한 이야기는 뒤에서 자세히 다뤄보겠습니다.

첫 경험에서는
삽입되지 않을 수도 있습니다

두려움과 걱정이 너무 크면 흥분했다가도 거짓말처럼 일시에 감정이 사라질 수 있습니다. 그렇게 흥분이 사라지면 애액이 마르고 질 근육은 긴장합니다. 이때 무언가가 질 안으로 들어오려 하면 더 아플 수밖에 없죠. 첫 경험에 종종 경험하는 이런 현상을 질경련이라고 합니다. 질경련은 그게 무엇이건 (꼭 음경이 아니더라도) 질로 들어오려 하면, 질 입구가 단단하게 수축하면서 삽입할 수 없는 상태가 되거나 통증을 유발하는 증상을 말합니다.

반복적이 아니더라도 한 번이라도 경험해본 여성까지 포함하면 15% 이상의 여성이 겪는 제법 흔한 성 기능 장애죠. 고소공포증이나 폐소공포증처럼 특정 대상이나 상황에 대해서만 발생하는 포비아(공포증)의 일종인데, 삽입에 대한 공포가 주된 원인입니다.

포비아는 '경험'과는 관계가 있지만, '능력'과는 아무 상관이 없습니다. 그러니 질경련을 경험하더라도 절대 죄책감을 느끼거나 남자 친구에게 미안해할 필요가 없습니다. 누군가 의도한 것도, 잘못한 것도, 무언가 부족해서 그런 것도 아니니까요. 오히려 사랑한다면 이런 상황을 이해하고 따뜻하게 안아주는 게 남자 친구의 의무입니다. 외모가 다르고 다리 길이가 다른 것처럼 그저 삽입까지 걸리는 시간이 조금 더 걸릴 뿐입니다.

남성도 마찬가지입니다. '내가 긴장을 풀어주지 못하나?', '내 음경이 단단하지 못한가?', '내가 서툴러서 그런가?' 하고 자책하지 마세요. 누구나 겪을 수 있고, 실제 많은 커플이 경험하는 자연스러운 현상입니다. 익숙하지 않으니까, 처음이니까 그런 것뿐입니다.

삽입해야 한다는
생각부터 버리세요

심리적 저항에서 벗어나기 위해서는 일단, '삽입해야 한다.'는 생각부터 버려야 합니다. 후끈 달아오를 때 자연스럽게 몸을 맡기거나, '정말 하고 싶다.'는 생각이 들 만큼 정성스럽게 서로 애무하는 것이 중요합니다. '삽입'을 머리에서 지우고 그저 서로의 몸을 사랑하는 것에만 집중하세요. 삽입 못 하면 어떻습니까. 사랑하는 사람의 알몸을 만지는 것만으로도 충분히 큰 행복인데 말입니다.

다시 한 번 말씀드리지만 오늘, 이 순간, 못 했을 뿐입니다. 두 번째는 더 자연스러울 것이고, 아니면 세 번째, 네 번째에 성공해도 됩니다. 앞으로도 많은 기회를 갖게 될 겁니다. 굳이 '첫 경험'에 집착할 필요가 전혀 없습니다.

일부 남성들은 여성의 외음부가 촉촉하게 젖으면 신호로 받아들이고 삽입을 시도합니다. 하지만 외음부가 젖었다는 건 그저 이제 막 흥분하기 시작했다는 뜻일 뿐입니다. 여성이 본인도 모르게 양손으로 상대의 엉덩이를 쥔 채 자신의 몸 쪽으로 당길 만큼 흥분할 때에야 여성의 몸은 비로소 남성의 음경을 받아들일 준비가 된 것입니다.

모든 행동은 천천히 또 아주 부드럽게 해주세요. 삽입을 시작해서 자궁경부까지 음경이 들어가는 데 10분 정도는 걸릴 만큼 천천히 말입니다. 질 입구와 귀두가 삽입 전에 뽀뽀하는 시간만 5분 이상은 필요합니다. 입술만큼이나 질과 음경도 뽀뽀를 좋아하니까요. 관련하여 더 자세한 이야기는 뒤에서 설명하겠습니다.

다시 한 번 말씀드리지만 제발 '삽입'은 잊으세요. 첫 경험은 남녀가 만나 사랑하는 과정에서 자연스럽게 겪는 일입니다. 성공도 실패도 있을 수 없습니다. 그러니 삽입에 집착할 필요가 전혀 없습니다. 특히 절대 해서는 안 될 행동은 삽입에 집착하다 못해 남성이 여성을 협박하고 회유하는 것입니다. 이런 집착은 아름다운 둘만의 첫 경험을 망치고 부정적인 기억만 남길 뿐입니다. 잊지 마세요. 당신에게는 앞으로도 수십 또는 수백 번의 기회가 있다는 걸요.

5

사랑하지 않는 상대와
첫 경험을 했다면

마음이 너무 심란하고 답답해서 이렇게 글을 씁니다. 어디에
라도 털어놓고 싶었거든요. 첫 관계를 가졌습니다. 그런데 사
랑하는 남자가 아닙니다. 친구들과 술을 마시다 그곳에서 만
난 한 남성과 일이 생겼습니다. 말투도 부드럽고 생각도 어른
스러운 사람이라 좋은 감정은 있었지만, 성관계는 생각도 하
지 않았어요. 그런데 상대가 계속 원했고 저도 꽤 많이 취한 상
태였던지라 어쩌다 보니 성관계를 허락했습니다.

집에 돌아와서 엄청 울고 죽을 만큼 후회했습니다. 전 첫 경험
에 대한 꿈이 있었거든요. 적어도 사랑하지 않는 남자와 첫 경
험을 할 거라고는 생각도 하지 못했는데 저의 첫 경험은 고작
술집에서 처음 본 남자와, '원나잇'으로, 지저분한 여관방에
서가 되어버렸습니다. 허락한 내가 밉고 또 밉습니다. 전 왜
그런 미친 짓을 한 걸까요? ㅠㅠ

❖ ❖ ❖

사연을 읽는 내내 마음이 아팠습니다. 사연에서도 언급했듯이 아름
답고 찬란한 첫 경험까지는 아니더라도, 적어도 내가 사랑하는 사람과

사랑과 배려가 가득한 몸짓으로, 진솔하게 첫 경험을 하고 싶었을 텐데 말입니다. 하지만 이미 지나간 일이고 다시 되돌릴 수 없다면 지금부터는 저와 함께 첫 경험을 다시 만들어보면 좋겠습니다. 첫 경험은 '나'와 무관하게 존재하는 것이 아니니까요.

첫 경험은 전적으로 내가 규정하는 겁니다

저에게 원하지 않았던 첫 경험을 했다며 사연을 보내주신 분은 위에 소개한 분 말고도 제법 많습니다. 예쁜 첫 경험을 하고 싶었는데, 순간의 실수로 엉망이 되었다고, 그 자식이 다 망쳤다고 말입니다. 그분들께 저는 이렇게 말합니다. "대한민국에 '첫 경험 등록제' 같은 건 없으니 만약 처음 했던 섹스가 맘에 들지 않았다면 '나만의 첫 경험'을 내가 주도적으로 다시 만들면 된다."고 말합니다.

어떤 경험이 나에게 '처음'이라는 것은 하나도 중요하지 않습니다. 그것이 처음인지 아닌지는 내가 규정하는 것입니다. 김춘수 시인의 〈꽃〉이라는 시를 기억하나요? "내가 그의 이름을 불러주었을 때 그는 나에게로 와서 꽃이 되었다." 내가 부르기 전에 그것의 물리적인 외형은 분명 '꽃'이었겠지만, 그것이 나에게 '꽃'이 되기 위해서는 본질적으로 '나의 부름'이 필요합니다.

첫 경험을 누구와 했느냐보다
중요한 것은

처음이 다소 별로였다면 다음 경험을 내가 원하는 방식으로 멋지게 만든 후 그 경험을 '내가 인정하는 첫 경험'이라고 규정하면 됩니다. 만약 남자 친구와 했던 첫 경험이 마음에 들지 않았다면 그 실수를 발판 삼아 정말 멋진 '첫 경험'을 다시 만들자고 제안하세요. 두 사람이 함께 첫 경험을 준비하는 과정 자체만으로도 큰 의미가 있을 것입니다. 만약 첫 경험을 내 의지와 무관하게 사랑하지 않는 남자와 했다면, 사랑하는 사람을 만난 후에 '진짜 첫 경험'을 다시 하면 됩니다. 그 경험이 바로 나의 '첫 경험'입니다.

첫 경험을 누구랑 했느냐보다 중요한 것은 첫 경험에서 내가 무엇을 경험하고 어떤 감정을 느꼈느냐가 아닐까요? 내가 인정한 것이 바로 나만의 첫 경험입니다. 내 경험이고 내 인생이니까 내 맘입니다.

나를 좋아하지 않는 남자와 했어도 마찬가지입니다. 그 남자가 나를 좋아하느냐 좋아하지 않느냐는 그리 중요하지 않습니다. 중요한 건 내가 그 남자를 좋아한다는 거죠. '나를 좋아하지도 않는데 나랑 섹스한 그 남자'와 '좋아하는 남자와 섹스한 나' 중에서 누가 더 성공한 걸까요? 내가 좋아하는 사람과 첫 경험을 했다면 그게 바로 '나만의 첫 경험'입니다.

6

혼전 성관계는
선택이자 가치관의 문제

저는 혼전순결을 주장하는 남자입니다. 저도 혼전순결을 지키는 중입니다. 여자 친구도 저와 같은 생각이지만, 전 남자친구와 어쩔 수 없이 성관계를 했다고 합니다. 저는 여자 친구의 과거가 신경 쓰입니다. 누군가는 이런 저에게 "지질하다, 속 좁다, 남자답지 못하다."라며 비난하겠죠. 저 또한 별것도 아닌 일에 신경 쓰는 것 자체가 힘에 부칩니다.

압니다, 사랑은 소유가 아니라는 것. 하지만 소유하지 않으려 애쓸수록 멀어지는 느낌입니다. 그녀가 딴 사람과 잤다는 사실이 제 머릿속에서 떠나질 않습니다. 앞으로도 계속 생각날까 봐 무섭고 두렵습니다. 힘들고 지쳐서 헤어질 생각도 여러 번 했지만 막상 여자 친구를 보면 그럴 마음이 사라집니다. 정말 많이 사랑하거든요. 그녀의 모든 걸 사랑하지 못하는 제가 죽을 만큼 싫습니다.

❖ ❖ ❖

"지질하다, 속 좁다, 남자답지 못하다."라는 비난은 무시하세요. 세상이 그 마음의 고통을 알까요? 비난하는 사람들이 그녀를 죽을 만큼 사랑하면서도 신념 때문에 괴로워하는 당신의 아픔을 손톱만큼이라도 이해할까요? 공감과 이해 없이 퍼붓는 일방적인 비난은 무시해도 됩니다. 세상의 주인공은 '나'니까요.

모든 신념은
존중되어야 합니다

혼전순결은 죽은 가치관에 불과하다는 신념도 그렇지만, 혼전순결을 지켜야 한다는 신념 역시 존중되어야 합니다. 다만, 연인을 만난 후 신념을 적용할 게 아니라 신념에 따라 연인을 만났다면 더 좋았을 듯합니다. 내 신념을 타인에게 강요할 자격은 누구에게도 없으니까요. 또 여전히 혼전순결을 소중하게 생각하는 여성도 많거든요.

신념은 쉽게 무너뜨릴 수 있는 것이 아닙니다. 오히려 무너뜨리겠다고 마음먹는 순간 신념은 무너지지 않으려고 더 안간힘을 씁니다. 신념은 살아온 삶의 시간만큼 쌓여 내 안에 켜켜이 지층을 형성하고 있는 데다 내가 살아가는 이유가 되어주기도 하기 때문입니다. 신념은 곧 나이고 내가 곧 신념이니, 신념을 부정하는 것은 곧 나를 부정하는 것입니다. 결코 쉬운 일이 아닙니다. 딜레마는 내가 이 신념을 버리지 않으면 사랑하는 그녀와 헤어져야 한다는 것입니다. 신념을 무너뜨릴 수도, 그렇다고 지킬 수도 없으니 지금 마음이 얼마나 고통스러울까요.

'황금알을 낳는 거위' 이야기를
아실 겁니다

이 이야기는 매일 하나씩 생기는 황금알을 한 번에 모두 얻고 싶은 욕심이 생긴 주인이, 어느 날 거위의 배를 가르게 되고 결국 이후에는 단 하나의 황금알도 얻지 못하게 되었다는 결말로 끝이 납니다. 이야기 속 주인은 이렇게 항변할지 모릅니다. "나도 알아요. 기다리면서 하나씩 얻는 게 가장 현명하다는 것을요. 그런데 어떡합니까? 마음이, 내 마음이 더 많은 황금알을 갖고 싶어 못 참겠는데 말입니다."

맞습니다. 타인이 보기에는 주인의 행동이 비합리적이고 어리석어 보일 수 있지만, 사람이라면 누구나 가질 법한 한순간의 욕심이 빚어낸 일이니 비난까지 받을 일은 아닙니다. 문제는 '결과'입니다. 만약 결과적으로 거위는 죽고 다시는 알을 얻지 못한다는 것을 미리 알았다면, 주인은 아무리 '마음이 괴롭고 힘들어도' 거위의 배를 가르지 않았을 것입니다. 이것이 '전략적인' 판단입니다.

혼전 성관계는 선택이자
가치관입니다

먼저 전략적으로 내 신념을 버릴 수 있는지 테스트해보세요. '질투'는 '내가 사랑하는 사람은 나의 것', 즉 '사랑은 소유'라는 신념에서 비롯됩니다. 상대에 대한 배려나 사랑에서 비롯된 감정이 아니기에, 상대의 일거수일투족을 질투할수록 점점 내 곁에서 멀어질 수밖에 없습니다. 따라서 사연 주신 분은 신념을 지키려고 할수록 점차 연인에게서 멀어질 것입니다. 거위 이야기처럼 결말이 정해진 스토리죠. 그렇다면 내 신념을 버릴 수 있을지 한 번 정도는 테스트해봐야 하지 않을까요?

혼전 성관계는 선택이자 가치관입니다. 저는 성 상담사이지만 "결혼 전에 성관계를 해봐야 한다, 하지 말아야 한다." 그 어느 쪽도 주장하지 않습니다. 판단은 본인이 하는 것이기 때문입니다. 지극히 개인 가치관의 영역이므로 '어느 것은 맞고, 어느 것은 틀리다.'는 시각으로 평가해서는 안 됩니다. 가족도, 친구도, 세상의 상식도 절대 내 생각에 우선할 수 없습니다.

단, 두 가지 합리적인 자세는 필요합니다. 우선 결말은 내가 책임져야 합니다. 권리를 주장하려면 결말에 대한 책임을 지고, 결말이 두려우면 권리를 주장하지 않는 것이 가장 합리적인 태도입니다. 다른 하나는 내 신념을 타인에게 강요하는 순간 그것은 신념의 탈을 쓴 폭력이 된다는 것을 꼭 인지해야 합니다.

지금까지의
섹스는
버려라!

2

섹스

1

섹스는 좋은데
애무는 귀찮은 당신에게

애무 시간이 길어야 좋다는 건 잘 알고 있습니다. 그런데 도대
체 얼마나 오래 애무해야 하는 거죠? 종종 이게 애무인지 노동
인지 헷갈릴 때가 있습니다. 상대가 행복해지는 것만 중요하
고 난 힘들어도 되나요? 여자들은 남자가 오래 애무해주길 바
라면서 왜 그만큼 남자를 애무해주진 않는 거죠? 가끔은 애무
하기 귀찮아서 섹스를 피하기도 합니다.

일리 있는 항변입니다. 표현을 잘 안 해서 그렇지 정말 많은 남성이
가진 불만일 것입니다. 일반적으로 여성이 오르가슴에 오르려면 17분
이상의 애무가 필요하다고 하는데, 대개 남자는 2분이면 오르가슴을 경
험할 몸의 준비가 완료되거든요. 생각하기에 따라 남은 15분은 땀 흘려
노력해야 하는 노동의 시간이 될 수도 있습니다.
　흔히 이 15분의 틈새를 극복해야 여성을 진정으로 행복하게 해주는
'좋은' 남성이 될 수 있다고들 합니다. 하지만 이 '섹스 잘하는 남자' 콤
플렉스는 남성으로 하여금 애무와 더 멀어지게 합니다. 다들 그렇잖아

요. "해라, 그래야 좋은 거다."라고 말하면 더 하기 싫어지는 심리. 섹스의 목적이자 궁극적인 도달점이 '삽입'이라면 그곳에 도달하기까지 노력하는 시간은 그야말로 삽입을 위한 '노동'이 될 수밖에 없습니다.

섹스는 몸과 마음으로 경험하는 사랑입니다

섹스의 궁극적인 목적이 삽입 후 왕복운동이라는 생각을 버리고, 사랑하는 사람의 몸을 접촉하고 만지면서 경험하는 과정, 그 전부가 섹스라고 생각하면 어떨까요? 삽입하기 위한 준비운동이 아니라 그 자체가 섹스라고 말입니다. 생각을 바꾸면 힘들고 귀찮았던 그 시간은 '노동'에서 '경험'의 영역이 됩니다. 조삼모사라는 생각이 드시나요? 단순히 명칭만 바꾼다고 생각이 달라질지 의심이 든다고요?

네, 바뀝니다. 해보면 압니다. 알몸으로 침대에 모로 누워서 아무것도 하지 않고 남성이 여성을 백허그로 안고 10분이고 20분이고 가만히 있어보세요. 그대로 잠들어도 좋을 만큼 몸도 마음도 편안하게 말입니다. 아니면 마주 보고 누워 연인의 얼굴을 바라보며 아주 오랫동안 다양한 방식으로 키스만 해보세요. 흥분을 만들기 위한 목적 행동, 즉 애무가 아니라 그냥 그 과정 자체에서 짜릿한 쾌감과 행복을 느끼기 위한 행동이라고 생각하면서 말입니다. 그 행위만을 즐기다가 삽입까지 가지 않을 수도 있습니다. 어쩌면 어느 한쪽이 상대방을 자위해주고 끝날 수도 있겠죠. 그러면 어떻습니까. 어차피 그런 순간 하나하나가 곧 쾌감이고 행복이니 두 분은 만족스럽게 섹스를 한 겁니다. 서로에게 사랑을 표현하고 그 표현을 통해 기쁨과 행복을 만끽했으니 그것만으로도 행복한 섹스를 한 셈입니다. 생각을 바꾸면 침대 위가 아니더라도 부엌에서, 강의실 계단에서, 회사 탕비실에서, 어두운 극장 객석에서 얼마든지 다양한 스킨십으로 섹스를 나눌 수 있습니다. 굳이 '삽입'이 없어도 말입니다.

기성세대의 가치관은 바뀌기 어렵습니다. 이미 오랜 시간 쌓이면서 퇴적되어 화석이 되어버렸으니까요. 하지만 20대는 다릅니다. 고작 몇 년 쌓인 고정관념쯤 훅~ 불어 날려버리세요. 섹스는 단순한 삽입이 아니라 사랑하는 사람끼리 사랑을 확인하고 느끼기 위해 하는 모든 행위라고 말입니다.

그러기 위해 제일 먼저 버려야 하는 건 '삽입과 오르가슴, 그리고 사정'에 대한 집착입니다. "삽입해야 섹스다. 섹스의 궁극적인 목적은 오르가슴이다. 남자는 사정이 꼭 필요하다." 이런 것들이 없으면 성공적인 섹스가 아니라고 생각하는 편견부터 버리고 나면 마음이 한결 가벼워질 겁니다. 섹스는 몸과 마음, 감정으로 경험하는 사랑이라고 말입니다. 마음으로 경험하는 오르가슴으로도 얼마든지 충만해질 수 있습니다. 섹스는 단순한 삽입이 아니라 '교감'이니까요. 그래서 섹스의 우리말 표현이 성'관계'인지도 모르겠습니다.

삽입하지 않아도,
매일 섹스할 수 있습니다

　새로운 정의의 섹스를 충분히 경험하기 위해서는 상대의 감정이나 경험만 배려할 게 아니라 '나'의 경험과 감정도 배려해야 합니다. 그러려면 내가 어떤 때 쾌감과 행복을 느끼는지 잘 알고 있어야 합니다. 상대를 행복하게 해주는 것만큼 중요한 게 내가 행복해지는 거니까요. 사실, 우리 모두 행복하려고 사랑하고 섹스하는 거 아닌가요? 자신의 행복과는 무관하게 단지 누군가를 행복하게 해주기 위해 태어난 사람은 없습니다. 그러니 남성의 애무가 단지 여성의 쾌감을 위한 노동이 되어서는 안 됩니다.

　일정 시간 애무를 했다면 나도 일정 시간의 애무를 받으면 됩니다. 단, 애무할 때 남자는 '사정'에 관한 집착을 버리고, 여자는 '부끄럽다.', '너무 밝히면 안 된다.'라는 편견을 버리고 집중해보세요. 애무 그 자체를 행복한 섹스라고 생각하면 이후 내 몸의 감각이 어떻게 열리는지 확인할 수 있을 겁니다. 아주 천천히 부드럽게, 상대와 어떤 스킨십을 나눌 때 기분이 좋고 행복한지, 온몸으로 충분히 경험해주세요. 그 순간을, 있는 그대로 기억했다 상대에게 알려줄 수 있다면 금상첨화입니다. 난 이럴 때 참 행복했다고 말입니다.

　상대에게 해주는 또는 내가 받는 마사지, 깊고 진한 키스, 서로 가볍게 안은 채 나누는 입맞춤, 한쪽 다리가 뒤엉킨 채 나누는 포옹, 옷을 모두 벗고 느껴보는 모든 종류의 살과 살이 닿는 쾌감, 상대의 심장 소리

듣기, 팔다리를 다양한 방법으로 서로 교차하여 엮어보기 등 몸으로 만드는 숱한 순간과 탐험의 세계 하나하나가 여러분 앞에 펼쳐질 것입니다. 그런 사소해 보이는 모든 행위가 이제부터는 곧 섹스입니다.

　매일 뺨에 뽀뽀하는 연인이라면 굳이 삽입하지 않더라도, 이제부터는 매일 섹스하는 연인인 셈입니다. 손을 꼭 쥐고 걷는 공원 산책도 이제부터는 섹스입니다. 처음에는 익숙하지 않더라도 반복하여 뇌를 세뇌하면, 언젠가는 그 과정이 단순한 삽입 섹스보다 몇 배 아니 몇십 배 더 행복하다는 사실을 깨닫게 될 겁니다. 그렇게 '평생 섹스하며 행복하게 살 수 있는 사람'이 되는 것입니다. 기성세대는 단 한 번도 꿈꿔보지 못한 행복한 섹스를 즐기며 말입니다.

2

밝힐수록 즐거워지고
더 사랑하게 됩니다

보수적인 남자 친구와 순탄치 못한 연애를 해오다 이건 아니라는 생각이 들어서 과감하게 끝냈습니다. 처음에는 힘들었지만 편한 것도 있더군요. 헤어진 뒤, 섹스는 전혀 생각하지 않고 지내다 최근 새로운 남자 친구를 만나면서 다시 섹스에 대해서 고민하기 시작했습니다.

이전 남자 친구처럼 오르가슴도 못 느끼는 수동적인 섹스는 하고 싶지 않습니다. 그런데 남자 친구에게 이렇게 저렇게 애무해달라고 요구하는 것도 부끄럽네요. 말하는 것도 어렵지만 설사 용기를 내서 말한다고 해도 쑥스러워서 몸이 긴장될 거 같습니다. 너무 오랫동안 빨리 사정하고 그냥 자버리는 섹스에 익숙해진 거 같아요. 섹스할 때 내 쾌락을 추구하자니, 남자 친구가 너무 밝힌다고 생각할까 봐 걱정됩니다. 어떻게 하면 좋을까요? ㅠㅠ

❖ ❖ ❖

당연히 걱정될 수 있습니다. 아무리 '자유연애', '프리섹스'를 외치는 세상이지만, 여전히 '성에 대해 자유롭게 말하고 표현하는 여자'는

'(이 남자 저 남자와 잠자리하는) 헤픈 여자'로 인식되는 것이 우리 사회의 한계니까요. 굳이 내가 그 단단한 고정관념을 깨는 여전사를 자처했다가 오해와 상처를 받게 되면 그걸 누가 책임져줄까요? 그러니 행동을 조심하게 되고, 말도 가리게 되며, 하고 싶어도 내 욕망을 누르고 참게 됩니다. 지금 당장 여전사가 되어 장렬하게 싸울 필요는 없습니다. 다만, 아주 조금씩 사랑하는 사람에게만이라도 내가 하고 싶은 것을 공유하고 시도해보는 건 어떨까요? 그래야 세상도 조금씩 바뀔 테니까요.

신음(呻吟)부터
내 마음대로 질러볼까요?

아주 오래전에 개봉한 영화 중에 <해리가 샐리를 만났을 때>라는 명작이 있습니다. 영화에 많은 명장면이 나오지만 그중 압권은 레스토랑에 마주 앉아 식사하는 자리에서 샐리(여자)가 해리(남자)에게 '가짜 오르가슴'을 시연하며 마음껏 신음을 내지르는 장면이었죠. '침대 위에서 여성이 내지르는 신음 대부분은 진짜'라고 철석같이 믿고 있었던 많은 남성을 충격에 빠뜨린 장면이었습니다. 잠자리에서만큼은 자신만만해했던 남성들은 이 영화를 보며, 자신도 섹스에서 연인을 홍콩에 가게 해주는 남자가 아니었을지도 모른다는 생각에 자존심이 꽤나 상했을 겁니다. 영화 속 장면은 '거짓 신음 연기는 솔직하지도 않지만, 자신에게도 바람직하지 않은 행동'이라는 여성의 반성과 '연인이 진짜로 신음하게 해주자.'라는 남성의 반성을 불러일으키는 계기가 되었지만, 저는 '거짓 신음'이 나쁜 것만은 아니라고 생각합니다.

실제 귀는 남녀 모두에게 훌륭한 성감대입니다. 단순히 귓불에 하는 키스를 의미하는 것이 아닙니다. 제가 말하려는 것은 '소리'입니다. 섹스에서의 신음은 남녀를 불문하고 상대의 성적 흥분을 높여줍니다. 한껏 과장되고 고조되는 신음은 종종 자기 최면의 역할도 하죠. 분명 연기였는데 어느 순간 나도 모르게 저절로 신음이 나오는 경험, 누구나 한 번쯤 있을 겁니다. 심지어 마음껏 내지르는 신음은 스트레스 해소에도 도움이 됩니다. 정말 화가 났을 때 어딘가에 무작정 소리를 내지르는 것만으로도 속이 다소 후련해지는 경험을 떠올려보면 쉽게 이해될 것입니다.

신음하고 반응하면
남자는 더 열정적으로 노력합니다

연인이 내 몸의 특정 부위를 어루만질 때 기분이 좋다면 저절로 신음이 나오지 않더라도 일부러, 자연스럽게 신음을 내보세요. 그러면 연인은 알게 됩니다. '아, 이 부위를 만져주면 좋아하는구나.' 물론 너무 자주 과장되고 목적 없이 신음을 내는 건 좋을 리 없겠죠? 상대에게 자만심을 갖게 하여 자칫 노력이나 변화 없는 섹스를 하게 할 수 있으니까요. 하지만 적절히 지르는 신음은 도움이 됩니다. 패턴 없이, 간헐적으로, 하지만 진짜처럼 말입니다.

남성의 사소한 터치에도 반응하고 신음하며 짧은 애무에도 충분히 흥분한다면, 남자는 자극을 받아 더 열심히 노력합니다. 여기에 여성이 평소 스킨십에도 적극적인 태도를 보여주고 애무를 받는 만큼 연인을 적극 애무해준다면 더 좋겠죠. 왜냐하면 남성이 섹스하는 가장 큰 목적 중 하나가 바로 연인을 기쁘고 행복하게 해줌으로써 자신감을 구축하는 것이니까요. 반대로 여성이 애무에 무반응으로 일관하며, 절대 먼저 성욕을 보여주는 일이 없고, 심지어 섹스에 초월한 사람처럼 행동한다면, 남성 역시 여성을 그저 사정의 대상 정도로 생각할 가능성이 큽니다. 남자 때문에 여자의 행동이 바뀐 것인지, 여자 때문에 남자의 행동이 바뀐 것인지 알 수 없는 관계의 악순환은 그렇게 시작됩니다.

그러니 이제 '섹스를 너무 밝히는 여자는 헤픈 여자', 그래서 '적당히 감추고 모르는 척, 안 해본 척 연기하는 것이 미덕'이라고 생각하는 편견에서 조금씩 벗어나보죠. 밝히면 더 행복해지고, 밝힐수록 더 즐거워지며, 밝히는 만큼 더 사랑하게 되는 놀라운 힘이 바로 우리 안에 있으니까요.

3

성인용품,
더 즐거운 자위 그리고 섹스를 위하여!

고민이 생겼습니다. 어느 날, 우연히 남자 친구 자취방에서 여자 질처럼 생긴 자위기구를 발견했습니다. 너무 충격이었어요. 그동안 잠자리하면서 남자 친구가 원하는 거 다 해줬거든요. 하루에 몇 번씩 한 적도 있고요. 그런데도 그런 불결한 기구로 야동을 보면서 자위했을 생각을 하니 끔찍합니다. 저와의 잠자리에 만족하지 못하는 걸까요? 제가 잠자리 기술이 없는 여자인가요? 야동까지는 이해하겠는데, 성인용품은 정말 충격이네요. ㅜㅜ

아마 사연 주신 분은 자위기구 같은 성인용품을 한 번도 사용해보지 않은 듯합니다. 그렇다면 남자 친구 방에서 성인용품을 보고 받은 충격이 100% 이해됩니다. 마치 남자 친구가 바람피운 현장을 목격한 기분일 거예요. 내가 여자로서 매력이 없는 건가, 하는 자괴감까지 들지 모릅니다. 그러다 남자 친구가 한없이 밉고 서운한 감정도 밀려올 테고요.

하지만 결론부터 말씀드리면 남자 친구한테 서운함을 느낄 필요도 내가 여자로서 매력이 없는 건 아닌지 걱정할 필요도 없습니다. 만약 한 번이라도 자위기구를 사용해봤다면, 그래서 그 느낌을 경험해봤다면, 지금보다 남자 친구의 자위기구 사용에 훨씬 관대했을 것이고 남자 친구를 오해할 일도 없었을 테니까요. 왜 그런지 알아볼까요.

성인용품은 즐거운 성생활에 필요한 물품입니다

자위는 우리 몸에 이롭고 건강한 사랑을 만드는 데 꼭 필요한 행위입니다. 그럼에도 우리 사회는 아직 (물론 요즘은 나아지긴 했지만) 자위를 꺼리는 분위기가 강합니다. 자위를 즐기는 사람들조차 '자위가 내 몸에 나쁜 영향을 주는 건 아닐까?' 하는 걱정을 하고, 성인용품 사용에 대해서도 '에이, 뭐 그런 것까지.'라고 부정적으로 생각하는 사람들이 꽤 많으니까요. 이는 성인용품에 대한 전형적인 편견입니다. 성인용품을 평범한 자극에 만족하지 못하는 섹스중독자나 정상적인 성관계가 불가능한 커플을 위한 보조기구 정도로 인지하고 있다는 뜻이니까요. 하지만 성인용품은 '필수'까지는 아니더라도 즐거운 성생활에 '필요'한 물품입니다. 좀 더 행복한 성생활을 위해서라면 말입니다.

성인용품은 더 즐겁게 자위하고,
섹스하기 위해 존재합니다

성인용품은 일반적인 자극보다 더 강한, 비정상적인 자극을 원할 때 사용하는 제품이 아니라, 이왕 즐기는 거라면 좀 더 즐겁게 즐기기 위해 사용하는 제품입니다.

오랜만에 과 동기들이 한 친구의 자취방에 모여 파티를 한다고 가정하겠습니다. 그냥 둘러앉아 이야기할 수도 있지만, 맥주에 바삭한 치킨이 있다면 분위기가 좀 더 화기애애해질 것입니다. 만약 여기에 보드게임이나 파티용품까지 있다면, 오래도록 기억에 남는 멋진 파티가 될 수 있겠죠. 이때 과연 맥주, 바삭한 치킨, 보드게임, 파티용품이 '꼭 필요하지는 않은, 즉 없어도 되는 도구'일까요? 이런 것들이 준비된 파티와 없는 파티 중 어느 한곳에 무조건 참석해야 한다면 어느 파티에 참여하고 싶으신가요? 맞습니다. 당연히 전자겠죠. 그게 훨씬 더 즐거울 테니까요. 그러니 성인용품은 더 즐겁게 즐기기 위해서는 '꼭 필요한 물품'입니다.

따라서 지금부터는 성인용품에 대한 편견부터 버리길 바랍니다. 편견을 버렸다는 전제하에 지금부터 저와 함께 아주 조금만 더 깊이 성인용품의 세계로 들어가보겠습니다. 건강한 자위를 위해 성인용품을 추천받고 싶은 분, 연인과의 행복한 섹스를 위해 성감대를 개발하고 싶은 분, 즉 '이제 막 성인용품에 입문하는 분들을 위한 큐레이션'을 해보려고 합니다. 그럼, 하나씩 큐레이션 해볼까요? ^^

이 정도는 알아두면 좋은
성인용품 A to Z

제가 최고로 추천하는 성인용품은 '마사지 오일'입니다

성인용품은 크게 여성 자위기구, 남성 자위기구, 섹스 보조기구로 나눌 수 있습니다. 하지만 제일 먼저 소개해드릴 제품은 여성과 남성 모두의 자위에 사용될 뿐만 아니라 심지어 섹스 보조기구로도 활용할 수 있는, 가장 건강한 제품인 '마사지 오일'입니다. 네, 마사지 가게에서 흔히 볼 수 있는 미끌미끌한 그 마사지 오일이 맞습니다.

자위는 근본적으로 '내 몸을 위한 위로'입니다. 자위의 목적이 단순히 성욕의 해소라면 자위는 섹스할 수 없을 때 필요한 보조행위에 불과하지만, 내 몸을 위한 위로로서의 자위는 섹스와 동등한 중요성을 지닌, 살아가는 데 꼭 필요한 하나의 '과정'이 됩니다. 자위가 '단순 쾌락'이 아닌 진정 '내 몸을 위한 위로'의 행위로 자리매김하기 위해 꼭 필요한 도구가 바로 '손'입니다.

나와 내 몸 역시 손을 통해 새롭게 연결될 수 있습니다. 몸이 추울 때 양손으로 비비면 조금이나마 따스해지는 것처럼, 배탈이 심할 때 손바닥으로 배를 쓰다듬으면 통증이 조금 나아지는 것처럼 말입니다. 같은 원리로 몸의 어느 부위건 손과 접촉하면 기분이 좋아지고 감각이 발달할 수 있습니다. 성기도 마찬가지입니다.

마사지 오일은 적은 힘으로도 미끄러지듯이 원활하게, 내가 원하는 움직임을 마음껏 조절할 수 있게 도와줍니다. 인터넷에서 검색해보면 정말 다양한 종류의 마사지 오일을 확인할 수 있는데, 자신이 좋아하는 향으로 너무 저렴하지 않은 좋은 품질의 제품을 고르면 됩니다. 음부를 마사지하는 데 (펌핑 제품을 기준으로) 보통 1~2회의 펌핑이면 충분합니다. 300ml 제품을 구매하면 꽤 오랜 기간 사용할 수 있는데, 2만 원 전후의 가격이면 제법 고급스러운 오일을 구매할 수 있습니다. 화학성분 가득한 싼 제품보다는 천연 100% 순수 오일을 사용하는 게 좋습니다.

오직 '손'만으로 자위를 해왔다면 앞으로 '놀라운 신세계'를 경험할 겁니다. 그간 맨손과 살이 닿는 느낌으로만 애무해온 연인, 부부라면 사랑하는 사람의 몸이 이토록 다른 느낌으로 내 손끝에 전해지는 것이 놀라울 것입니다. 장담컨대 '고작 오일 하나 추가했을 뿐인데 이렇게까지 달라질 수 있다니.' 하고 놀랄 거라 확신합니다.

마사지 오일이라고 해서 '마사지'에 대한 강박관념을 갖지 않아도 됩니다. 어떤 행동이든 힘이 들어가면 '노동'이 될 수 있기 때문입니다. 오일은 내 손과 몸의 만남을 부드럽게 해주는 윤활제 역할을 할 뿐입니다. 그저 오일을 바른 손으로 자유롭게 상대의 몸을 탐험하는 것뿐입니다. 그 작은 변화가 꽤 오랜 시간 나를 행복하게 해줄 것입니다.

여성용 자위기구, 딜도 & 바이브레이터 & 흡입형 자위기구

가장 대중적인 여성 자위기구는 크게 딜도와 바이브레이터, 흡입형으로 나눌 수 있습니다.

딜도는 대개 남성 음경 모양으로 실제 질에 삽입하여 즐기는 기구입니다. 기구의 가격이나 성능에 따라 따뜻해지거나, 진동하거나, 귀두 부분이 다양한 방식으로 회전하는 기능이 추가됩니다. 최근에 유행하는 유리로 만든 딜도는 촉감과 디자인, 가성비 등에서 역사상 최고의 딜도라는 찬사를 받고 있기도 합니다.

바이브레이터는 전기로 진동하게 만든 것으로 진동면을 클리토리스 머리 부분(음핵)에 닿게 하여 쾌감을 높이는 기구입니다. 여성의 진정한 쾌감이 클리토리스에서 온다는 해부학적 발견이 있기도 전에 여성들은 손으로 특정 부위를 빠르게 자극하면 기분이 좋아진다는 것을 알고 있었죠. 과거에는 책상 모서리나 샤워기 물줄기로 만들었던 이 행복을, 기구를 통해 더 빠르고 편리하게 경험할 수 있게 만든 것이 바이브레이터의 시작입니다.

흡입형이 개발되기 전까지는, 여성의 쾌감을 높여주는 대표적인 자위기구라는 타이틀을 갖고 있던 바이브레이터는 다양한 레벨의 진동 강도를 지니고 있으며, 소장용으로 갖고 싶을 만큼 세련된 디자인도 많습니다. 개중에는 작고 귀여운 것도 있어서 집에서 사용하지 않고, 회사 의자에 앉은 채 제품을 사용한다는 용감한 분의 사연을 받았던 기억도 납니다. ^^

흡입형 자위기구는 바이브레이터와는 전혀 다른 차원의 쾌감을 전달하는 기구입니다. 유두나 클리토리스 머리 부분을 제품의 동그란 구멍에 맞춘 후 작동하면, 구멍으로 빨려 들어가는 흡입 공기의 강도로 쾌감을 경험하게 됩니다. 2013년 독일에서 처음 출시된 여성용 흡입식 자위기구의 대표 브랜드인 우머나이저는 '흡입식'이라는 새로운 방식과 곡선의 미를 살린 세련된 디자인 덕에 여러 해 동안 '성인용품을 좀 아는' 여성들의 사랑을 받아왔습니다. 하지만 불과 몇 해 만에 유사한 기능을 지닌 값싼 제품이 쏟아져 나오면서 고가의 명품 브랜드 이미지만으로 선의의 경쟁을 해야 하는 상황이 되었습니다. 진동으로 쾌감을 주는 바이브레이터보다 좀 더 깊고 묵직한 쾌감을 전달하는 흡입형 자위기구는 이제 조금씩 여성 자위기구의 표준이 되어가는 듯합니다.

남성용 자위기구 오나홀과 섹스 보조기구

남성용 자위기구의 종류가 단순 명확합니다. 대표적인 남성용 자위기구는 '오나홀'입니다. 오나홀은 자위의 일본어인 '오나니'와 구멍을 가리키는 영어인 '홀^{Hell}'의 합성어입니다. 여성의 질과 비슷한 부드러운 감촉을 지닌 실리콘 재질의 내부를 지녔으며, 외부의 모습은 취향에 따라 달걀이나 원통 모양부터 실제 여성의 외음부 모양, 리얼돌의 음부에 장착된 것까지 다양합니다. 내부의 생김새 역시 돌기를 지닌 것, 회오리처럼 주름이 말린 것 등 다양하며, 사정하고 나면 담긴 정액과 함께 버려야 하는 일회용 제품, 내부만 별도로 씻어 재사용이 가능한 제품도 있습니다. 기능적으로도 '홀'만 존재하는 저렴한 제품부터 온도와 움직임, 심지어 진동과 흡입의 기능까지 갖춘 고가의 제품까지 있습니다.

남성은 자위기구를 잘 구매하지 않아 상품성이 떨어지기 때문인지 남성 자위기구는 이

정도가 전부입니다. 여성용 자위기구처럼 더 다양하고 유용한 제품이 출시되면 좋을 텐데 말입니다. ㅠㅠ

섹스 보조기구로는 남성의 성기에 착용하여 여성의 쾌감을 높여주는 제품군, 삽입을 원활하게 해주는 윤활 제품군, 바르고 문지르면 열이 나는 마사지 젤, 특별한 형태를 지닌 속옷, 그리고 SM(사도 마조히즘) 방식의 성관계에서 활용되는 수갑, 채찍 등이 있습니다. 음경에 착용하는 제품은 여성의 질 내부가 감각신경이 거의 없는 곳이라는 점에서 (남성들의 판타지와는 달리) 특별한 의미는 없는 제품이며, 윤활 제품은 애액이 부족할 때나 성교통이 있을 때 사용하면 좋지만 화학성분이므로 가능한 한 타액(침)을 활용하는 게 더 좋습니다. 마사지 젤이나 독특한 속옷, SM 도구 등은 개인의 '취향'에 관한 부분이라 자세히 다루지는 않겠습니다.

버려야 할, 성인용품에 관한 또 다른 편견

버리면 좋을 성인용품에 관한 또 다른 편견은 "성인용품을 사용하면 강한 쾌락에 길들여져 연인과의 성관계에 만족하지 못한다."라는 것입니다. 평소 상담에서도 자주 듣는, 성인용품에 대한 대표적인 편견이죠. 이 편견 때문에 배우자가 성인용품을 구매하는 것을 싫어하는 분도 많습니다.

하지만 이렇게 생각해보면 어떨까요? 우리는 생활에 활력을 주기 위해 종종 일상생활을 벗어납니다. 놀이동산에 가서 놀이기구를 타거나, 여름엔 워터파크에 가서 물놀이를 하고, 겨울엔 스키장을 가죠. 가끔 마음먹고 국내나 해외여행을 가기도 합니다. 그곳에서의 경험들은 대개 우리에게 큰 즐거움을 주고, 일상으로 돌아와서 다시 활기차게 일할 수 있도록 에너지를 충전해줍니다. 혹시 그런 경험 이후 일상생활로 돌아왔다가, 당시의 '즐거움과 쾌감' 때문에 일상생활에 만족하지 못하고 일이나 학업을 포기한 채 다시 놀러만 다니게 된 경우가 있나요?

"에이, 그건 비유가 다르죠. 섹스와 자위기구는 경험의 종류가 비슷한데, 일상생활과 그런 일탈의 경험은 종류가 완전히 다르잖아요." 맞습니다. 그게 바로 제가 드리고 싶은 이야기입니다. 일상생활과 일탈의 경험이 종류가 다르듯이 성인용품과 섹스의 경험도 완전히 다르다는 것입니다.

언뜻 생각하기에는 성인용품을 사용하는 것과 연인과의 섹스가 주는 느낌이 비슷해 보이지만, 사실 둘은 비교할 수 없을 만큼 완전히 다른 경험입니다. 기구가 주는 단순한 쾌감과 사랑하는 연인이 주는 충만한 쾌감은 전혀 다르니까요. 더군다나 '사랑'은 단순한 쾌감만으로는 설명할 수 없죠. 상호교감을 통해 행복을 느끼는 거니까요. 따라서 굳이 비교하고 싶다면 연인과의 사랑은 일상생활, 자위기구로 얻는 쾌감은 놀이동산의 즐거움으로 비유하는 것이 맞습니다. 저는 '사랑하는 남자 친구'와 '자위기구' 중 무엇을 택하겠느냐는 질문에, 자위기구를 택한 여성을 단 한 번도 본 적이 없습니다.

그러니 연인이 혼자 또는 성관계에서 성인용품을 사용하는 것을 질투하거나 걱정하지 않아도 됩니다. 만약 연인이 나보다 성인용품을 더 좋아한다면, 그건 성인용품 때문이 아니라 이제는 이별을 고민해야 할 만큼 사랑이 식은 탓일지도 모릅니다.

4

명기는 타고나는 게 아니라
만들어가는 것

제 고민은 관계할 때마다 남자 친구의 성기가 자꾸 빠진다는
겁니다. 그리고 남자 친구가 사정을 잘 못 합니다. 거의 한 시
간은 해야 간신히 사정하거나 못 하고 끝날 때도 많습니다. 저
한테 쪼여보라고 하는데 경험이 많지 않아서 어떻게 해야 할
지 모르겠어요.
남자 친구와 헤어지고 싶지 않지만 잠자리를 하고 나면 허무
하고, 자꾸 눈치도 보게 됩니다. 한번은 명기를 만나보고 싶
다는 말도 하더라고요. 정말 너무 속상합니다. 제가 물이 너무
많이 나오고 질이 넓어서 그런 건가요? 수술이라도 받아볼까
요? 도와주세요, 치아 님. 명기가 되어 남자 친구를 행복하게
해줄 방법은 없을까요?

사연을 읽으면서 무척 안타까웠습니다. 잘못된 성 상식을 갖고 있음
에도 남자 친구는 그걸 기준으로 상대를 공격하고, 여자 친구는 자책을
하고 있으니 말입니다.

남자의 음경이 질에서 자꾸 빠지는 이유는 두 가지 때문입니다. 빠질 수밖에 없는 체위로 관계를 하거나, 남자 친구가 성급하게 왕복운동을 하거나. 중요한 건 여성의 질 상태와는 아무 상관이 없다는 것이죠.

사정하지 못하는 것도 마찬가지입니다. 사정하고 싶은데 사정이 되지 않는 상황을 '지루'라고 하는데 원인은 대개 남성에게 있습니다. 여성의 질이 '물이 많고 넓어서' 지루를 경험하는 일은 아예 없다고 봐도 됩니다. 그러니 이제부터 남자 친구는 여자 친구 탓을, 여자 친구는 자책을 중지하고, 서로 노력하여 더 행복한 커플이 되면 좋겠습니다.

명기(名器)는
허상입니다

조선 시대 배경의 삼류 사극영화에나 등장할 법한 단어가 21세기를 사는 연인의 대화에 버젓이 등장한다는 것은 안타까운 일입니다. "여자 친구의 거기가 너무 헐렁해서 아무 느낌이 없어요. 명기랑 하면 어떤 느낌일까요?", "남자 친구가 아무리 만져줘도 애액이 많이 나오지 않아요. 제 몸은 왜 이러는 걸까요? 명기가 되고 싶어요." 이런 터무니없는 이야기들은 쌓이고 쌓이다 결국 '속궁합'으로 발전해서 이별의 핑계가 되고 맙니다.

먼저 "질이 헐렁하다."라는 말은 질의 구조상 불가능한 표현입니다. 성적으로 충분히 흥분하여 오르가슴에 들어선 질 근육은 주인의 의지로부터 독립하여 자기 혼자 끊임없이 수축과 이완을 반복하니까요. 섹스할 때 여자 친구의 질이 헐렁하다는 말은 '나는 여자 친구를 성적으로 흥분시키지 못하는 못난 남자입니다.'라는 자기 고백에 불과합니다.

애액의 양을 결정하는 가장 큰 요인은 '흥분 정도'입니다. 그리고 흥분 정도는 단순히 '만져주는 시간'에 비례하지 않습니다. 어떤 분위기에서, 어떤 태도로, 어떤 방식으로, 얼마만큼 정성을 담아 애무하느냐에 따라 애액의 양은 달라질 수 있습니다. 이때 여성은 평소 내 몸에 애액이 풍부해지는 데 어떤 노력을 기울이고 있는지 돌아봐야 합니다. 애액은 몸의 수분과도 연관이 있으며, 하반신의 혈액순환과도 관련 있으니까요. 평소 건강한 자위를 통해 내 몸이 성적 쾌감에 익숙하게 만들어주어야, 실제 성적 자극이 왔을 때 자연스럽게 애액이 흐를 수 있습니다. 그래도 정말 해결되지 않을 때는 '윤활제'라는 해결사도 있습니다.

왜 이렇게 길게 이야기하는지 눈치채셨나요? 그렇습니다. 속궁합의 차이는 노력으로 얼마든지 극복할 수 있으며, 명기는 타고나는 게 아니라 만들어가는 것입니다.

타고난 명기는 없지만 만들어진 명기는 있습니다

여자 친구의 몸 생김새가 나와 맞지 않는다면, 내 몸의 특성 때문에 여자 친구가 힘들어한다면, 그리고 연인과의 성적 취향이 맞지 않는다면, 이젠 상대를 탓하거나 자학하지 말고 상대와 대화를 나누면서 문제를 해결해보세요. 너무 빨리 포기하지도 말고, 대화 한번 나눠보지도 않은 채 쉽게 상대를 규정하지도 마세요.

만약 노력에도 불구하고 부득이하게 헤어졌다면 그땐 자학하거나 핑계를 대지 말고 그저 '달라서' 헤어진 것뿐이라고 생각하세요. 나는 누군가에게 맞추려고 태어난 생명이 아닙니다. 상대 역시 나에게 맞추기 위해 태어난 생명이 아니고요. 타인이 어떻게 보느냐에 따라 나의 정체성이 결정되는 것도 아닙니다. 나는 나일 뿐이니까요. 내가 어떻게 생겼든, 어떤 성격을 가졌든, 어떤 삶을 살아왔든, 있는 그대로의 나를 좋아해주는 사람이 나에게 가장 바람직한 연인입니다.

"그래도 사랑하는 남자 친구를 위해서 명기가 되고 싶은데 어떻게 하면 되죠?"라고 묻는 분들을 위해 간단하게 몇 가지만 말씀드리겠습니다.

첫째, 케겔 운동을 하세요. 평소 틈날 때마다 질 근육을 단련시키면 흥분했을 때 질의 수축과 이완의 강도를 높여주어, 삽입된 음경에 가해지는 압력도 높이고 그 압력을 통해 내가 느끼는 감각도 높아질 수 있습니다.

둘째, 하반신을 따뜻하게 하여 혈액순환을 원활하게 해주세요. 하반신의 혈액순환은 애액도 풍부하게 해주지만, 흥분했을 때 질과 골반으로 모이는 혈액의 양도 늘려줍니다. 혈액의 양이 많아질수록 클리토리스는 더 잘 발기하고, 클리토리스가 잘 발기할수록 오르가슴에 오를 가능성은 커집니다. 혈액의 양이 많을수록 질 내부는 더 따뜻해지는데, 따뜻한 질에 들어간 음경 속 혈관은 더 많은 혈액을 모아 더 굵게 확장하고 단단한 발기를 유지할 수 있습니다.

셋째, 신음을 많이 내세요. 신음은 나와 그의 뇌를 취하게 해줍니다. 일부러 없는 신음을 만들기보다는 자연스럽게 나오는 신음을 조금 더 과장하면 됩니다. 물론 일정 정도의 흥분에 오르면, 신음 만드는 데 집착하기보다 그저 즐기는 데 집중해야 합니다.

넷째, 빨리 흥분하는 몸을 만들어주세요. 빨리 흥분할수록 더 오랫동안 더 큰 오르가슴을 경험할 수 있는데, 나의 몸을 흥분 상태로 만드는 게 오직 파트너의 애무뿐이라면 더 큰 흥분을 경험하기 어렵습니다. 그저 흥분한 척하라는 게 아닙니다. 일상적인 대화에서도 남자 친구와 성적인 소재로 자연스럽게 이야기하고, 성적인 스킨십과 성관계를 할 때 더 적극적으로 나를 표현해보세요. 애무받을 때뿐 아니라 애무를 해주면서도 나름 흥분되어야 합니다.

평소 건강한 자위를 통해 성적 자극에 익숙한 몸을 만들고, 성감대를 개발하며, 섹스 중에도 필요하면 스스로 내 몸을 자극하여 성적으로 더 흥분하게 만들어야 합니다. 이렇게 '빨리, 많이 흥분하는 여성'이 되면 때로 남자 친구가 장시간의 애무로 힘들어하는 날에도 두 사람 모두 행복한 섹스를 할 수 있습니다.

섹스,
이런 데서 해봤니?

젊은 사랑은 격정적이고 돈과 인내심이 부족하며 자주 콩깍지에 씌고 헤어지기가 죽기보다 싫습니다. 살짝 닿는 스킨십에도 폭발할 듯 흥분하며, 터져 오르는 성욕의 용암을 주체할 길이 없죠. 그래서 젊은 연인들은 생각지도 못한 곳에서 키스하고 서로의 몸을 애무하며 열정적으로 섹스합니다. 나만 그럴까요? 그럴 리가요. 그럼, 다른 사람들은 어떤지 한번 들어볼까요?

A 대학 다닐 때 도서관 화장실에서 했어요. 생각하면 지금도 화끈거립니다. 같이 공부하다 갑자기 흥분해서 화장실에 가서 했는데 옆 칸에 사람이 있어서 입을 막고 했는데도 정말 좋았어요. 밖에서 할 때는 여자 친구가 입으로 마무리를 해줘서 입 안에 사정했는데 지금 생각해도 가슴이 쿵쾅거리고 짜릿합니다.

B 남자 친구가 옥탑방에 살았는데 옥상에서 바라보는 풍경이 웬만한 '한강뷰' 부럽지 않을 정도였어요. 노을이라도 지면 정말 아름다웠답니다. 허리 정도 높이 되는 벽을 잡고 제가 밖을 바라보고 서 있으면, 남자 친구가 백허그로 저를 안고 있다가 흥분해서 옷을 벗기곤 했어요. 벽이 있으니까 하체는 잘 안 보일 거라 생각하고 아래만

벗기고 뒤에서 한 건데, 짜릿함이나 스릴도 좋았지만 노을을 바라보면서 하는 섹스라 분위기만으로도 충분히 행복했어요.

C 저희는 카섹스를 즐깁니다. 남자 친구는 뒷좌석에 바른 자세로 앉고 남자 친구 위에 제가 마주 보고 앉는 자세를 가장 좋아합니다. 이 자세로 남자 친구가 가슴을 만져주거나 입으로 빨아주는 게 정말 좋더라고요.

D 여자 친구와 강남에서 술 마시고 서로 기분이 너무 좋아져서, 아무도 없는 건물에 들어가 성관계를 했습니다. 불이 다 꺼진 어두운 계단이었는데 좀 춥긴 했지만 그녀 자체가 핫팩이라서 괜찮았습니다.

E PC방 커플석에서 여자 친구가 입으로 해준 적이 있습니다. 제가 해달라고 하지 않았는데 갑작스럽게 해주더라고요. 저보고는 게임하고 있으라면서. 주위에 지나다니는 사람도 많았는데 자리가 '프라이빗'해서 제 얼굴만 보이지 밑에는 보이지 않았거든요.

F 우리 집 아파트 계단에서 한 적이 있어요. 남자 친구가 집 앞에 데려다주면서 서로 스킨십을 하다 보니 섹스까지 하게 됐는데 정말 스릴 있었어요. 짧지만 강렬했어요. 짜릿함을 즐기며 오럴 섹스를 하다 인기척에 바지도 못 추스른 채 계단을 뛰어올라가기도 했답니다. 으흐흐.

G 남자 친구 자취방을 열고 들어서는데 너무 흥분한 나머지 현관 신발장 앞에서 옷도, 신발도 벗지 않은 채 중요 부위만 벗고 관계했어요. 생각하면 아직도 웃음이 나와요. 뭐가 그리 급했는지. 누가 쫓아오는 것도 아니고 집 안인데 말이에요.

H 과 MT 때 다들 고기와 술을 마시며 즐겁게 놀고 있는데 남자 친구가 잠시 산책을 하자고 하더라고요. 슬며시 따라 나갔는데 숙소에서 조금 떨어진 곳에 바다가 내려다보이는 의자가 있었어요. 얘기를 나누다 누가 먼저랄 것도 없이 키스를 했고, 그가 절 애무하다가 옷을 벗기고 섹스를 시작했어요. 누가 지나갈까 조마조마한 마음, 흥분감 이 모든 게 뒤섞여서 소리도 크게 지르고 오르가슴도 느끼고 처음으로 사정도 해봤어요. 시골이라 그런지 하늘에 별이 엄청 많고 주변에 가로등 하나 없어서 정말 깜깜했거든요. 별빛과 달빛 받으며, 물소리 들으며 섹스하는데 얼마나 로맨틱하던지. 태어나서 해본 섹스 중 최고였어요. 지금도 그때 생각만 하면 흥분되고 행복합니다.

I 남자 친구와 같은 직장에 다녔는데 사무실과 붙어 있는 문서 보관창고에서 팬티만 내리고 섹스했을 때 완전 짜릿했어요. 남자 친구가 짧은 치마 밑으로 스타킹 신은 다리를 쓰다듬으며 불안정한 호흡 소리를 내는데, 저도 덩달아 흥분되더라고요. 호프집에서도 해보았습니다. 밀실 술집이라고는 하지만 바로 앞 룸과는 회사 파티션 정도의 얇은 칸막이만 있고 말소리도 다 들렸죠. 관계하다 흥분해서 종이라도 누르면 바로 발각이었죠. 신음을 최대한 조심했고 서로 밑에만 벗고 제가 남자 친구 위에 올라앉아서 관계를 즐겼습니다. 잊지 못할 기억이네요.

J 한밤중에 고층 아파트 옥상에서 사다리를 타고 물탱크가 있는 높은 곳에 올라가서 관계한 적이 있어요. 관계하는 동안 반짝거리는 도심의 불빛과 여러 소음이 융화되어서 아름답다고 느꼈어요. 평상시보다 더 짜릿했던 날이었답니다.

5

섹스파트너,
해도 될까요?

남자 친구와는 클럽에서 만났습니다. 누군가와 '원나잇'을 할 거라고는 생각도 하지 못했는데, 그날 술이 과했는지 결국 모텔에 갔습니다. 그런데 제가 여태껏 해본 섹스 중에서 가장 황홀한 경험을 했습니다. 그가 '선수'여서 그런지는 모르겠지만 달콤한 말, 애무부터 섹스가 끝나고 난 후의 배려까지 모든 것이 완벽한 섹스였습니다. 이후 저는 그 사람에게 빠져버렸습니다. 매일 그 사람과의 섹스만 생각하고 혼자 상상하다가 밑이 젖는 일이 반복됐죠. 결국 우린 주기적으로 만나 섹스하는 사이가 되었습니다. 제가 원했고 지금까지는 행복합니다.

친구들은 남자 친구와 헤어지라고 합니다. 그런 관계는 언제나 여자가 손해라면서요. "왜 네가 남자의 섹스파트너 해주고 있냐?"면서 진정한 사랑을 만나라고 조언합니다. 너무 혼란스럽습니다. 어떻게 해야 하는 걸까요?

　결론부터 말씀드리면 친구의 조언은 한 귀로 듣고 한 귀로 흘려도 좋을 듯합니다. 만약 사연 주신 분이 그와의 만남을 '진실한 사랑'으로

착하면서 자신의 모든 것을 쏟아붓고 있다면, 저 역시 친구들처럼 사연 주신 분의 눈에 덮인 콩깍지를 벗기는 데 매진했을 것입니다. 하지만 사연 주신 분은 지금의 관계를 '주기적으로 만나 섹스하는 사이'라고 정확하게 인지하는 데다 "제가 원했고 지금까지는 행복합니다."라고 말할 만큼 즐기고 있으니까요. 그러니 문제될 건 없습니다. 내 인생은 내가 설계하는 것이니까요.

대개의 원나잇은 후회가 예정된 경험입니다

'일반적인 원나잇의 전개와 결말'이라는 관점에서 보면 사연 주신 분은 엄청나게 운이 좋은 분입니다. '낯선 상대와 갑자기 하게 되는 하룻밤 섹스'라는 원나잇의 속성상, 다음 날이 되면 대부분 (특히 여성이 훨씬 더 많이) 그 경험을 후회하기 때문입니다.

후회의 원인은 다양합니다. 시작은 역시 '술'입니다. 술은 언제나 인간의 감정을 과장되게 만드는 힘이 있어서 용기가 부족한 사람에게 용기를, 계획적으로 행동하던 사람에게 일탈의 경험을, 심적으로 괴로운 사람에게는 슬픈 영화 속 주인공이 된 듯한 절망을 선사하기 때문입니다. 영화 속에서 악마에게 영혼을 판 인간이 결말에서는 언제나 자신의 행동을 후회하듯, 술이 깨고 난 다음 날 '현실'로 돌아온 사람들은 본격적으로 후회를 합니다. "내가 왜 그랬지? 미쳤나 봐!"

후회의 원인은 이렇습니다. 우선 스스로를 통제하지 못하고 제정신으로는 절대 하지 않을 행동을 했다는 낭패감을 경험합니다. 또 섹스뿐만 아니라 침대에서 깨어난 다음 날 아침의 경험도 아름다운 사랑과는 거리가 멉니다. 다시 말하면 내 몸이 함부로 다뤄지는 경험을 했기에 자존감도 낮아집니다. 만약 피임도 제대로 하지 않았다면 그때부터 임신의 공포와 함께 엄청난 자책이 시작되고, 그런 엄청난(?) 경험을 했음에도 여전히 나는 '혼자'라는 생각에 공허하고 더욱더 외로워집니다.

원나잇을 원하는 남자 중 상당수는 낯선 여성의 육체를 정복하는 것이 목적입니다. 여성과의 섹스를 마치 자신의 훈장처럼 생각하는 매우 치기 어린 생각이죠. 그 과정에서 자신도 모르게 황폐해지는 자신의 영혼은, 꽤 시간이 지나 성숙한 후에나 돌볼 줄 알게 됩니다. '사랑'보다는 '성관계'에만 집착하는 안타까운 모습이죠.

낯선 여성과의 성관계에 집착하는 남성은 오직 원나잇을 위해 자신의 모든 노력을 탕진합니다. 모텔로 데려갈 수만 있다면 평소에는 엄두도 못 내던 양주도 과감하게 카드로 긁어댈 수 있죠. 그런데 안타깝게도 모든 여성이 그 '작업'에 넘어가주는 건 아닙니다. 모든 것을 쏟아부었음에도 그녀가 나를 버리고 신데렐라처럼 택시를 타고 집에 가버렸다면, 새벽 3시, 황량한 길바닥에 홀로 남겨진 남자는 외로이 처량한 달을 바라보며 자신의 행동을 후회하며 울부짖습니다.

남녀가 원나잇에서 서로 기대한 게 다르다면 후회는 더 강렬합니다. 남자는 단순히 그날 밤 그녀의 육체를 경험하고 싶어서 접근했는데 여자는 그의 외모, 목소리, 매너에 호감을 느껴 '이 남자 괜찮은데.'라는 생각으로 어울리기 시작했다면 말입니다. 단순히 '여성의 육체'가 필요해서 모텔을 향한 남자와 '바로 이 남자'에 끌려서 모텔까지 함께한 여자가 다음 날 경험할 감정은 완전히 다르죠.

원나잇이 섹스를 경험하는 하나의 멋진 방법이 되려면

내 몸은 세상에서 가장 소중합니다. 그 누구도 내 허락 없이 함부로 다룰 권리는 없습니다. 만약 나의 성적 취향과 무관하게 누군가 내 몸을 함부로 다루었다면, 아무리 매력적인 사람이라도 인연으로 이어가지 않는 게 좋습니다. 욕망이 목적이라면 섹스는 단순히 도구에 불과하지만, 사랑이 목적이라면 섹스는 가장 아름다운 경험이어야 합니다. 그런 점에서 원나잇은 사랑으로 이어질 가능성이 적은 행위이며, 내 몸이 함부로 다루어질 가능성이 가장 큰 행위이기도 합니다.

원나잇이 사랑으로 이어질 가능성이 적은 또 다른 이유는 '남성의 편견' 때문입니다. '나와 이렇게 쉽게 섹스하는 여자라면, 이제껏 수많은 남자와도 쉽게 섹스를 했을 것이며, 앞으로도 다른 남자의 유혹에 쉽게 넘어갈지 모른다. 그러니 나와 원나잇을 한 이 여자는 내가 진심으로 사랑하는 여자가 될 수 없다.' 많은 남성이 이렇게 생각하니까요. 비록 처음 만난 사이지만, 원나잇이라는 '상황'보다는 그 남자 '자체'에 집중하는 것이 더 자연스러운 여성과는 틈이 꽤 커 보입니다.

물론 원나잇도 섹스를 경험하는 하나의 멋진 방법이 될 수 있습니다. 상호 간의 목적과 태도만 맞는다면 원나잇도 엄연한 만남의 한 형태이니까요. 처음 만난 남녀가 키스와 섹스부터 하면 안 되나요? 섹스에 반드시 '사랑'이라는 감정이 있어야 하나요? 인간에게는 엄연히 '성욕'이라는 욕망이 버젓이 존재하는데 말입니다.

이제부터는 남성도 여성도 원나잇에 조금만 더 진지해지면 좋겠습니다. 말이나 행동에서 '진지충'이 돼라는 뜻이 아닙니다. 이왕 하는 섹스라면 서로에게 영원히 기억될 기념비적인 섹스를 선물하자는 뜻입니다. 상대가 무심하다면 내가 먼저 솔선수범하여 피임을 준비하고, 오랫동안 사랑한 사람과 섹스하듯 세상에서 가장 소중하게 그 또는 그녀의 몸을 다루어주세요. 마치 내일 세상이 멸망한다는 것을 알게 된 뒤 처음 만난 연인처럼, 나의 행복과 상대의 기쁨을 위해 서로 최선을 다하자는 것입니다. 그래서 언젠가는 그런 태도가 완벽한 하나의 문화가 되어서 한 세대쯤 지난 후에는 '원나잇'이 '섹스를 경험하는 가장 짜릿하고도 멋진 방법'으로 규정될 수 있도록 말입니다.

6

속궁합에 관한 편견은
이제 버리세요

여자 친구가 있습니다. 다른 건 다 괜찮습니다. 성격, 취향, 스킨십, 직업 다 좋은데 성관계가 불만족스럽습니다. 가장 스트레스 받는 부분은 예전 여자 친구는 거의 애무가 필요 없을 정도로 이미 젖어 있었고 즉시 삽입해도 잘 느끼고 좋아했는데, 지금 여자 친구는 그렇지 않습니다. 관계 중에 아파할 때도 많아 분위기가 깨지기도 합니다. 점점 섹스가 재미없어지려고 하는데 어떡해야 할까요?

고민을 하는 것 자체는 이해합니다. 전 여자 친구와 명확하게 비교되니까 나보다는 그녀에게 문제가 있다는 생각이 강하게 들겠죠. 하지만 생각을 조금만 달리해보면 좋겠습니다. 만약 이전 여자 친구가 평균과는 다르게 별다른 애무가 없어도 애액이 넘치는 1%의 선택받은 몸을 지닌 여성이라면 어떨까요? 지금 여자 친구를 비롯하여 앞으로 만나게 될 다른 여성도, 지금과 같은 나의 애무로는 애액이 거의 만들어질 수 없다면 말입니다. 정말 그런 가능성은 없는 걸까요?

몸의 흥분 정도, 애액의 많고 적음, 성감대 민감 여부, 좋아하는 성적 취향은 사람마다 다릅니다. 그러니 과거 여자 친구가 정답이고 지금 여자 친구는 잘못된 답이라고 누구도 말할 수 없습니다. 정말 중요한 것은 여자 친구를 얼마나 사랑하느냐입니다. 진심으로 사랑한다면 설사 여자 친구에게 문제가 있다고 해도 서로 노력해서 극복해나가야겠죠. 고민이라고 할 수 없을 만큼 해답은 간단합니다. 정성껏 애무하며 그녀의 취향이나 몸 상태에 내가 적응하려고 노력하면 됩니다. 계속되는 노력에도 변화가 없고 그러다 지친다면 그때는 어쩔 수 없겠죠.

혹시 '내가 왜 그렇게까지 해야 하나?'라는 생각이 든다면, 여자 친구가 전 남자 친구와 사연 주신 분을 비교하면 기분이 어떨지를 떠올려 보세요. 전 남자 친구의 애무나 섹스 능력 등을 사연 주신 분과 비교하며 '그이가 해줬을 때는 내 몸이 항상 젖었고, 오르가슴도 자주 경험했는데.'라고 생각한다면 말입니다.

정답은 지금 내가 사랑하는 사람에게 집중하고 서로 노력해야 한다는 것입니다. 그 누구와도 비교하지 않고, 연인의 취향, 몸 상태를 존중해야 합니다. 생각이 바뀌어야 노력이 빛을 발할 수 있습니다.

사실
속궁합은 없습니다

저는 '속궁합'이라는 말을 별로 좋아하지 않습니다. 궁합은 마치 운

명처럼 정해져 두 사람의 노력이나 의지와 상관없이 결코 바꿀 수 없는 조건이 있는 것처럼 느껴지기 때문입니다. 신체적으로 해결할 수 없는 조합이 있거나, 섹스에 관한 취향이나 방법이 너무 달라 성관계하기 어려운 조합이 있는 것처럼 말입니다.

물론 그럴 수도 있습니다. 세상에는 정말 다양한 사람이 있으니까요. 하지만 아주 특별한 경우를 제외하고 '일반적'인 기준에서 생각해보면, 소위 속궁합이 안 맞는다고 생각하는 커플도 얼마든지 사랑으로 극복할 수 있습니다. 왜냐하면 속궁합은 아주 사소한 '차이'일 뿐이거든요.

서로 섹스를 너무 좋아하는 커플, 남녀 모두 할 때마다 오르가슴과 짜릿함을 느끼는 커플, 오럴 애무를 받을 때도 해줄 때도 짜릿한 쾌감을 경험하는 커플도 세상에는 분명히 있습니다. 특별한 노력 없이도 만난 첫날부터 둘 다 원 없이 섹스를 즐기는 커플의 속궁합은 당연히 좋다고 말할 수 있겠죠. 하지만 그건 그저 우연일 뿐입니다. 세상에는 '우연'으로 좌우되는 일이 많지 않습니다. 세상은 대개 '노력'으로 좌우되기 때문입니다. 공부도 노력해야 잘할 수 있고, 사회에서의 명성도 내가 쏟아부은 일만 시간의 피땀과 눈물이 모여 이룬 대가입니다.

서로에게 맞추기 위해 쌍방이 끊임없이 노력했지만 결국 끝까지 속궁합이 맞지 않아 헤어지는 커플은 거의 없습니다. 제가 아는 '속궁합이 맞지 않아 헤어진 커플'은 대개 속궁합을 '핑계'로 헤어진 커플입니다. 마치 이혼의 대표적인 사유가 '성격 차이'인 것처럼 말입니다. 따라서 '속궁합이 맞지 않는 커플'이 있는 것이 아니라, '속궁합을 맞추려고 끝까지 노력하지 않은 커플'이 있거나, '속궁합을 어떻게 하면 맞출 수 있는지 몰랐던 커플'만 있는 것입니다. 섹스를 즐기는 방식이나 서로 다른 취향은 얼마든지 맞춰갈 수 있습니다.

"속궁합이 맞는다."의 정확한 뜻은 "남성과 여성이 서로를 성적으로 행복하게 해주려고 진심으로 노력한다."입니다. 반대로 말하면 서로를 성적으로 행복하게 해줄 수만 있다면 두 사람은 속궁합이 맞는 것입니다.

나와의 속궁합부터 맞추세요

연인과 속궁합이 맞으려면 아이러니하게도 먼저 나와의 속궁합이 맞아야 합니다. 만약 내 몸의 성감대를 나도 모르고 있다면 '나 자신과 내 몸'의 속궁합부터 맞지 않는 것이니, 파트너와의 속궁합이 맞기를 기대해서는 안 됩니다. 나는 내 몸과 함께 20~30년 생활해왔지만, 파트너는 이제 내 몸을 만나 그것도 아주 가끔 만질 수 있는 것뿐이니까요. 나보다 파트너가 내 몸의 성감대를 더 잘 알기란 거의 불가능하죠. 그러니 제일 먼저 해야 할 일은 내 몸을 정확하게 아는 것입니다. 그것이 바로 '나와 내 몸'의 속궁합을 맞추는 일입니다.

그렇게 '나와 내 몸'의 속궁합을 제대로 맞췄다면 이제, 찾은 내 몸의 성감대와 그 성감대가 느끼는 방식 모두를 파트너에게 알려주세요.

내 몸의 성감대는 구체적으로 어디인데, 그곳을 얼마만큼 어떻게 해주어야 좋은지 말입니다. 말로 하기 힘들다면 손이나 몸의 움직임으로 자연스럽게 이끌어도 좋습니다. 섹스뿐만 아니라 남녀관계 전반에도 이 원칙을 적용하면 큰 도움이 됩니다. 즉, 내가 모르는 건 상대도 모르고, 혹시 그가 알고 있어도 내가 말해주지 않는다면 상대가 알아서 해주는 일은 없다고 생각하는 게 좋습니다. '말하지 않아도 알아서 해주면 안 돼?' 하는 생각으로 사랑하는 사람을 아무 근거 없이 세상에서 가장 눈치 없고 배려 없는 사람으로 만들지 말고 말입니다. 말해주지 않으면 결국 나만 손해입니다.

반대도 마찬가지입니다. 연인이 어떻게 만져달라, 어떤 방식으로 섹스해달라고 요청하면 정말 할 수 없는 요구만 아니면 기꺼이 수용해야 합니다. 그게 내가 사랑하는 사람을 존중하는 방식이고, 사랑을 표현하는 방식입니다. 여러 차례 요구를 거절당한 연인은 앞으로는 나를 향해 입을 닫을지도 모릅니다. 소통이 차단된 연인의 미래가 과연 행복일 수 있을까요? 나와 내가 사랑하는 사람 모두를 위해 모든 욕망은 존중되어야 합니다.

7

섹스를 거부하는 여자 친구의
성욕을 높이는 법

여자 친구와 섹스한 지 한 달도 넘었습니다. 바쁘다, 오늘은 할 기분이 아니다, 그렇게 계속 거절당하다 보니 내가 무슨 섹스 머신이라도 된 것처럼 자격지심이 드는 거 있죠. 여자 친구가 "남자는 성욕을 참기 힘들다는 거 알아. 그런데 정말 하기 싫어. 난 데이트를 하고 싶은데 매일 술 마시고 자취방에만 가자고 하니 내가 하고 싶겠어?"라고 말하기에 한동안 데이트만 즐겼는데, 이젠 데이트하고 각자 집에 가는 게 일상이 되어 버렸네요. ㅠㅠ 중년의 부부도 아니고, 이런 게 말로만 듣던 섹스리스 커플인가요?

성욕의 크기를 결정하는 남성호르몬인 테스토스테론의 분비가 왕성한 젊은 남성이니 섹스를 향한 욕망을 참는 건 정말 힘들었을 겁니다. 남성이 되어 직접 그 경험을 해보지 않는 한, 여성이 그 욕망의 크기와 인내의 괴로움을 이해하기란 쉽지 않죠. 그런 감정을 이해라도 받았다면 덜 서운했을 텐데, 일방적으로 섹스에 중독된 사람 취급을 받았으니 아마 더 억울했을 겁니다.

　사연 주신 분께 알려드리고 싶은 것 중 하나는 섹스는 삽입이 전부가 아니라는 것입니다. 물론 각종 매체나 전문가들은 나서서 사랑하는 사람과의 섹스가 얼마나 건강에 좋은지를 장황하게 늘어놓지만, '건강한 연인 관계'를 유지하기 위해 삽입 섹스보다 더 중요한 것은 바로 따뜻한 말 한마디와 포근하고 다정한 스킨십입니다.

　이런 기초적인 진도도 나가지 못하는 연인에게 그저 삽입만 하라고 강요하는 게 무슨 소용이 있을까요? 2G 폴더폰을 가진 사람에게 10기가 데이터를 수어봤자 무용지물인 것과 같은 이치입니다.

여성에게 성관계는
하고 싶어야 할 수 있는 것입니다

　섹스(성관계)를 정의하라고 하면 여러분은 뭐라고 말하겠습니까? 다양한 정의가 있겠지만 하나 확실한 건 '질에 음경을 삽입하는 행위'는 반드시 들어갈 것 같습니다. 그게 우리가 이제껏 알고 있던 섹스니까요. 하지만 이제는 이 정의를 바꿔야 할 때가 됐습니다. 여러분이 알고 있는 건 '삽입'이지 '섹스'가 아닙니다. 삽입과 섹스가 같은 뜻으로 정의되면 정말 많은 문제가 발생합니다. 다시 말하지만 삽입은 섹스의 극히 일부일 뿐입니다.

　게다가 여성에게 성관계는 남성에게 성관계가 주는 의미와 조금 다릅니다. 여성에게 섹스는 사랑하는 사람과 나누는 가장 행복한 소통입니다. 서로의 사랑을 느끼고, 그 과정에서 성욕의 해소와 쾌감을 즐기며, 나아가 두 사람이 사랑으로 하나 됨을 확인하는 소중한 의식이기도 합니다. '뭐가 그렇게 거창해?'라는 생각이 들지 모르지만 이 개념이 남성의 머릿속에 있어야 여성의 '부족한 성욕' 문제를 풀 수 있습니다.

여자 친구의 성욕을 높이고 싶다면 우선 '여성에게 성관계는 하고 싶어야 할 수 있는 것'이라는 개념을 이해해야 합니다. 여기서 '하고 싶어야'라는 말은 단순히 성관계하고 싶은 흥분된 몸 상태를 말하는 게 아닙니다. 여성에게 '하고 싶어야'라는 말은 성관계하고 싶은 '기분과 의지'까지 모두 포함한 개념입니다. 육체적으로 성적 자극을 받으면 바로 성관계하고 싶어지는 남성과 달리, 여성에게는 육체적인 자극보다 의지, 즉 정신적인 자극이 더 필요하다는 뜻입니다. 이 정신적인 자극은 전적으로 남자 친구에 의해 만들어집니다. 바꿔 말하면 다소 억울할 수도 있지만 여자 친구가 성관계를 거부하는 것의 일정 책임은 남자에게 있다는 것입니다.

상대가 아무리 섹시하고 잘생겨도 사랑하지 않는 사람과는 여간해서 섹스하고 싶은 생각이 들지 않는 게 여성입니다. 남성과 다른 이런 메커니즘을 모르기에 남성들은 종종 오해에서 비롯된 행동을 하게 됩니다. 남성은 여성과 맨살이 스치기만 해도 짜릿한 성욕을 경험하지만, 여성은 좋아하지 않는 남성과는 맨살이 스치기만 해도 불쾌합니다. 이 감정의 차이를 모르고 여성도 자신과 같은 감정일 거라고 생각하는 순간, 그 남성의 행동은 성추행이 되는 것입니다.

그러니 지금 여자 친구가 내 성욕을 이해하지 못하고 받아주지도 않는다면, 여자 친구가 나를 변함없이 사랑하는지 확인해보아야 합니다. 동시에 여자 친구는 나에게 사랑받고 있다고 느끼는지도 확인해야 하고요. 이 문장이 이해되었다면 이후 해결방안은 무척 쉽게 도출됩니다. 여자 친구와 자주 섹스하고 싶다면 여자 친구가 나로부터 사랑받는다고 느끼게 해주면 되니까요.

사랑받는다고 느끼면 여성의 성욕도 높아집니다

곰곰 생각해보세요. 사랑받는다는 감정을 경험할 때는 바로 '나의 모든 것에 공감해줄 때'입니다. 여자 친구가 행복하다고 말할 때, 우울하다고 말할 때, 술 마시고 싶다고 말할 때, 여행 가고 싶어 할 때, 그 모든 상황에서 여자 친구가 경험하는 감정을 가상으로 함께 경험하고 공감하며 응원하고 지지해주세요. 내 마음을 가장 잘 이해해주는 사람, 이런 사람이라면 여성은 기꺼이 자신의 몸과 마음을 나눌 수 있습니다.

여자 친구의 성욕을 높이는 또 다른 방법은 여자 친구가 온전히 나와의 사랑에 집중할 수 있는 시간과 분위기를 경험할 수 있게 해주는 것입니다. 온통 공무원 시험 준비로 혼이 빠져 있는 여자 친구는 나와의 섹스에 집중할 시간이 없습니다. 하루 8시간 이상 아르바이트를 해야 하는 여자 친구에게 밤 11시에 아무리 유혹의 말과 시선을 던져봤자 퇴짜 맞기 딱 좋죠. 여성에게는 섹스를 할 수 있는 여유로운 시간과 섹스하고 싶을 만큼 달달한 분위기가 필요합니다. 오직 섹스가 목적이라는 생각이 드는 준비 말고, 순수하게 그녀가 사랑받고 있다는 것을 느끼게 해주고 싶은 마음에서 한 준비 말입니다. 시간과 분위기만 조성되면 내가 다가가기도 전에 그녀가 먼저 내게 다가와줄 수도 있습니다.

이런 방법에 익숙하지 않은 남성은 이 글을 읽으며 "에이, 이런다고 되겠어?" 하고 생각할지 모릅니다. "오히려 뿅 가게 하는 섹스 스킬로 잊지 못할 밤을 만들면 다음에는 하고 싶어서 안달 나지 않을까?" 생각할지도 모릅니다. 장담컨대 섹스하고 싶도록 여성의 마음을 움직이는 데는 '잊지 못할 섹스 스킬'보다 '1시간의 따뜻한 대화'가 백번 낫습니다. 그렇게 '사랑해주고 싶은 남자 친구'가 되는 동시에 여자 친구가 사랑받고 있다고 느낀다면 여자 친구와의 섹스는 자연스럽게 따라올 것입니다.

하루 이틀의 실천만으로는 변화가 생기지 않습니다. 또 처음에 여자 친구는 그 변화를 '섹스를 위한 밑밥'으로 오해할지도 모릅니다. 그 불신이 믿음으로 바뀔 때까지 일관성 있게 행동해야 합니다. 그게 한 달이 되었든 일 년이 되었든, 내 남자가 정말 바뀌었다는 생각이 들 만큼 오랫동안 지속해서 말입니다. 참고로 여성의 마음을 움직이는 가장 좋은 방법은 한순간의 이벤트가 아니라 나를 위해주는 흔들림 없는 남성의 행동입니다.

행복한 섹스의
시작

3

피임

1

목욕 중 사정하면
임신하느냐고요?

삽입은 하지 않았고 제가 남자 친구 성기를 애무하고 남자 친구가 제 배 위에 사정했습니다. 임신 가능성 있나요? 그리고 다음번에는 남자 친구와 욕조에서 함께 씻으려고 합니다. 욕조에서 사정하면 삽입하지 않고도 임신 가능성이 있나요? 남자 친구는 같이 목욕하고, 삽입은 안 하더라도 사정까지는 하게 해달라는데, 욕조 안에 알몸으로 있다가 임신할 가능성이 있을까 봐 두려워서 어떻게 해야 하나 고민입니다.

사연을 읽으면서 사연 주신 분이 '특별하게' 사고(思考)하는 분이라고 생각했습니다. 왜냐하면 이 정도의 정보는 누구나 아는 상식이므로 몰라서 물어보는 게 아니라 돌다리도 두들겨보고 건너는 신중한 태도에서 비롯된 질문이라고 생각했기 때문입니다. 그런데 몇 주의 간격을 두고 비슷한 질문을 다른 분으로부터 또 받은 뒤에는 생각이 달라졌습니다. '아, 대한민국의 성교육은 정말 왜곡되어 있구나.'

결론부터 말씀드리면 임신 가능성은 없습니다. 여기까지 아는 분은 많더군요. 그런데 왜 그런지 정확하게 아는 분은 적었습니다. '정자'가 아닌 '정액'에 관한 교육은 받지 못했기 때문입니다.

정액은 정자의
호위무사입니다

정액은 정소에서 생성된 정자를 자궁까지 무사히 보내기 위한 정자의 '호위무사'입니다. 여성의 질 내부는 약산성을 띱니다. 질에 침입하는 세균을 막기 위해서인데 정자도 이 환경에서는 살 수 없죠. 정액은 약알칼리성을 유지하며 질 내부 환경을 중성으로 만들어 정자의 생명을 보호합니다. 또한 끈끈한 점액질로 구성되어 질 내부에 들어갔을 때 질 벽에 달라붙어 떨어지지 않습니다. 간혹 임신 가능성을 높이기 위해 성관계 후 물구나무를 서기도 하는데 정액의 점액 성분 때문에 큰 효과는 없습니다.

질 내부에서 사정된 정액은 액체로 바뀐 뒤 자연스럽게 질에서 흘러나와 몸 밖으로 배출되거나, 질 내부에서 자연 증발합니다. 사정 후 길게는 2~3일 뒤에도 흘러나옵니다. 정액은 공기 중에서는 30분만 지나도 물처럼 변한 뒤 바로 증발하지만, 질 내부에서는 그보다 오랫동안 점성을 유지하며 질 벽에 붙어 있기도 하기 때문입니다.

공기 중으로 사정된 정액 속 정자는 활동성과 생명력이 급격히 떨어지게 됩니다. 따라서 욕조 안에서 배출된 정자나 여성의 배 위에 사정된 정자가 여성의 질 입구를 찾아 들어가 임신할 가능성은 없는 것입니다. 다만, 오해하면 안 됩니다. 저는 절대 '배 위에 사정'하는 질외사정이 안전하다고 말씀드리는 것이 아닙니다. 우리는 종종 질외사정으로 배 위에 사정했음에도 임신하는 사례를 만나곤 합니다. 그런 상황을 만드는 진짜 범인은 '배 위에 사정된 정액'이 아니라 '질 밖으로 나오기 전에 음경에서 흘러나온 정액'입니다. 남성은 절대 질 안에 정액을 흘리지 않았다고 확신할지 모르지만 완벽하게 그럴 수 있는 남자는 세상에 없습니다. 그래서 전문가들은 '질외사정'을 피임 방법으로 인정하지 않는 것입니다.

연인과 오럴을 즐기는 경우 더러 정액을 먹어도 되는지 물어오는 분도 있습니다. 정액은 수분과 단백질을 비롯한 각종 유기물질로 구성된 정자의 식량입니다. 따라서 정액을 먹는다고 해서 몸에 해가 되진 않습니다. 물론 반대로 영양분으로 구성된 것은 아니니 먹는다고 몸에 특별히 좋을 것도 없죠. 냄새만 역하지 않다면 먹어도 무방하지만 굳이 먹는 것을 권하고 싶진 않습니다.

피임,
먼저 임신의 원리를
알아야 한다!

다큐멘터리를 보면 정자가 자궁에서 헤엄치는 장면이 등장합니다. 여기서 의문이 하나 생깁니다. 아니, 여성의 몸이 물로 가득 차 있는 것도 아닌데 어떻게 정자가 헤엄쳐서 난자를 향해 가는 걸까요? 결론부터 말씀드리면, 다큐멘터리는 보는 분들의•이해를 돕기 위해 화면을 연출한 것입니다. 여성의 질과 자궁은 물로 차 있지 않습니다. 정자는 헤엄친다기보다는 낮은 포복으로 난자를 향해 다가갑니다.

질에 도착한 정자의 여정을 따라가볼까요?

질 내부에 도착한 정자가 난자를 만나려면 정말 수많은 죽음의 문턱을 넘어야 합니다. 우선 질 내부가 산성이므로 빨리 벗어나 자궁경부로 들어가야 살아남을 수 있습니다. 따라서 정액이 점차 녹아 점성이 사라지면 정액에서 벗어난 정자들은 질 벽을 따라 낮은 포복을 유지한 채 꼬리를 마구 흔들며 자궁경부를 향해 죽기 살기로 기어갑니다.

하지만 그렇게 기를 쓰고 자궁경부에 도달한 정자가 모두 자궁으로 들어가는 것은 아닙니다. 자궁의 입구, 즉 자궁경부는 점성이 무척 강한 끈끈한 점액으로 막혀 있기 때문입니다. 이 점액을 뚫고 자궁으로 들어가는 것도 만만치 않습니다. 수많은 정자가 이 관문에서 탈락합니다. 여기까지는 빠르고 힘센 정자가 유리합니다.

그렇게 들어간 자궁에는 정말 무서운 적이 매복해 있습니다

바로 백혈구입니다. 외부의 침입자를 발견하고 자궁으로 총출동한 백혈구는 가까스로 자궁에 들어온 정자 대부분을 삼켜버립니다. 정자는 백혈구에 대항할 힘이 없기에 가장 많은 수의 정자가 바로 이 전투에서 살아남지 못하고 장렬하게 전사합니다. 이 전투에서 살아남는 건 빠르거나 힘이 세거나 용감해서가 아닙니다. 그저 운 좋게 백혈구의 공격을 피했을 뿐입니다. 그러니 3억 마리의 정자 중 가장 빠르고 힘센 놈이 난자를 만난다는 말은 진실이 아닙니다. 그저 운 좋은 정자가 난자를 만나는 겁니다.

난자는 (얌전하게 기다리는 게 아니라) 적극적으로 정자를 유혹합니다

정자는 난자의 도움 없이는 방향도 찾지 못하고 우왕좌왕하는 오합지졸들입니다. 그런데도 여성의 몸속에서 정자가 난자에 무사히 도착할 수 있는 것은 난자가 정자를 향해 끊임없이 유혹의 신호를 보내기 때문입니다. 빠르고 힘센 정자가 용감하게 역경을 극복하고 수많은 경쟁자도 물리친 후 그저 얌전하게 앉아 왕자님을 기다린 난자에 도착한다는 표현은 이제 좀 더 사실적으로 바뀌어야 합니다. 여성에게 그런 '수동적 본능'은 없습니다. 오히려 난자는 적극적으로 정자를 유혹합니다.

정자뿐만 아니라 아기도 엄마 몸에서는 이물질입니다

언뜻 여성의 몸이 유난히 정자를 까탈스럽게 대하는 것 같지만 사실 인간의 몸은 외부에서 들어온 모든 이물질을 까탈스럽게 대합니다. 정자도 여성의 몸에 원래 있던 존재가 아니니까요. 심지어 여성의 몸은 10개월 동안 품고 있는 태아도 이물질로 인식합니다. 따라서 이물질로 규정된 태아를 내 몸의 항체가 공격하는 것을 막기 위해 엄마의 몸은 스스로 10개월 동안 면역력을 낮춥니다. 이것이 임신 기간에 임신부가 질병에 취약해지는 이유입니다. 같은 이유로 자가면역질환을 앓던 분은 임신하면 증상이 완화되죠.

피임의 방법보다 더 중요한 것은 이런 원리입니다

피임을 이야기하는 글 대부분은 피임하는 방법에 대한 것들입니다. 어떤 피임법이 얼마나 효과적인지를 이야기하죠. 그 어떤 글에서도 임신이 되는 원리부터 이야기하지는 않습니다. 그런 정보는 학교 성교육이나 생물 시간에 배운다고 생각하니까요. 그런데 정말 그럴까요? 위에 소개한 정액과 관련된 이야기를 여러분은 이미 잘 알고 있었나요?

임신이 되는 원리에 대해 제대로 알고 있으면, 같은 피임을 하더라도 훨씬 효과적으로 대응할 수 있습니다. 또 임신 확률을 높이기 위해 성관계 후 물구나무서고, 임신할까 봐 남자 친구와 욕조에 들어가지 못하는 엉뚱한 걱정을 더는 하지 않을 수 있습니다. 피임의 방법은 임신하는 과정을 차단하는 방식으로 다양하게 개발되어왔습니다. 지금부터는 하나하나 조금 더 자세히 알아보겠습니다.

2

배란일 피하기,
질외사정은 피임이 아닙니다

대개는 남자가 콘돔 착용을 싫어하던데 저희는 여자 친구가 콘돔을 싫어합니다. 이물감이 느껴지는 데다 콘돔 특유의 냄새도 싫다고 하네요. 최근에는 콘돔의 피임 실패율까지 말하며 거부합니다. 그럼 약이라도 먹으라고 권했는데 그것도 싫다고 합니다. 자기는 생리 주기가 매우 정확하니 배란일을 피하는 피임을 하고 싶다고 하는데, 저는 솔직히 불안합니다. 그러다가 덜컥 임신이라도 되면. ㅠㅠ
답장 주시면 여자 친구와 공유하려고 합니다. 정말 그렇게 피임해도 괜찮은가요?

많진 않지만 사연처럼 콘돔을 싫어하는 여성도 있습니다. 그럴 때는 여성이 주도적으로 피임을 하는 경우가 일반적인데, 배란일을 피하는 방법으로 피임하고 싶어 하는 것을 보니 정말 생리 주기가 일정한 것 같네요. 다만, 배란일을 피하는 방법은 '돌발 변수'가 매우 많습니다. 그런 점에서 그다지 현명한 방법은 아닙니다.

'임신 가능일 피하기'는
피임 방법이 아닙니다

배란일을 피하는 방법은 피임에 관심 있는 분이라면 한번쯤 생각해 봤을 피임법입니다. 일단 아무것도 준비하지 않아도 되고, 성공만 한다면 몸에 아무 영향도 주지 않는 방법이며, 무엇보다 편안한 질내 사정이 가능하니까요. 하지만 이 피임법을 설명하는 길고 이론적인 글을 읽어본 분이라면 모두 공감할 것입니다. 머리를 복잡하게 만드는 여러 수치와 날짜, 그리고 계산법을 말입니다. "그래서 도대체 언제부터 언제까지 피해야 임신이 안 되는 건데?"라는 말이 절로 나오지요.

일반적으로 배란일은 다음 생리 시작일로부터 14일 전입니다. 정자는 질 속에서 최대 5일 생존하고, 난자는 최대 2일까지도 생존하므로 생리주기가 28일이라면, 이전 생리 시작일 후 9일째 되는 날부터 17일째 되는 날까지가 임신할 수 있는 기간입니다. 앞으로는 어려운 숫자와 계산법 다 잊고 이 숫자만 외우면 됩니다. "생리 시작일로부터 9~17일째 되는 날은 피하자."

예를 들어 생리주기가 28일인 분의 생리 시작일이 3월 1일이었다면 3월 9일부터 17일까지가 임신 가능 기간입니다. 28일보다 생리주기가 긴 분은 늘어난 숫자만큼 더하면 됩니다. 즉, 생리주기가 30일이면 28일보다 2일이 많으므로 임신 가능일도 '생리 시작일로부터 11~19일째 되는 날'이 되는 것입니다.

하지만 이 피임법에는 수많은 위험이 도사리고 있습니다. 첫째, 이

전 생리 시작 날짜를 기억하지 못하면 의미가 없습니다. 둘째, 생리 주기가 불규칙한 경우도 의미가 없습니다. 셋째, 생리 주기가 규칙적인 분도 특별한 이유로 그달에만 배란이 불규칙했다면 이 역시 위험합니다. 즉, 이중 피임이 아닌 이상 단독으로 활용할 수는 없는 피임 방법이라는 뜻입니다. 지금까지 생리 주기가 일정했다고 이번 달도 그러라는 보장은 없습니다. 그게 바로 돌발 변수입니다. 그런 모험에 내 인생을 걸겠다면 할 말은 없지만, 저라면 그러지 않겠습니다.

'질외사정'도 결코 피임 방법이 될 수 없습니다

보통 콘돔이나 피임약 복용을 싫어하는 연인이 가장 선호하는 방법은 바로 질외사정입니다. 삽입 후 음경의 왕복운동 중 남성이 사정 욕구를 느낄 때 질에서 음경을 빼내 여성의 몸 밖에서 사정하는 방법이죠. 언뜻 보기에 몸 안에서 사정하는 게 아니니 완벽한 방법처럼 보일 수 있습니다. 몸 밖에 배출된 정액 속 정자는 여성의 질에 들어갈 수 없으니까요.

이 방법의 문제는 첫째, 사정하지 않더라도 왕복운동 중에 남자의 음경에서 쿠퍼선액이 흘러나온다는 사실입니다. 쿠퍼선액은 삽입과 사정을 위한 윤활제 역할을 하는데 이 액에도 미량의 정자가 있거든요. 물론 이 정도 미량의 정자로는 임신할 가능성이 희박하긴 합니다.

사실 이 피임의 진짜 위험 요소는 다른 곳에 있습니다. 바로 '남성 그 자체'입니다. 남자가 섹스할 때 가장 큰 흥분을 느끼는 순간은 사정할 때입니다. 사정할 때는 음경 주위의 모든 근육이 정액을 음경 밖으로 배출하기 위해 격렬하게 수축과 이완을 반복하는데, 이 과정에서 커다란 쾌감을 경험합니다. 따라서 이미 남성의 쾌감 회로가 작동했다면 남성은 그 쾌감을 조금이라도 더 오래 느끼기 위해, 적절한 시점에 음경을 질 밖으로 빼내지 못할 수 있습니다. 그 쾌감을 강화하는 자극이 바로 격렬한 왕복운동이니까요. 설사 존경할 만한 인내력으로 쾌감을 극복하고 음경을 꺼냈더라도 질에서 빠져나오기 전에 조금의 정액도 흐르지 않았다고는 아무도 장담하기 어렵습니다. 그래서 질외사정의 피임 실패율이 27%나 되는 것입니다.

만약 남성이 이 방법으로 섹스를 하고 싶어 한다면 여성은 무조건 또 다른 피임 방법(피임약 등)을 병행해야 합니다. 소중한 내 몸의 안전을 남자에게만 맡길 수는 없으니까요.

3

생리 기간에 하는 섹스는
정말 안전할까요?

변태 같아서 싫다고 몇 번 거부했는데 남자 친구는 한사코 생리 기간에 섹스하려고 합니다. 임신의 위험 없이 편하게 사정하고 싶어서 그러는 것 같아요. 그런데 전 정말 싫습니다. 물론 저도 임신 걱정을 하지 않아도 되는 건 좋지만, 피 냄새도 싫고, 끈적끈적한 게 내 몸에서 흘러나오는 것도 너무 싫습니다. 생리 기간에 하면 솔직히 쾌감도 덜한 것 같고요. 제 남자 친구는 왜 이렇게 생리 기간에 하는 섹스에 집착하는 걸까요?

우선 남성의 태도부터 확실하게 고쳐야 할 것 같습니다. 아무리 연인 관계라 해도 싫어하는 걸 강요해서는 안 됩니다. 자신이 원한다고 연인의 생각과 상관없이 그것을 강요하는 건 상대방을 배려하지 못하는 태도입니다. 의사표현을 확실히 한 뒤 정말 나를 사랑하는지 묻고, 그럼에도 계속 같은 것을 원하면 헤어지자고 해보세요. 만약 가볍게 넘어가려고 하면 정말 헤어지는 시늉이라도 해야 합니다. 그래야 상대에게 경각심을 줄 수 있습니다.

생리 기간에도
임신할 수 있습니다

일부 남성 중에는 사연처럼 여성의 생리 기간에 섹스하기를 원하는 사람이 있습니다. 거의 대부분 임신의 위험이 없다고 생각해서죠. 언뜻 보기에는 가장 임신 확률이 낮은 방법으로 보입니다. 하지만 이 방법에도 위험 요소는 있습니다. 가장 큰 위험 요소는 생리 기간에도 임신할 수 있다는 것입니다. 임신 가능일을 피하는 방법의 계산법대로라면 생리 주기가 26일인 여성의 임신 가능일은 첫 생리 7일 후부터입니다. 생리를 7일간 하는 여성이라면 생리 마지막 날 했던 성관계를 통해 얼마든지 임신할 수 있다는 뜻입니다.

생리 기간의 섹스는
감염의 가능성도 높입니다

여성의 질은 평상시 세균의 침입으로부터 몸을 보호하기 위해 pH 3~4 정도의 약한 산성으로 유지되는데, 생리 기간에는 호르몬의 영향으로 중성에 가깝게 변하면서 감염에 무방비 상태가 됩니다. 물론 생리 기간에 성욕이 증가하는 여성도 있습니다. 그러니 서로 원한다면 생리 기간이라 해도 반드시 섹스하지 말라고 강요할 수는 없습니다. 단, 생리 중에 섹스를 한다면 콘돔을 착용하는 것이 바람직합니다.

4

추천 피임법 하나.
콘돔

남자 친구와 관계할 때는 항상 콘돔을 사용해 피임을 하고 있어요. 콘돔을 껴도 관계할 때 정액이 새어 나오지는 않을지 걱정됩니다. 혹시 흘러나올 수 있다면 더 안전한 피임 방법은 없을까요?

콘돔은 긴 설명이 필요 없는 가장 보편적인 피임 방법입니다. 성감이 다소 무뎌지거나 착용 과정이 귀찮고, 삽입 후 이물감이 느껴지는 아주 사소한 단점을 제외하고는 피임과 질병 예방, 여성의 건강을 지키는 효과까지 정말 장점이 많은 똘똘한 방법이죠.

콘돔은 제가 추천하는
첫 번째 피임 방법입니다

다만, 아쉽게도 콘돔의 피임 실패율도 15%가 넘습니다. 이유는 역시 남자 때문입니다. 콘돔의 피임 효과를 높이려면 삽입 전부터 착용해야 하는데 삽입 후 충분히 왕복운동을 하다 사정감이 느껴지면 그제야 비로소 콘돔을 착용하는 남자가 뜻밖에 많거든요. 또 정확한 착용법을 배운 적이 없는 경우, 그저 상상력을 발휘해 착용했다가 찢어지고 벗겨지는 '사건'이 벌어지기도 합니다. 그래서 콘돔의 피임 실패율이 높은 것입니다.

콘돔 착용법은 다음과 같습니다

내용물이 찢어지지 않도록 조심스럽게 포장 비닐을 뜯습니다. 말려 있는 콘돔을 자세히 보면 중앙에 정액이 담기는 작은 돌기가 있습니다. 이 부분을 엄지와 집게손가락으로 살짝 집어 공기를 뺀 상태에서 귀두 위에 얹은 후 (이때 돌기는 그대로 잡고 있어야 합니다.) 돌돌 말린 부분을 펴 내려가면 됩니다. 왕복운동 중 다시 말려 올라가 벗겨지는 일이 없도록 말린 부분 없이 모두 풀어주어야 합니다.

편의점이나 약국에는 주로 중형이 비치되어 있지만, 제품 포장지의 표시사항을 살펴보면 종종 소형과 대형도 찾을 수 있습니다. 평소 사용하는 콘돔이 착용 후 너무 헐겁다는 느낌이 들면 다음에는 크기를 바꿔보는 것이 좋습니다.

콘돔에도
유통기한이 있습니다

콘돔의 유통기한은 공식적으로는 5년이지만 오래된 콘돔은 구멍이 생기거나 쉽게 찢어질 수 있어서 안전을 생각한다면 3년 이하의 콘돔을 사용하는 게 좋습니다. 유통기한은 포장지 겉면에 적혀 있습니다.

현재 대한민국에서는 미성년자의 콘돔 구매가 가능합니다. 아는 분이 많지 않고, 실제 판매하는 분도 종종 청소년에게 판매를 거부하기도 하지만, 미성년자 콘돔 판매는 청소년의 건강을 위해 꼭 필요한 정책입니다.

혹시, 청소년의 문란한 성생활을 조장하는 거냐고 화를 내는 분이 있다면 이렇게 물어보세요. "당신은 단지 콘돔을 써보고 싶어서 섹스한 적이 있나요?"라고요. 콘돔을 구매할 수 있다고 섹스에 더 관심을 두는 청소년은 없습니다. 오히려 여러 선진국의 사례에서 보면 미성년자의 자유로운 콘돔 구매는 청소년의 낙태율을 현저히 낮춰줍니다.

5

추천 피임법 둘.
피임약

병원에 갔을 때 질문하고 싶었는데, 너무 밝히는 것 같기도 하고 부끄러워서 못 했어요. 저는 피임약을 먹고 있는데요. 남자친구는 그래도 불안하다고 콘돔을 낍니다. 저는 콘돔이 싫거든요. 제가 피임약을 먹으니 안에 사정만 하지 않으면 되지 않겠느냐고 해도 콘돔을 원하네요. 물론 콘돔을 끼면 더 확실하게 피임이 되니 안심은 되죠. 근데 피임약을 먹으면 안에 사정해도 괜찮지 않나요? 남자 친구와 한 번 섹스할 때 보통 3~4번은 사정하는데 전부 질내 사정해도 안전할까요?

우선 부탁드리고 싶은 것은 앞으로는 '너무 밝히는 것 같아서' 질문을 못 하는 일은 없었으면 좋겠다는 것입니다. ^^ 성에 대한 자유로운 접근은 타고나는 것이 아니라 노력하는 거니까요. 이런 사소한 노력들이 섹스에 대한 잘못된 고정관념을 깨고, 건강하고 행복한 성을 즐기는 데도 큰 도움이 될 것입니다.

경구용 피임약은 임신할 수 있는 환경을 없애는 약물이며 가장 일반적인 메커니즘은 배란 자체를 막는 것입니다. 원칙적으로는 난자가 생성되지 않으니 자궁 안으로 정자가 들어와도 수정될 수 없습니다. 다만, 인간이 만든 모든 방법에는 예외가 있기 마련이어서 통상 3% 전후의 피임 실패 사례가 있으며, 이를 막기 위해 이중 피임을 권하는 것입니다. 물론 대부분의 실패 사례는 정확한 복약 지시를 따르지 않아서 생긴 것이긴 합니다. 임신은 생명이 걸린 민감한 부분이라 확답을 드릴 수는 없지만, 피임약을 먹으면서 질외사정까지 하는 이중 피임이라면 피임 확률은 거의 없다고 보는 것이 맞습니다.

제가 추천하는 두 번째 피임 방법은 '먹는 피임약'입니다

먹는 피임약은 한국에서는 2% 미만의 여성만이 활용하는 방법이지만, 서구 선진국에서는 평균적으로 30% 이상의 여성이 선택하는 가장 효율적이면서도 여성 주도적인 피임 방법입니다. 과거에는 호르몬 제제의 특성상 부작용이 많았지만, 최근에는 호르몬 함량이 낮아지는 등 기술이 점차 발전하여 부작용을 많이 줄였습니다. 무엇보다 남성의 피임 여부와 무관하게, 여성 스스로 자신의 몸을 지킬 수 있는 가장 적극적인 방법이라는 점에서 추천하는 방법입니다.

먹는 피임약은 의사 처방 없이도 약국에서 쉽게 구매할 수 있지만, 본인의 체질에 맞는 약을 선택하기 위해서는 병원 진료를 통해 처방받아 복용하는 것이 좋습니다. 생리 시작 첫날부터 매일 일정한 시간에 먹는 것이 중요합니다. 28일 주기이므로 21알을 먹고 나면 중단한 지 3일째 되는 날 생리가 시작되고 8일째 되는 날 다시 복용하면 됩니다.

피임하지 못했다면
반드시 사후 피임약을 드세요

부득이하게 피임하지 못했거나 피임했어도 임신이 걱정된다면 최후의 수단으로 사후 피임약을 복용할 수 있습니다. 사후 피임약은 배란 전이라면 배란을 방해하고, 배란 후라면 정자가 난자에 가까이 가지 못하도록 나팔관에 강한 점액을 형성하며, 수정까지 된 후라면 수정란이 자궁벽에 착상하지 못하도록 자궁벽의 상태를 조절합니다.

사후 피임약은 가능하면 성관계 후 24시간 이내, 아무리 늦어도 72시간 이내에 드셔야 효과를 볼 수 있습니다. 사람마다 호르몬에 대한 적응력이 다르기에 반드시 산부인과 진료를 통해 처방받아야 합니다. 고용량의 호르몬 제제라 부작용이 있을 수 있고 몸에도 좋진 않지만, 임신에 대한 스트레스와 실제로 임신했을 때의 심적 충격, 그리고 이후 선택하게 될 수도 있는 시술을 통한 몸의 상처와는 비교도 되지 않습니다. 만약 조금이라도 임신이 걱정된다면 반드시 사후 피임약을 복용해야 합니다.

추천 피임법 셋.
임플라논

저희 커플은 주로 콘돔을 쓰거나 질외사정을 합니다. 콘돔은 간편하지만 관계를 할 때 이물감이 느껴져서 좋지는 않습니다. 여자 친구도 콘돔 착용을 좋아하지 않아서 최근에는 질외사정을 하고 있고요. 그런데 아무래도 관계 후 임신에 대한 불안함이 커서 여자 친구가 피임약을 먹겠다고 하더군요. 콘돔을 끼지 않는 건 좋지만 사랑하는 여자 친구가 매번 피임약을 챙겨 먹는 게 안쓰러웠습니다.

하루는 여자 친구가 '임플라논'이라는 피임법 이야기를 하더군요. 피임제를 팔 안쪽에 삽입하여 피임하는 것이라는데 저는 처음 들어본 피임법이었습니다. 시술도 간편하고, 가격도 비싸지 않고, 무엇보다 피임약을 매번 챙겨 먹지 않아도 되고, 콘돔을 사용할 필요도 없으니 무척 완벽해 보이는 피임법이었습니다. 물론 부작용이 아예 없지는 않겠지만, 여자 친구가 우리에게 가장 적합한 피임 방법 같다며 임플라논 시술을 받고 싶어 합니다. 말만 들었을 때는 효율성 높은 피임 방법 같은데 혹시 치아 님은 임플라논 피임법에 대해 어떻게 생각하시는지 궁금합니다.

사연을 읽으며 '참 예쁜 커플'이라는 생각을 했습니다. 상대의 건강과 감정을 배려하고, 피임 방법을 공유하고, 같이 고민하는 모습이 무척 건강하고 바람직해 보여서 말입니다. 많은 여성이 남성의 콘돔 착용을 너무도 당연하게 생각하지만 (물론 남녀 모두 통틀어 가장 신체적인 해로움이 적은 피임 방법인 것은 맞지만) 남성이 기꺼이 콘돔을 착용하는 것에 조금이나마 고마움을 표현해준다면, 둘의 관계는 더욱더 단단해질 것입니다. "당연한 거 아니야?"라고 말하는 대신 말입니다. 남성과 여성은 평등한 존재이기에 누군가 피임을 준비하는 것은 당연한 것이 아니라 고마워할 일입니다. 서로 배려하고 존중하는 문화가 정착되어야 비로소 진정한 성 평등이 실현될 수 있으니까요.

제가 추천하는 세 번째 피임 방법은 '피임 장치'입니다

피임 장치로는 자궁 안에 장치를 삽입하여 5년 정도 영구적으로 피임이 가능한 루프 피임법, 팔뚝 안쪽 피부에 피임제를 이식하여 3년간 영구적인 피임 효과를 볼 수 있는 임플라논 피임법이 가장 대중적입니다. 임플라논은 에스트로겐 성분이 없어 경구용 피임약으로 생길 수 있는 부작용의 가능성도 적은 꽤 괜찮은 피임 방법입니다. 다만, 체질에 따라 부작용이 있을 수 있으니 어떤 피임법이 적합할지는 병원 진료를 통해 확인해야 합니다.

피임 장치는 큰 부작용만 없다면 99% 피임할 수 있으며 오랜 기간 임신의 걱정에서 해방될 수 있는 효율적인 피임 방법입니다. 생리량이 줄어드는 효과도 있어서 생리대 살 돈으로 시술받았다고 말하는 사람도 있습니다.

가장 안전한 피임법은 '이중 피임'입니다

지금까지 많이 사용하지만 피하는 것이 좋은 방법 세 가지(질외사정, 임신 가능일 피하기, 생리 기간 중 섹스)와 유용하고 효율적인 추천 방법 세 가지(콘돔, 피임약, 피임 장치)를 살펴보았습니다. 물론 이외에도 정관 수술이나 난관 수술 등의 영구피임법도 있지만, 20대 청춘에게는 해당되지 않는 방법이라서 언급하지 않았습니다.

피임에 관해 가장 많이 던지는 질문은 '완벽한 피임법'을 알려달라는 것입니다. 하지만 아쉽게도 100% 완벽한 피임법은 없습니다. 그저 가장 안전한 피임법이 있을 뿐입니다. 바로 앞에서 언급한 여섯 가지 중 최소 두 가지 이상의 방법을 동시에 사용하는 '이중 피임'입니다.

너도 해?
사실, 나도 해!
슬기로운 '자위생활'

4

자위

1

그거 아세요?
여성의 반 이상이 자위를 즐깁니다

전 평범한 20대 여자입니다. 최근 친구들과 이야기하다가 충격을 받고 메일 보냅니다. 알고 보니 저 포함 넷 중 자위하는 사람이 저뿐이더라고요. 전 어려서부터 자위를 했고, 이전에 자위를 좋아하는 게 병은 아닌가 싶어서 치아 님께 메일을 보낸 적도 있습니다. 당시 치아 님이 자연스러운 거라고 답해주셔서 얼마나 마음이 놓였는지 모릅니다. 이후에도 종종 자위하면서 성욕을 달래곤 했습니다.

친구들과 이야기를 나누다 보니 얼마나 많은 여자들이 자위를 하는지 궁금해졌습니다. 주변을 둘러보면 자위를 하는 여자들이 거의 없는 듯해서요. 넷 중 한 명이면 25% 정도인데, 자위하는 게 정상이 아닐 수도 있다는 생각이 들어 또 덜컥 겁이 나는 거 있죠. ㅠㅠ

❖ ❖ ❖

'정말 그거밖에' 되지 않을 리가 있나요. ^^ 타인에게 자위를 하고 있다는 이야기를 하는 사람이 적은 것뿐이지요. 심지어 그 대상이 친한 친구라고 해도 말입니다. 그래서 적어 보이는 겁니다. 그러니 '덜컥 겁나지' 않아도 됩니다. 사연 주신 분이 알고 있는 것보다 훨씬 많은 여성들이 자위를 즐기고 있으니까요.

사실 많은 사람이 한다는 것만으로 그 행동이 정상인지 아닌지를 판단할 수는 없습니다. 많은 사람이 습관적으로 하는 행동이더라도 건강하지 않을 수 있으니까요. 하지만 자위는 다릅니다. 많은 사람들이 하는 행동임과 동시에 건강한 행동입니다. 왜 그런지 알아볼까요?

여성의 절반 이상이
주기적으로 자위합니다

미국의 동물학자이자 대학교수였던 킨제이$^{Alfred Charles Kinsey}$ 교수는 1953년에 <여성의 성적 행동$^{Sexual Behavior in the Human Female}$>이라는 보고서를 발표합니다. 미 전역의 5천 명이 넘는 여성을 면접 조사한 결과를 정리한 보고서에 따르면, 당시 미국 여성의 60%는 자위를 즐겼습니다. 미국은 워낙 개방적이고 자유를 중요시하는 나라이니 이 수치가 놀랍지 않을 수도 있겠지만, 그럼에도 불구하고 이 보고서가 약 70년 전에 발표되었다는 걸 고려하면 아무리 미국이라고 해도 결코 적은 수치가 아닙니다.

그럼 한국은 어떨까요? 2017년 일본 성인용품 브랜드인 텐가코리아가 대한민국 성인남녀 1천 명을 대상으로 벌인 설문 조사에 따르면, 대한민국 여성의 70%가 자위 경험이 있다고 답했습니다. 물론 '해본 적이 있는' 즉, '경험'에 관한 질문이므로 평소 자위를 즐기는 여성의 수치는 이보다 적을 수 있지만, 보수적으로 생각해도 50% 이상은 주기적으로 자위를 즐긴다고 볼 수 있습니다. 참고로 같은 조사에서 자위 경험이 있다고 말한 남성의 비율은 무려 98%입니다.

슬기로운 자위생활,
표현하는 만큼 즐겁습니다

많은 여성이 자위에 관한 이야기를 (같은 여성에게조차) 자연스럽게 못 하는 것은 안타까운 일입니다. 그게 무엇이든 말을 하지 못하고 꽁꽁 숨겨두면 마음의 병이 될 수 있으니까요. 한국 사회에는 아직 '자위를 즐기는 여성은 성욕이 과도하다. 성욕이 과도하면 도덕관념이 부족해 많은 남자와 난잡하게 섹스를 할 것이다.'라는 왜곡된 인식이 존재합니다. 이러한 왜곡된 인식이 자신의 자위생활에 대한 커밍아웃을 방해하는 셈입니다.

하지만 '더 자주 표현하는 만큼 더 행복하게 즐길 수 있다.'라는 섹스의 원칙을 생각해보면 이 편견은 내가 먼저 앞장서서 깨야 합니다. 이 사회에 널리 퍼진 편견이 박살 나면 대한민국 남성과 여성 모두 좀 더 만족스럽고 행복한 성생활을 즐길 수 있게 될 겁니다. 그러니 사연 주신 분처럼 친구들에게 자신의 성생활을 이야기하는 것은 나의 육체적, 정신적 건강은 물론 건강한 성 문화를 만드는 데도 매우 바람직합니다. 앞으로도 더 많이, 더 자주 이야기하세요. 건강한 바이러스처럼 여기저기 퍼질 수 있게 말입니다.

젊은 세대 사이에서 자위는 '자연스럽고, 일상에 즐거움을 주며, 자기 몸을 알아가는 과정일 뿐만 아니라, 건강하고 행복한 성생활에도 필수적이고 도움이 되는 행위'로 자리매김해가는 중이니 이런 편견이 깨지는 건 시간문제이긴 합니다.

사연 주신 분이 모임에서 떳떳하게 자신의 자위 경험을 이야기하는 멋진 모습을 보여주었으니, 어쩌면 그 모습을 보고 자극받은 친구가 다른 자리에서 자신의 자위생활을 당당하게 이야기할지도 모릅니다. 그렇게 세상은 조금씩 더 발전해가겠죠.

왜 '자위는 나쁜 행위'라는 오해가 생겼을까요?

성감, 성욕의 해소, 여러모로 장점만 가득한 자위가 나쁜 것으로 인식되기 시작한 것은 청교도의 영향입니다. 중세유럽, 가톨릭의 부정부패를 비판하던 많은 용기 있는 이들이 종교개혁을 시작했습니다. 가톨릭의 온갖 비합리적인 요소를 부정하고, 쾌락과 향락을 배척하며, 다시 신 앞에 엄격해지자는 사상을 지닌 청교도가 메이플라워 호를 타고 지금의 미국에 도착하게 되죠. 우린 미국을 '자유의 나라'로 알고 있지만, 사실 미국 문화의 바탕에는 쾌락과 향락을 배척하고 엄격한 도덕과 금욕주의를 강조한 청교도적 문화가 깔려 있습니다.

예를 들어 대한민국에서 한때는 당연시했던 포경수술도 사실은 금욕주의를 위한 미국 청교도의 전략 중 하나였습니다. 남성이 자신의 성기 포피를 벗겼다 씌웠다 반복하며 성적 즐거움을 누리는 것이 못마땅했던 청교도는 '청결'을 이유로 성기의 포피를 잘라내야 한다고 주장했죠. 이후 오랜 시간이 지나 이 주장은 미국의 대표적인 문화로 자리 잡게 됩니다. 일제강점기가 끝나고 미군정이 시작된 이후부터 오늘까지 대한민국은 미국의 영향을 가장 많이 받은 나라였으니 대한민국에서 포경수술이 문화가 된 건 너무도 자연스러운 일이었죠.

또 요즘 우리가 아침 식사 대신 간편하게 우유에 말아 먹는 시리얼 역시 청교도 금욕주의의 결과물입니다. 미국에서 요양원을 운영하던 켈로그는 '육식이 성욕을 만든다.'라는 왜곡된 신념을 지니고 있었습니다. 입원 환자들의 성욕을 억제하려고 곡물로만 된 간편한 음식을 만들어 먹였는데, 이것이 오늘날 식문화로 자리 잡은 시리얼의 원조입니다.

즉, 종교적인 편견이 자위를 부정한 행위로 매도한 셈이죠. 물론 성적인 쾌감이 미덕이 될 순 없지만, 적어도 비난이나 자제의 대상이 되어서는 안 되겠죠. 이제는 사연 주신 분과 저처럼 이 편견이 바람직하지 않다는 것을 아는 사람이 나서서 자위의 명예를 회복해주어야 합니다. 자위는 오직 '얼마만큼 기분 좋고 얼마만큼 행복한가.' 하는 관점에서만 평가되어야 하니까요.

2

건강한 자위생활은
성감과 쾌감을 극대화시킵니다

남자 친구와 헤어진 지 1년이 넘어갑니다. 그런데 요즘 제가 유난히 자위에 집착하는 게 느껴집니다. 사실 남자 친구를 만나기 전에도, 아니 어릴 때부터 자위를 해왔습니다. 하지만 이전과 지금의 자위가 좀 다르게 느껴집니다. 이전에는 자위 자체가 좋아서 했다면 지금은 남자 친구와의 섹스가 그리워서 하는 것 같아요. 저도 모르게 불쑥불쑥 올라오는 성욕을 자제하지 못해 자위하는 것 같아서 이런 제가 수치스럽기도 합니다. 방법이 없을까요?

자위 횟수를 줄일 방법을 찾을 게 아니라 너무도 자연스럽고 당연한 욕망을 수치스럽다고 여기는 편견을 바꿀 방법을 찾아봐야 할 것 같습니다. 지금 경험하는 몸의 반응은 무척 자연스러운 거니까요.

혹시 꾸준히 운동을 하는 분이라면, 우리 몸이 단련 정도에 따라 점점 업그레이드되는 경향을 지니고 있다는 사실을 알고 있을 겁니다. 그러니 남자 친구와 주기적으로 섹스를 해왔다면 나의 몸과 성욕 역시 이

전보다 개발되었을 가능성이 큽니다. 그만큼 성적 만족도도 높아질 가능성이 커졌으니 바람직한 변화이기도 하고요. 그러니 이전과 지금의 자위 강도와 횟수는 다를 수밖에 없습니다. 욕망이 더 커졌으니 더 자주 만족시켜 줘야죠. 자주 만족시켜 준다는 것은 쾌감을 즐기는 횟수도 증가한다는 뜻입니다. 내 몸이 업그레이드된 것이니 수치심이 아니라 자부심을 느껴야 할 일인 거지요.

남자 친구와 상관없이 자위는 필요합니다

자위를 제대로 즐기려면 고정관념을 버려야 합니다. 많은 사람이 자위를 '섹스할 대상이 없거나 있어도 섹스할 수 없는 상황일 때, 스스로 성욕을 해결하는 행위'라고 생각하거든요. 물론 틀린 표현은 아닙니다. 하지만 이것은 자위하는 여러 이유 중 하나일 뿐입니다. 이외에도 자위가 필요한 이유는 몇 가지 더 있습니다.

자위를 단지 '성기를 자극하면서 쾌감을 만드는 행위'라고만 알고 있다면 절반만 아는 것입니다. 실제 많은 사람들이 성기를 자극하는 방법으로만 자위합니다. 남성은 발기한 음경을 손으로 쥔 채 상하로 움직이며 정액을 뿜어내고, 여성은 진동이나 흡입을 통헤 클리도리스를 사극하거나 무언가를 질에 삽입하여 신음이 날 때까지 성기를 자극합니다. 이렇듯 자위가 오로지 성욕 해소로만 활용되니, 남성이나 여성의

90%가 그 좋은 자위를 5~10분 이내에 마무리하는 것입니다. 게다가 자위를 자주 하는 것에 (전혀 그럴 필요 없음에도) 죄책감까지 느낍니다.

자위는 섹스와 완전히 분리된, 독립적인 목적과 수행방식을 지닌 행위입니다. 성욕 해소 외에도 그 자체만으로도 차별화된 별도의 즐거움을 주는 행위라는 뜻입니다. 이런 즐거움을 경험하기 위해서는 '건강하게' 자위하는 것이 필요합니다. '건강한 자위'를 즐기려면 두 가지 조건을 충족해야 합니다. 하나는 단순히 말초적인 쾌감만이 아닌 깊고 은은한 즐거움을 경험할 수 있는 자위여야 한다는 것, 또 다른 하나는 그 즐거움을 최소한 20분 이상 경험해야 한다는 것입니다. 이를 위해 다음세 가지 팁을 활용하면 좋습니다.

건강하게 자위하기
- 성감을 개발하면 쾌감도 극대화됩니다

침대에 옷을 벗고 누워 손바닥으로 몸의 여기저기를 닿을 듯 말 듯 스쳐봅니다. 마치 깃털로 온몸을 쓰다듬듯이 천천히 그리고 부드럽게 말입니다. 어깨에서 손등까지, 가슴과 유두, 배와 음모, 허벅지 안쪽에서 회음부와 성기까지, 마치 누군가의 몸을 소중하게 쓰다듬는다는 느낌으로 아주 천천히 만져주면 됩니다. 만질 때마다 방식과 패턴을 바꿔주면 더 좋습니다. 그렇게 탐험하면서 내 몸의 어떤 부위가 어떤 움직임에 민감하게 반응하는지 스스로 느끼는 것입니다. 감흥이 적으면 눈을 감고 누군가를 떠올리며 그 사람의 애무라고 생각해도 좋습니다. 이런 성감대를 찾는 것만으로도 깊고 은은한 즐거움을 경험할 수 있습니다.

여기에서 나아가 자위가 '성감개발훈련'으로 진입하기 위해서는 '마사지 오일'이 필요합니다. 내가 좋아하는 향을 지닌 수용성 오일을 준비합니다. 마사지하는 손이 피부에서 미끄러질 만큼만 펌핑하여 내가 가장 민감해하는 2~3곳만 집중적으로 마사지해보세요.

여성에게는 목과 귀, 가슴과 유두, 허벅지 안쪽과 외음부, 그리고 클리토리스가 될 것이고, 남성은 허벅지 안쪽에서 음낭과 회음부, 그리고 음경이 주요 공략 부위가 될 것입니다. 성감대 찾기가 '닿을 듯 말 듯'이었다면 성감개발훈련은 '미끄러지듯'입니다. 내가 원하는 강도와 원하는 방향, 원하는 패턴으로, 원하는 부위를 원하는 만큼 미끄러지듯 부드럽게 만져주면 됩니다.

위의 방법을 실천해보면 내 몸을 어루만지는 행위가 얼마나 짜릿하고 행복한지 알게 될 겁니다. 이 방법으로 성감대를 찾아냈다면, 여자 친구나 남자 친구에게 알려주는 것도 잊지 마세요!

여성은
이렇게 하세요

외음부를 마사지한다면, 클리토리스 머리(음핵)에서 질 입구까지 타원형으로 미끄러지듯 움직이다가 때로는 8자를, 때로는 원을 그려봅니다. 특별히 기분 좋은 동작이 있다면 그 패턴을 오랫동안 반복하면서 느끼면 됩니다. 그러다 가끔 클리토리스를 스치기도 하고, 질 입구 주변을 가만히 돌아가며 눌러주기도 합니다. 조금씩 강도를 높이거나 때로는 움직임을 멈추고 손바닥 전체로 외음부를 따뜻하게 감싼 채 손의 압력을 느껴도 좋습니다. 가끔 손가락 한두 개를 질에 넣어도 보고, 조금 더 자극적인 감각을 느끼려면 클리토리스를 집중적으로 애무해도 좋습니다. 이때 짧은 시간에 끝내지 말고 오랜 시간 깊고 은은하게 즐거움을 경험해야 합니다.

남성은
이렇게 하세요

우선 음낭에서 항문까지 이어지는 회음부를 천천히 쓸어내리며 마사지합니다. 만약 이 과정에서 회음부의 중앙이 조금씩 단단하게 부풀어 오르면, 그 부위만을 손가락으로 살짝 쥐고 쓸어내리듯이 마사지해도 좋습니다. 이 부위가 바로 몸 안에 숨겨진 음경의 뿌리입니다. 뿌리를 마사지해주면 음경이 더욱더 굵고 단단해집니다.

음낭은 한 손이나 양손으로 가볍게 쥐고 주무르면 좋습니다. 고환은 예민한 부분이니 아주 소중하게 다루되 손을 살짝 오므리면서 고환이 손가락에서 빠져나가는 느낌을 경험해보는 것도 좋습니다. 이때 고환도 함께 주물러줍니다.

음경은 마사지한다 생각하며 자유롭게 만져주면 됩니다. 한 손으로 또는 양손으로 미끄러지듯 음경을 만지다 보면 사정과는 전혀 다른 '깊고 은은한 쾌감'을 경험할 수 있습니다.

조루를 극복하고 싶다면 성기단련훈련을!

성감개발훈련까지가 건강한 자위인 여성과 달리 남성에게 건강한 자위는 또 하나의 의미가 있습니다. 바로 성기단련훈련입니다. 이 과정을 통해 많은 남자들이 강박적으로 경험하는 '조루'를 거의 완벽하게 극복할 수 있습니다. 이제 섹스 중에 애국가를 부르거나, 다른 생각을 하며 자신의 성적 쾌감을 줄이려는 노력은 그만하세요. 즐거워야 할 섹스가 인내해야 할 대상이 되는 건 그 누구도 바라지 않을 테니까요.

성기단련훈련에 특별한 방법이 따로 있는 건 아닙니다. 위 성감개발훈련에서 소개한 음경 마사지 과정을 최소한 20분 이상 해주면 됩니다. 처음엔 사정하지 않고 음경을 만지기만 하는 게 쉽지 않을 겁니다. 하지만 마사지하는 중에 경험하는 은근한 쾌감에 익숙해지면, 머지않아 그 느낌을 더 오래 경험하고 싶어서 오히려 사정을 늦추고 싶어질 겁니다. 은근한 쾌감을 오래 경험할수록 조루도 나에게서 멀어집니다.

아주 천천히 부드럽게 만져야 합니다. 속도가 빨라지면 바로 사정감이 몰려올 테니까요. 만약 속도를 조절하지 못해 사정하려는 느낌이 든다면 일단 모든 자극을 멈추고 깊게 호흡하세요. 감정이 가라앉았을 때 다시 마사지를 하면 됩니다. 가장 좋은 방법은 천천히 부드럽게 마사지하며 은은한 쾌감을 즐기다 사정하지 않고 마무리하는 것입니다. 처음엔 힘들지만 익숙해지면 사정할 때 경험하는 짜릿하지만 허무한 쾌감과는 전혀 다른 깊고 오래가는 쾌감을 경험하게 될 겁니다. 이런 과정을 최소 1년 이상 반복하면 자연스럽게 조루에서 해방될 수 있습니다.

자위,
다른 사람들은

제 블로그에 자주 방문하는 여성들의 다양한 자위 이야기를 모아보 았습니다. 남성이라면 여성의 몸이 어떻게 쾌감을 경험하는지 배움 으로써 그 방법을 내가 사랑하는 사람의 애무에 활용해볼 수 있을 겁 니다. 여성은 다른 여자는 어떻게 자위하는지 확인함으로써 내 자위 방법과 비교해보고 나아가 더 나은 방법을 익힐 수 있습니다.

A 저는 원래 엎드린 상태에서 다리를 벌리고 손가락으로 클리토리스를 자극하는 자위를 했는데요. 치아 님의 조언을 받고 바로 누워서 다리를 벌리고 자극하는 방법으로 바꿨어요. 처음에는 자극이 잘 안 왔는데 손가락에 힘을 빼고 가볍게 클리토리스 가운데 돌출부를 반복해서 만졌더니 그쪽 감각이 예민해져서 지금은 천장 보며 누워 서 자극을 느끼는 게 즐거워요. 자위할 때 다른 한 손으로는 가슴이랑 배 등을 쓸어내리 면서 몸 전체로 느끼려고 해요. 이렇게 하니 남자 친구와 섹스할 때 감각이 더 예민해져 서 좋은 거 같아요. 강한 자극이 아니라 부드러운 자극에 더 흥분하게 되고요. 물론 엎드 려서 하는 자위도 종종 해요. 생리 전 욕구가 치솟아 오를 때는 엎드려 하는 자위가 편하 거든요.

B   치아 님 조언대로 첫 자위를 했습니다. 어색하기도 하고 창피하기도 했어요. 오일로 온몸을 만지다가 가슴을 움켜쥐고 젖꼭지도 만졌는데 딱딱하게 뭉치면서 뾰족하게 서더라고요. 거울을 가지고 제 그곳을 봤는데 벌어졌다가 닫히고를 반복해서 신기했어요. 클리토리스를 문지르며 쾌감을 느끼니 몸이 떨리고 저도 모르게 신음이 나왔어요. 하다 보니 속옷 하나가 다 젖어버렸어요.

C   생리 전후로 욕구를 느낄 때 자위하고, 그 외에도 정해진 패턴 없이 할 때도 있습니다. 하고 나면 편안하고 기분이 좋아지는데 때로는 우울감을 떨치고 싶거나 통증(주로 생리통, 두통)을 덜 느끼고 싶을 때도 자위를 하면 도움이 됩니다. 잠도 더 잘 오고요. 잠들기 전에도 종종 몸을 푼다는 느낌으로 할 때가 있습니다. 민감한 아침에는 압박 자위(베개) 등으로 살살 합니다.

D   전 의자 모서리 부분에 외음부를 대고 비비면서 야한 상상을 합니다. 섹스하는 상상을 하면서 간접적으로 의자를 이용하여 느끼곤 합니다. 온몸이 떨리는 건 아니지만 무언가 찌릿하고, 비비고 나면 기분도 좋습니다.

E   엎드린 채로 도톰한 이불을 다리 사이에 끼고 몸을 위아래로 움직여주면 너무 자극적입니다. 팬티는 입고 나머지 옷을 벗은 상태에서 하면 가슴이나 맨살이 침대랑 스치는 기분도 좋고요. 누워서도 해봤는데 별로 자극적이지 않아 결국 손을 댄 채로 다리를 오므리거나 그 상태로 다시 엎드려 문지르게 되더라고요. 그래서인지 관계를 할 때도 왕복운동보다는 삽입한 채로 문지르듯 돌려가며 하는 게 좋습니다. 처음에 삽입할 때도 천천히, 아주 천천히 조금씩 삽입하면 온몸의 감각이 완전히 열리는 것 같습니다. 천천히 삽입하고 완전히 밀착되었을 때 몸을 조금씩 움직이거나 돌리면 속된 표현으로 정말 미칠 것 같죠, 뭐.^^

F   씻을 때 우연히 샤워기 온수로 음핵 부분을 계속 쏴주었더니 오르가슴이 오더

라고요. 서서 다리를 조금 벌린 채 왼손으로 음핵 부분을 벌리고 샤워기로 살살 자극을 주면 오르가슴을 느낍니다. 특히 샤워기 물줄기로 클리토리스나 유두 자극을 주는 게 제일 좋습니다. 센 물줄기, 약한 물줄기 번갈아가며 자극하다 한 번씩 '팟!' 하고 느낌이 오면 그렇게 짜릿할 수가 없더라고요.

G 장난감(주로 혐오감 없고 디자인 예쁜 것, 세련된 것, 노골적으로 생기지 않은 바이브레이터)과 손가락 가드(손가락 콘돔), 윤활제를 준비해요. 집중해서 하면 5시간 이상 즐기기도 합니다. 시간에 구애받지 않고 편안히 즐겨요. 손으로 애무해 느끼기도 하고 성인용품을 사용하기도 해요. 지속적이고 강한 자극이 필요할 때는 진동기를 씁니다.

H 저는 남자 친구가 해주는 것 중에 클리토리스 애무를 좋아해요. 남자들이 오럴 애무를 좋아한다는데 저도 그런 거 같아요. 입으로 해줄 때 보고 있으면 흥분도 되고 손으로 하는 것보다 부드러워서 좋아요. 남자들이 여자가 오럴 애무해줄 때 쳐다보는 이유를 알 것 같기도. 손으로 할 때는 가끔 건조한 상태에서 만지거나 혹은 질 입구 주변을 너무 세고 빠르게 만져서 아팠거든요. ㅠㅠ 근데 입으로는 깨물지 않는 한 그럴 일은 거의 없으니 좋아요.

I 처음 자위를 할 때는 옷을 다 벗고 손을 씻은 뒤에 침대로 가서 가장 편한 자세로 눕고, 먼저 제 가슴을 부드럽게 만졌어요. 그냥 가슴을 만진 건데 벌써 유두가 뾰족하게 튀어나오고 거친 숨소리가 났어요. 유두가 튀어나오는 게 정말 신기했는데, 추워서 유두가 나올 때랑은 전혀 다른 느낌이더라고요. 저는 가슴이 최고의 성감대인 것 같아요. 클리토리스 만졌을 때랑 가슴을 만졌을 때의 오르가슴 정도가 다르거든요. 첫 자위를 한 날 저녁, 자기 전에 제 가슴을 부드럽게 만져주면서 잠들었던 것 같아요. 자위한 뒤에 '아, 이 좋은 걸 왜 이제야 했을까?'라는 생각을 했어요. 자위하면서 제 성감대를 정확히 알 수 있어 정말 좋았거든요.

3

야동중독이 위험한 진짜 이유는
따로 있습니다

애인도 없고 그렇다고 성매매할 돈도 없고요. 많게는 일주일에 다섯 번, 보통 세 번 이상은 야동 보면서 자위합니다. 그러다 보니 야동 보는 게 습관이 된 것 같아요. 그런데 어느 순간부터 야동을 봐도 발기가 되지 않는 겁니다. 처음에는 야동을 잠깐만 봐도 발기했는데, 언제부터인가 보면서 손으로 한참 만져야 발기가 되더니 이제는 야동을 보면서도 발기가 가라앉고 만져도 다시 서지 않습니다. 이제 겨우 20대인데 약을 먹는 것도 쪽팔리고, 혹시 약을 먹어서 발기된다고 해도 창피할 것 같아요. 저 좀 살려주세요, 선생님. ㅠㅠ

음경이 단단하게 곧추서 있어야 할 순간에 아무리 노력해도 그렇게 되지 않는 경험은 남성에게 정말 괴로운 기억일 것입니다. 단단한 발기가 남자에게는 자존심의 중심이라는 것을, 전혀 이해하지 못할 여성들에게는 어쩌면 한심한 모습으로까지 보일지도 모르지만 말입니다. 더군다나 옷을 벗겨놓은 인형만 봐도 불뚝 신호가 온다는 20대라면, 그

절망감과 두려움은 더 클 것입니다.

결론부터 말씀드리면 너무 걱정하지 않아도 됩니다. 사연 주신 분은 '발기부전'에 걸린 게 아니라, 잠시 발기가 되지 않는 '증상'이 나타난 것뿐이니까요. 증상은 원인을 찾아 해결하면 그만입니다. 저는 심지어 20대에 경험하는 발기부전은 '발기부전'이라고 부르지도 않습니다.

일반적인 야동은 순기능이 더 많습니다

우리 사회는 야동에 관용적인 편입니다. "남자가 야동 본다."라고 하면 대부분 "남자니까 그럴 수도 있지." 정도로 반응하죠. 성과 관련된 남자들의 행위에 다소 관대한 남성 중심의 사회 분위기도 영향을 미치지만, 성적인 욕망을 자유롭고 건강하게 풀기 힘든 보수적인 사회에서 그나마 야동이 하나의 해방구 역할을 한 것도 원인입니다. 섹스를 야동으로 배웠다고 말하는 사람이 대부분인 것도 이런 관용적인 태도에 한몫하죠.

아동포르노나 몰카 영상처럼 불법적으로 제작, 유통되는 것을 시청하는 게 아니라면 사실 야동을 윤리적인 잣대로 판단하는 것은 의미가 없습니다. 합법적인 방법으로 제작되고 정상적이 유통경로로 소비된다면, 무료한 일상을 잠시 잊게도 해주고 건조한 연인이나 부부 관계에 불씨를 되살리는 역할도 할 수 있으니까요.

인터넷 야동중독,
시작은 쿨리지 효과입니다

인터넷 야동이란 인터넷에서 검색 등을 통해 발견하고, 결제나 다운로드를 통해 무제한으로 반복하여 시청할 수 있는 야동을 말합니다. 인터넷 야동의 특징은 본인 스스로 아주 강력한 자제력을 갖지 않는 한 거부할 수 없을 만큼 다양한 장르와 내용의 야동을, 뇌가 포화상태가 될 때까지 눈앞에 펼쳐놓는다는 것입니다. 한두 편 보고 나면 이후 AI가 내 관심사를 파악하여 그 동영상이 끝나기도 전에 (또는 끝난 후에) 즉각 다른 야동을 추천합니다. 그것도 아주 매력적인 제목이 달린 야동을 말입니다. 그렇게 또 다른 야동 시청으로 자연스럽게 넘어가게 되는 거죠. 모든 문제는 여기서 시작됩니다.

상대가 바뀔 때마다 수컷의 성욕이 증가하는 현상을 '쿨리지 효과'라고 합니다. 쿨리지 효과는 같은 파트너와의 섹스에서 안정감을 찾는 암컷과 달리 수컷은 암컷이 바뀔 때마다 더 높은 관심과 성욕을 보인다는 이론입니다. 이 이론이 정확하게 적용되는 분야가 바로 인터넷 야동 시청입니다.

하나의 야동을 시청하고 난 남성의 뇌에서는 도파민이 풍부하게 생성되어 행복과 쾌감을 경험하게 되지만, 같은 야동을 한 번 더 시청하는 남성의 뇌에서는 상대적으로 적은 도파민이 생성됩니다. 과거에는 하드에 아무리 많은 야동을 저장해도 언젠가는 본 것을 또 볼 수밖에 없었습니다. 무한대로 야동을 시청하는 것이 불가능했고, 자연스럽게 몇 편의 야동을 보고 난 후에는 뇌도 휴식을 취할 수 있었지요.

그런데 이제는 '인터넷'이라는 매체를 통해 끝도 없이 다양한 야동을 소비할 수 있게 되었습니다. 심지어 인터넷은 내 귀에 "이건 꼭 봐야 해."라고 악마처럼 속삭이며 너무도 자연스럽게 다른 야동의 섬네일을 보여줍니다. 클릭하지 않을 수 없도록 말입니다. 그렇게 클릭은 반복되고, 한 편 한 편 볼 때마다 뇌에서는 매번 비슷한 양의 도파민이 생성되는 것입니다.

이 과정을 거치면서 과도하게 생성된 도파민이 델타포스비라는 스트레스 해소물질의 분비를 촉진합니다. 문제는 끊임없이 생성되는 이 델타포스비가 뇌를 점차 쾌락에 둔감하게 만든다는 사실입니다. 1~2단계 정도의 자극으로도 흥분하던 뇌가 이제 3~4단계는 되어야 흥분하는 거죠. 즉, 야동이라는 시각적 자극만으로도 발기하던 음경이 이제는 접촉이라는 물리적인 자극을 주어야 발기하게 되었다는 뜻입니다. 이 단계를 '야동중독'이라고 부릅니다. 모든 중독이 그렇듯이 야동중독 역시 진행 중에는 결코 자각이 없습니다. 이미 중독되고 난 뒤에야 어느 순간 발기부전이 된 자신의 음경을 발견하게 됩니다.

야동에 중독되어 뇌가 손상되었다는 것은 아무리 강한 자극이 와도 뇌가 음경에 '발기해.'라는 신호를 보내지 못한다는 것을 의미합니다. 그러니 아무리 마음을 편하게 가져도 쉽게 나아지긴 어렵습니다.

약도 마찬가지입니다. 발기부전 약은 음경으로 흘러들어가는 혈액의 양을 늘리고 일단 음경에 혈액이 차면 빠져나가는 혈액을 차단하는 역할을 합니다. 이 혈액의 유입이나 나가는 것을 차단하는 신호는 뇌에서 보냅니다. 야동중독은 바로 이 신호를 약하게 만듭니다. 따라서 인터넷 야동에 중독된 사람은 발기부전 약을 먹어도 증상이 크게 나아지지 않습니다. 원인이 신체에 있는 게 아니니까요.

자신의 인터넷 야동중독 상태를 점검하려면 자신이 하는 행동 양태를 살펴보면 됩니다. 만약 인터넷으로 야동을 보면서 화살표 키를 활용하여 빨리 감기를 하고 있거나 마우스를 이용하여 구간 이동을 하고 있다면, 이미 중독의 단계로 들어서고 있다고 생각하면 됩니다. 이미 뇌는 더 강한 자극을 찾기 위해 나의 손에게 키 터치와 클릭을 명령하고 있는 것이니까요.

야동중독,
당연히 극복할 수 있습니다

다행히도 인터넷 야동중독에 의한 뇌의 변화는 인터넷 야동을 끊으면 6개월 안에 좋아질 수 있습니다. 알코올이나 도박, 담배처럼 중독을 끊으면 바로 내 몸의 변화가 시작되는 원리입니다.

중독에서 벗어나는 가장 효과적인 첫 번째 방법은 중독을 만드는 '생활 방식을 바꾸는 것'입니다. 담배 피우는 사람이 담배를 끊기 위해서 자극적인 음식이나 커피, 술을 피하고, 화장실에 담배 없이 들어가며, 불쾌한 감정을 해소할 다른 방법을 찾는 것과 같은 방식입니다.

당분간은 자위도 중지하세요. 자위는 야동이 필요한 대표적인 상황이니까요. 집의 인터넷을 끊는 것도 좋은 방법입니다. 6개월 동안은 그저 TV의 친구가 되어보세요. 스마트폰을 폴더폰으로 바꾸거나 장기간 육체적인 노동을 하는 아르바이트를 하는 것도 방법입니다.

이때 '연상기법'이 큰 도움이 될 것입니다. 야한 사진이나 동영상이 보고 싶다는 생각이 드는 순간, 자신이 가장 싫어하는 아픔이나 통증을 떠올리거나 상상하며 온몸으로 경험하는 것입니다. 예를 들어 바늘로 찌르는 고통을 상상하거나, 오물을 뒤집어쓴 누군가를 상상하며 실제로 토가 나올 만큼 구역질을 심하게 한다거나 하는 방법입니다.

스스로 자신의 음경을 발기부전 상태로 만드는 어리석은 행동은 이제 멈추세요. 앞으로도 60~80년은 더 사용해야 할지도 모를 내 몸의 소중한 기관이니까요.

성기의 모양과
크기, 생리,
털, 왁싱, 가슴,
성형에 대하여

5

몸 자존감

질 모양이 이상합니다,
자위를 많이 해서 그럴까요?

제 질 모양이 이상합니다. 늘어난 데다 색깔도 검은색으로 변해 있더라고요. 질이 늘어나는 일은 없다고 하는데 이건 늘어났다고밖에 설명이 안 됩니다. 다리 사이로 늘어난 질이 보일 정도예요. 참고로 전 중학생 때부터 자위해왔습니다. 어디에 비비거나 문지르지는 않고 주로 손으로 만지고 손가락을 넣는 방식으로 하고 있습니다. 다른 사람들은 자위를 얼마나 하는지 모르겠지만 저는 좀 자주 한 거 같아요. 그래서 그런 걸까요? 나중에 결혼할 사람이 성관계 경험이 많다고 오해하면 어떻게 하나 걱정됩니다. 성형이라도 해야 하는 걸까요?

비교적 하얀 피부에 균형 잡힌 몸매를 가진 분 중에도 자신의 소음순 생김새나 색깔을 보고 놀라 상담을 하는 분이 많습니다. 어느 날 갑자기 내 몸이 변했다고 생각하는 거죠. 평소에는 거들떠보지도 않았던 부위일 테니 그렇게 생각하는 것도 무리는 아닙니다. 심지어 자신의 성기가 기형이라고 걱정하기도 하고, 잦은 자위나 섹스로 색이나 모양이 변형되었다고 굳게 믿는 분도 많죠. 결론부터 말씀드리면 지극히 정상이고 아무 문제없습니다.

우선 용어부터 정리해보겠습니다. "늘어난 데다 색깔도 검은색으로 변해 있"다고 오해하고 있는 신체 부위는 질이 아니라 '소음순'입니다. '질'은 남성의 음경이 삽입되거나 출산할 때 아이가 나오는, 질 입구에서 자궁경부까지의 통로를 가리키며, 소음순은 질 입구 바깥 주변부에 있는 피부를 가리킵니다.

소음순 모양은
사람마다 다릅니다

마치 지문이 사람마다 다르듯 소음순의 생김새도 사람마다 다릅니다. 질 입구를 중심으로 양쪽 대칭을 이루는 형태가 가장 일반적이지만 한쪽만 긴 형태, 대칭형이지만 양쪽 모두 길게 늘어진 형태도 있습니다. 그러니 어느 하나의 형태를 정상이라고 말할 수 없습니다. 피부색에 정상, 비정상이 없는 것처럼 말입니다.

물론 소음순 중에는 다리 사이에서 쓸리거나 옷을 입을 때 거추장스러울 만큼 길어서 생활이 불편한 경우도 있습니다. 길이가 긴 만큼 접촉하거나 접히는 부위도 넓어 세균이 번식할 가능성이 커집니다. 질염이나 요도염 등의 질환에 더 쉽게 노출되기도 하죠. 이처럼 생활이 불편하거나 특별한 원인 없이 여성 질환이 반복되어 힘들다면, 소음순 성형을 생각해볼 수도 있습니다. 하지만 그게 아니라면 단순히 색이나 모양이 마음에 안 든다고 성형을 결심하지는 않았으면 좋겠습니다.

자위나 성관계 횟수가 많아도 소음순에 변형이 생기진 않습니다. 그러니 앞으로 그런 걱정은 접어두어도 됩니다. 소음순에 변형이 생기는 가장 큰 원인은 노화입니다. 소음순도 피부니까요. 인간 피부의 모든 부위는 노화됨에 따라 점차 탄력을 잃고 중력 방향으로 늘어질 수밖에 없습니다.

성기 색은 나이 들수록 어두워집니다

성기의 모양만큼이나 많은 사람들이 잘못 알고 있는 것 중 하나가 바로 '색깔'입니다. 남성은 음경의 피부색이 어두워서, 여성은 유두나 소음순의 색깔이 어두워서 고민하는 경우가 많습니다. 남성은 자위를 많이 해서 음경이 검어진 것 같다며 걱정하고, 여성은 유두나 소음순이 밝은 핑크였는데, 섹스나 자위 경험이 많아지면서 점차 어두운 색으로 바뀌었다고 생각하며 고민합니다. 파트너가 나의 성 경험을 눈치챌지도 모른다며 걱정하기도 하고요. 둘 다 사실이 아닙니다.

이런 오해가 생기는 이유는 남녀 성기나 유두의 색이 어릴 때는 밝은 핑크였다가 성인이 되면서 호르몬과 멜라닌 색소의 침착으로 인해 점차 어두워지기 때문입니다. 피부의 색깔이 바뀌는 가장 큰 이유 역시 노화입니다. 평균적으로 20대보다는 30대의 섹스 경험이 더 많을 테니 섹스를 많이 하면 성기의 피부색이 어두워진다는 편견을 갖는 것도 무리는 아닙니다. 하지만 성 경험이 거의 없는 사람도 나이가 들면 색이 어두워집니다. 성기의 색깔과 모양이 변하는 원인은 섹스 횟수가 아니라 노화이기 때문입니다.

Q2

성기가 너무 작아
걱정입니다

예전부터 음경이 너무 작아서 걱정이었습니다. 누구와 비교
했을 때 작은 게 아니고 객관적으로 봐도 너무 작습니다. 콘돔
착용이 가능할지 걱정해야 할 정도입니다. 성기 크기는 성욕
이나 만족스러운 성생활과는 상관이 없다고들 하던데, 그럼
에도 애인이나 배우자를 만족시켜 주지 못하지는 않을지 걱정
됩니다. 크기를 키울 수 있는 운동 같은 건 없을까요?

정말 많은 남성들이 자신의 음경 크기를 걱정합니다. 전문가가 아무
리 "괜찮습니다."라고 말해도 그저 위로하려고 하는 말 정도로 생각하
는 것 같습니다. "음경 크기는 섹스의 만족도와 크게 연관이 없습니다."
라고 말해도 여간해서는 믿지 않는 표정입니다. 심지어는 "그럼 상담사
님은 몇 cm인데요?"라고 대놓고 따지는 분도 있습니다. 고백건대, 제
음경도 표준 크기 이하입니다. ^^

음경 크기보다 중요한 건
두께와 강직도, 그리고 온도

여성 질의 깊이는 평균 6~9cm 정도입니다. 물론 흥분 정도와 음경의 삽입 깊이에 따라 조금 더 길어질 수는 있지만, 원칙적으로는 더 깊이 들어가려고 해도 들어갈 수가 없다는 뜻입니다. 왜냐하면 질의 끝에 있는 자궁경부가 음경이 자궁으로 들어가는 것을 철저히 막고 있기 때문입니다.

자궁은 기본적으로 아기가 성장해야 하는 소중한 공간입니다. 여성의 몸은 그 공간의 평화를 위협하는 존재가 자궁으로 들어오는 것을 막으려고 최선을 다합니다. 자궁경부는 바로 그 의무를 충실하게 수행하는 문지기입니다. 검진을 위해 자궁 안으로 가느다란 검진 도구를 넣기 위해서는 먼저 이 자궁경부를 힘겹게 열어야 합니다. 그러니 일부 남성이 주장하는 '자궁 섹스'가 얼마나 터무니없는 판타지에 불과한지요. 자궁 섹스를 했다는 주장은 사실은 자궁경부와 질 사이에 존재하는 깊이 파인 골에 귀두가 낀 경험을 했을 뿐입니다.

대한민국 남성이 지닌 발기된 음경의 평균 길이는 9~13cm입니다. 정말 평균 이하로 작다고 해도 발기된 음경의 길이는 최소 6cm는 됩니다(음경 크기는 절대 발기 전 크기로 판단하면 안 됩니다). 딱 질의 최소 깊이인 것입니다. 더군다나 여성의 쾌감을 만드는 원천인 클리토리스는 대개 질 입구에서 5cm 사이에서 자극할 수 있습니다. 음경이 아무리 길어도, 여성의 쾌감을 만드는 데는 5cm면 충분한 셈입니다. 그러니 이젠 제발

전문가의 말을 믿어주세요. ㅠㅠ

오히려 여성의 성적 쾌감에 더 중요한 것은 음경의 길이가 아니라 두께와 강직도, 그리고 온도입니다. 아무리 작은 음경도 두께감이 있다면 질 외벽을 밀어내어 클리토리스 몸체를 자극할 수 있습니다. 또 온도로 클리토리스로 모여드는 혈액의 양을 늘릴 수 있으며, 음경의 단단함은 질 외벽이 감싸 안았을 때 덩어리 감을 느낄 수 있게 해 섹스의 만족도를 높입니다. 음경의 두께와 강직도, 온도에 도움이 되는 훈련은 책 후반부의 '조루와 발기부전' 편에서 자세히 말씀드리겠습니다.

왜 유독 내 것만
작아 보일까요?

이처럼 대한민국 남성 음경의 평균 길이 차이는 크지 않은데, 왜 남자들은 자신의 음경이 타인보다 작다고 생각할까요? 세 가지 이유가 있습니다. 첫째는 운전자가 "왜 만날 내가 서 있는 차선만 막히는 거야?"라고 말하는 것과 같은 원리입니다. 원래는 내 차선이 빠를 때와 옆 차선이 빠를 때가 비슷한 빈도로 발생하는데, 남보다 빨리 달리고 싶은 운전자의 눈에는 자신보다 느리게 가는 차선은 잘 보이지 않습니다. 내 차선이 옆 차선보다 빠를 때는 주로 앞차와의 차간 거리를 신경 쓰며 운전합니다. 하지만 내 차선이 막히고 옆 차선이 잘 빠질 때는 잘 빠지는 옆 차선을 바라보며 내 불운을 탓하게 됩니다. 마찬가지로 남성 대부분은 자신보다 작은 음경을 봤을 때는 크게 신경 쓰지 않고 지나치지만, 자신보다 큰 음경을 보면 자신의 것과 비교하기 시작합니다.

둘째는 대개 남성들이 보는 타인의 음경은 '발기되기 전의 음경'이기 때문입니다. 그래서 사람마다 격차가 무척 커 보입니다. 하지만 발기 후의 음경 크기는 모든 남성이 비슷합니다. 평소 음경이 작은 남성은 평소 음경이 큰 남성보다 발기 전후의 격차가 훨씬 크다는 뜻입니다. 그러니 발기 전 음경의 크기 비교는 아무 의미가 없습니다. 비교하려면 발기 후의 음경으로 비교하시기 바랍니다.

셋째는 자신의 음경을 바라보는 시선의 각도 문제입니다. 모든 물체는 위에서 바라보면 왜소해 보이기 마련입니다. 착시현상이죠. 기하학적 착시 도형에서 가장 널리 알려진 '뮐러리어의 도형'을 생각해보면 이해하기 쉽습니다. 따라서 정면에서 바라보는 타인의 음경에 비해 위에서 내려다보는 나의 음경은 왜소해 보일 수밖에 없습니다.

음경 크기에 대한 쓸데없는 자학과 집착은 자신의 몸 자존감을 떨어뜨리고 건강하고 즐거운 섹스에도 전혀 도움이 안 됩니다. 그러니 이제는 제발 크기에 대한 집착을 버려주세요.

Q3

생리 중 섹스를 좋아하는 남자 친구,
전 부끄럽고 창피합니다

남자 친구가 꼭 생리할 때 섹스를 요구합니다. 임신 걱정 없이 질내 사정을 하고 싶어서인 듯한데, 전 생리통도 심하고 생리 중에 냄새도 많이 나서 성욕이 하나도 안 생깁니다. 남자 친구가 생리하는 거 자체를 알은체하지 않았으면 좋겠어요. 솔직히 불편하고 창피하고 부끄럽거든요. 어떻게 하면 남자 친구를 설득할 수 있을까요?

실제 많은 남성이, 여성이 생리 시 느끼는 감정을 이해하지 못합니다. 많은 여성이 생리를, 불편하고 힘든 과정일 뿐만 아니라 왠지 수치스럽고 숨기고 싶은 일이라고 생각하거든요. 하지만 남성들은 생리를 단순히 '임신의 위험이 적은 기간' 정도로 인식합니다. 여자 친구에게 콘돔을 착용하지 않았다고 구박받지 않고, 마음껏 질내 사정을 즐길 수 있는 절호의 기회 말입니다.

우선 여성부터 생리에 대한 편견과 태도를 바꿀 수 있으면 좋겠습니다. 생리를 타인과 자연스럽게 공유할 수 있는 소재로 여기면, 남성 역시 생리에 대한 태도를 바꿀 수 있을 테니까요.

생리, 부끄러운 일이 아니라
대접받아야 할 일입니다

　여성의 몸(난소)에서는 한 달에 한 번 난자가 만들어집니다. 난소에서 나와 나팔관을 타고 자궁으로 들어오는 난자가 정자와 만나면 수정란이 되고 수정란이 자궁벽에 착상하면 임신이 되는 것입니다. 배란일이 가까워지면 착상할 수정란을 보호하고 수정란에 영양을 공급하기 위하여 자궁벽이 두꺼워집니다. 수정이 되지 않으면 이 벽이 무너져 질 밖으로 배출됩니다. 이것이 생리이며, 자궁벽을 모두 떼어내기 위해 자궁이 수축과 이완을 반복하는 과정에서 생리통이 생깁니다. 자궁벽이 뭉쳐서 빠져나오면 가끔 덩어리 혈이 보이기도 합니다. 이것이 여성에게는 상식이지만 남성에게는 낯선, 생리에 관한 생물학적 설명입니다.

　하지만 생리에는 이런 생물학적 설명 이상의 커다란 의미가 있습니다. 생리는 남성의 고환에서 정자가 생성되는 것처럼, 생명의 탄생을 준비하는 가장 기본적인 과정이기 때문입니다. 무려 '생명의 탄생' 말입니다. 그러니 얼마나 고귀하고 소중하며 성스러운 과정인지 모릅니다. 부끄러워할 일이 아니라 합당한 대접을 받아야 마땅합니다. 숭배까지는 아니더라도 숨 쉬고 밥 먹는 것처럼 자연스럽고 당연한 일이어야 하며, 적어도 부끄럽고 숨길 일이 되어서는 안 됩니다. 안타깝게도 생리가 받는 대접은 전혀 그렇지 않습니다. TV에서 상영되는 생리대 광고만 봐도 알 수 있습니다.

생리대 광고에서는 온통 '맑고 깨끗하고 상쾌한' 느낌을 전달하려고 안간힘을 씁니다. 실제 생리 과정은 그렇지 않은데 말입니다. 또 흡수력이 좋다는 걸 강조하기 위해 파란색 물감을 들이붓습니다. 생리혈은 붉은색인데 말이죠. 실제 생리는 통증을 유발할 정도로 고통스러운 과정임에도 생리대만 착용하면 모델의 얼굴이 생기발랄해집니다. 생리대를 착용하는 것 자체가 얼마나 번거롭고 힘든 경험인지에 관한 이야기는 광고 어디에도 나오지 않습니다. 그러니 아직 생리를 경험하지 못한 어린 여성들뿐만 아니라 남자들 역시, 여성에게 '생리'가 어떤 의미인지 도무지 알 길이 없습니다. 심지어 자신이 홍길동도 아니면서 생리 기간을 "그날"이라고 부르고, '생리혈'을 "양이 많다."라고만 표현함으로써, 아버지를 아버지라 부르지 못하는 창조적 내공을 보여주기도 합니다.

금기시하는 건 그만!
이제 생리에게 자유를 주세요

분명히 벌거벗고 있지만 아무도 그를 벌거벗은 임금님이라고 부르지 못하는 것처럼, 우리는 생리에 대해 말하는 것을 꺼리고 부끄러워합니다. 심지어 여성들마저 말입니다. 그러니 남자들은 생리대 좌우의 날

개가 어떤 용도로 사용되는지 알 길이 없고, 여성들은 마치 마약이라도 거래하듯이 남이 보지 않는 곳에서 은밀하게 생리대를 건네고, 남자가 편의점에서 생리대를 구매하는 모습은 상상도 할 수 없습니다. 심지어 지구상에는 아직도 생리 중인 여자는 출입하지 못하는 공간이 존재합니다. 그러면서 생명의 소중함은 어떻게 주장하는 걸까요?

성(性)은 드러내놓고 이야기하지 않으면, 몰라서 실수하는 사람이 속출하고 왜곡된 정보가 마치 진실인 것처럼 퍼집니다. 누구나 하는, 너무도 자연스럽고 즐거워야 할 '당연한' 섹스가 마치 마약이라도 되는 것처럼 외면당하는 사이, '행복한 행위'가 아니라 '부끄러운 행위'로 전락하여 어두운 곳에서 은밀하게 뒷거래되는 것처럼 말입니다. 생리도 마찬가지입니다. 그러니 이제 생리를 당당하게 세상 밖으로 꺼내놓아야 할 때입니다.

남성에게도 생리는 생활이어야 합니다

남성이 여자 친구를 위해 편의점에서 자연스럽게 생리대를 구매하고, 성인남녀가 함께 모인 장소에서 친구에게 떳떳하게 생리대 가진 거 있느냐고 물어야 합니다. TV에서도 생리대를 잘못 착용하면 어떤 일이 벌어지는지 사실적으로 보여주고, 가능하다면 생리통의 아픔도 생생하게 전달해야 합니다. 그래야 남성도 여성의 생리가 얼마나 번거롭고 힘든 경험인지 조금이라도 이해할 수 있을 테니까요.

불편하고 아프고 냄새나고 다소 민망하다고까지 생각하는 이 경험을 여성들이 왜 그렇게 티 내지 않으려고 노력하는지 남성들이 이해할수 있어야 합니다. 그래야 생리 중 섹스를 거부하거나 유독 특정 기간에 감정이 예민해지는 여성의 고통과 불편함도 더 잘 이해하게 될 것입니다. 남녀 갈등도 조금은 줄어들게 되고요.

회사에서도 내일 결근은 생리 때문임을 떳떳하게 알리고, 소녀는 초경 축하 파티를 SNS에 자랑스럽게 올리며, 다양한 생리용품의 사용법이 더 많은 유튜브 영상에 등장해서 많은 여성들에게 도움이 되면 좋겠습니다. 생리는 그 자체로 자연스러운 것이니 그것을 보여주는 것에도 일말의 주저함이 없어야 합니다.

내가 무언가를 부끄러워하면 상대도 그것을 부끄러운 것으로 인지합니다. 내가 그것을 자연스럽게 대하면 상대도 그것을 당연한 것으로 생각합니다. 생리는 생명을 준비하는 아름답고 소중한 과정이니 충분히 숭배받을 자격이 있습니다.

Q4

여자 친구의 겨드랑이 털을 보고
놀랐습니다

관계 중에 우연히 여자 친구 겨드랑이에 털이 난 걸 보고 너무 놀랐습니다. 여자들은 보통 겨드랑이 털을 제모하지 않나요? 그 뒤로 여자 친구와 관계를 하고 싶은 생각이 전혀 들지 않습니다. 마치 트랜스젠더랑 섹스하는 거 같아서 불쾌하기도 하고요. 사랑의 유통기한이 지난 걸까요? 아니면, 그때 겨드랑이 털을 보고 정이 떨어진 걸까요? ㅠㅠ

사람은 누구나 낯선 것을 보거나 전혀 생각하지 못한 일을 겪으면 당황합니다. 아무도 없을 거라 생각하고 열었던 문 뒤에 누군가 있으면 소스라치게 놀라는 것처럼요. 다만, 그 일로 그녀와 섹스하고 싶은 생각까지 사라졌다면 여기서부터는 단순히 '놀람'이 아니라 '가치관'입니다. 내가 어떤 가치관을 지니고 있을 때는 반드시 그 가치관이 나의 주체적인 의지로 생긴 것인지 확인해봐야 합니다. 인간이라면 누구나 있는 겨드랑이 털을 보고 불쾌한 감정이 드는 내가 이상한 건지, 아니면 대개의 여성이 하는 제모를 하지 않은 여자 친구가 이상한 건지 말입니다.

인간의 몸에는
당연히 털이 있습니다

털은 완충작용을 통해 외부의 충격으로부터 몸을 보호하고, 마찰을 줄여 피부가 상하지 않게 해주며, 땀의 증발을 도와 피부 습진을 방지합니다. 또 체온을 유지하는 데 도움이 되며 때로는 감각기관으로 기능하기도 하죠. 그래서 털은 인간의 몸에 꽤 필요한 존재입니다. 겨드랑이 털도 마찬가지입니다.

물론 털에 대한 선호는 사람마다 다릅니다. 털이 있는 모습을 자연스럽게 받아들이는 사람이 있는가 하면 털이 없는 매끄러운 피부를 더 선호하는 사람도 있습니다. 이는 지극히 개인 취향이자 패션 감각일 뿐입니다. 어떤 남성은 수염 자라는 것을 싫어해서 매일 면도하지만 어떤 사람은 구레나룻이 덥수룩하게 자란 자신의 모습을 더 멋지다고 생각합니다. 남성 가슴에 수북하게 자란 털을 만지며 행복해하는 여성도 있지만, 그런 모습 자체를 징그럽다고 생각하는 여성도 있습니다. 또 더욱 아름답게 보이려고 다리에 난 털을 매일 제모하는 여성도 있죠. 이처럼 털에 관한 가치관은 전적으로 개인의 취향이어야 합니다. 그게 '문화'가 되어버리면 그 자체가 왜곡의 시작입니다.

여성도 원래는
겨드랑이에 털이 있습니다

생활 속에서 여성의 겨드랑이 털이나 다리의 털을 보기는 어렵습니다. TV에 출연하는 여성들도 마찬가지지요. 원래는 있어야 하는 부위인데 말이죠. 털이 난 여성의 특정 부위를 보여주는 걸 꺼리는 분위기 때문인데 사실 자연스럽지는 않습니다.

원래부터 우리 몸의 일부였던 털을 '부끄럽게' 생각하거나 털이 있는 신체의 모습을 '어색하게' 생각한다면, 혹시 내가 그렇게 '교육받거나 세뇌당한 것'은 아닌지 생각해볼 필요가 있습니다. 정말 교육받거나 세뇌당한 거라면 여성들은 내 신체의 일부에 좀 더 당당해질 필요가, 남성들은 그 모습에 익숙해질 필요가 있습니다. 제모는 지극히 개인의 취향에 의해서만 정당화되어야 하니까요. 털이 없는 것과 털이 많은 것 모두 그저 개인의 취향으로서 존중되어야 합니다.

1970년대에는 여성의 미니스커트가 논란이었지만 지금은 너무도 자연스러운 패션이 된 것처럼 '익숙함'을 이기는 사회적 편견은 없습니다.

Q5

왁싱,
꼭 해야 할까요?

저는 여자인데 몸에 털이 많습니다. 팔다리는 물론 등에서 엉덩이까지, 생식기 주변에도 털이 수북합니다. 속옷 밖으로 털이 튀어나올 정도로 너무 많아요. 수영복을 입으면 허벅지 안쪽으로 털이 삐져나와서 수영장에도 못 갑니다.

제모 생각도 했지만 생식기 주변 털은 안 자르는 게 좋다는 말도 들었고, 자르고 난 뒤에 생식기가 너무 가렵다는 후기가 많아서 그만두었습니다. 생식기 털은 두더라도 사타구니 쪽으로 이어진 털만이라도 밀고 싶은데, 어떻게 해야 할까요? 최근 좋아하는 이성이 생겼는데 더 잘 보이고 싶은 마음에 그간 소홀했던 제 몸에 대한 고민도 커지는 것 같습니다.

대개 여성의 몸엔 털이 많지 않으니 털이 수북하다면 큰 고민일 수 있습니다. 더군다나 수영복을 입으면 밖으로 삐져나올 정도라면, 완전히 제모하는 브라질리언 왁싱은 아니더라도 수영복 밖으로 나오지만 않게 조절하는 비키니 왁싱 정도는 해도 되지 않을까 싶네요. 자르고 난 뒤 생식기가 가렵다는 후기는 완전 제모에 해당하는 이야기이니 크게 걱정하지 않아도 됩니다.

내 몸에 관한 판단을 할 때는 남의 눈치는 보지 말고 스스로 하는 게 좋습니다. 하고 싶지 않은데 남의 시선을 의식해서 제모하는 것도 문제지만, 하고 싶은데 눈치만 보다 하지 못해서 제대로 즐기지 못하는 것 역시 '행복한 삶'을 추구하는 관점에서는 옳지 않습니다. 우선 결정하기 전에 나도 모르게 갖고 있는 편견은 없는지 점검해보면 좋겠습니다.

음모는 부끄러운 신체 부위가 아닙니다

만약 아름다움을 위해서 브라질리언 왁싱을 고민하고 있다면 꼭 한 번 이 화두를 고민해보면 좋겠습니다.

2013년, 영국의 광고대행사 마더^{Mother}는 "Project Bush"를 추진했습니다. Project Bush는 자발적으로 응모한 93명의 평범한 여인들을 모델로 음모 부위만을 촬영하여 대중에 공개하는 프로젝트였습니다. 모델 중에는 재미로 온 여성도 있었고, 발가벗은 채 사진을 찍고 싶어서 온 사람도 있었으며, 자신의 딸에게 좀 더 자유로운 세상을 선물하고 싶어서 왔다는 자못 진지한 가치관을 지닌 엄마도 있었습니다.

신체의 모든 부위가 나름의 존재 이유가 있는 것처럼 음모 역시 분명한 존재 이유가 있습니다. 외부자극으로부터 생식기를 보호하고, 마찰을 줄여 피부 손상을 방지하며, 땀의 증발을 도와 피부 습진을 방지하는 것이 그것입니다. 하지만 다른 의견도 만만치 않습니다. 외부로부터의 생식기 보호는 속옷이나 의복으로도 해결할 수 있고, 오히려 생리할 때 분비물이 묻으면 불쾌감만 커지는 데다 세균 번식 등의 청결 문제, 시각적인 깔끔함 등을 생각하면 왁싱하는 것이 더 좋다는 것이죠. 여러분의 의견은 무엇인가요?

인간은 누구나 미(美)를 추구할 자유가 있습니다, 다만

저는 브라질리언 왁싱을 반대하지 않습니다. 타인에게 피해를 주지 않는 한 어떤 방식을 추구하더라도 그건 개성일 뿐이죠. 그런 점에서 자신의 미를 위해 선택한 브라질리언 왁싱은 반드시 존중되어야 합니다.

다만, 포경수술을 정당화하는 논리로 '청결, 위생'을 드는 것이 다소 억지인 것처럼, 왁싱 역시 '청결'을 이유로 드는 건 납득하기 어렵습니다. 청결은 부위의 문제가 아니라 세척 빈도수의 문제이기 때문입니다. 아무리 오염 가능성이 큰 부위도 자주 닦으면 깨끗하고, 아무리 깨끗한 부위도 자주 닦지 않으면 위생 상태가 좋지 않은 법입니다. 마찬가지로 털에 묻을 생리혈이라면 다른 신체나 속옷 등에도 묻을 수 있다는 점에서 냄새나 불쾌감도 선뜻 동의하긴 어렵습니다. 심지어 왁싱은 도구의 재활용이나 소독 상태 등 시술 환경에 따라 오히려 성병이 전염될 가능성도 있으니까요. 그뿐인가요. 왁싱 부위가 가렵고 붉게 변하거나 피부 탄력이 저하되는 부작용도 있을 수 있습니다.

그러니 앞에서 언급한 기능적인 장점이 아니라 아름다움을 추구하는 개인의 미적 기준이 선택의 이유라면 훨씬 더 합리적일 듯합니다. 스스로 말끔하게 왁싱되어 있는 내 몸이 아름답다고 생각한다면 타인의 시선이나 평가는 중요하지 않으니까요. 이때 정말 내가 하고 싶어서 하는 것과 사회적 시선이 신경 쓰여서 하는 것은 꼭 구별해야 합니다. "수영복을 입었을 때 음모가 삐져나온 모습은 보기 싫거든요."라고 주장하며 비키니 왁싱을 하는 분들은 과연 이것이 진정 내가 가진 미적 기준인지 고민해볼 필요가 있습니다. 혹시, 여성의 신체 일부를 '숨겨야 하는 부끄러운 것'으로 규정하는 남성 중심의 사고방식을 나도 모르게 지니고 있는 것은 아닌지 말입니다.

왁싱은
페미니즘이 아닙니다

반대로 왁싱과 페미니즘을 연결하는 것도 다소 억지스럽습니다. 브라질리언 왁싱을, 음모가 없는 여성의 성기를 금기시하던 남성 중심 문화를 거부하고 '내 몸에 대한 결정권은 내가 갖는다.'라고 주장하는 페미니스트의 자기주장이라고 생각하는 것은 다분히 페미니즘에 대한 오해에서 비롯된 것입니다.

페미니즘은 '모든 인간은 성별, 인종, 국적, 나이, 종교, 성적 지향 등과 무관하게 모두 평등해야 한다.'는 가치관을 의미합니다. 페미니스트가 되기 위해서는 이렇게 입어야 하고, 이렇게 행동해야 한다는 근거는 어디에도 없습니다. 화려하게 눈 화장을 하고 미니스커트를 입은 여자는 페미니스트의 자격이 없다고 누가 말할 수 있을까요. 페미니스트로서, 나의 사상을 실천하는 의미에서 겨드랑이 털을 깎지 않고 브라질리언 왁싱을 할 수는 있지만, 겨드랑이 털을 깎지 않고 브라질리언 왁싱을 한다고 해서 페미니스트가 되는 것은 아닙니다.

그러므로 브라질리언 왁싱을 하려는 이유가 아름다움을 추구하는 나만의 방법 중 하나라고 생각하기 때문인지, 아니면 나도 모르게 사회 분위기에 영향을 받은 것인지 꼭 한 번 생각해봤으면 좋겠습니다.

왁싱,
다른 사람들은

A 저는 브라질리언 왁싱 추천합니다. 왁싱을 하고 나니 특히 생리할 때 이전과는 비교할 수 없을 정도로 쾌적합니다. 살면서 한 번도 안 할 수는 있어도 한 번만 할 수는 없다는 말을 이제 이해할 것 같아요. 다만, 첫 시도에 엄청난 용기가 필요해요. 남 앞에서 거길 다 보여야 하니까요. 또 온갖 이상한 포즈를 취해야 하고, 처음엔 엄청 아파서 눈물이 나기도 하는데 적응되면 훨씬 덜 아픕니다. 뜨끈한 젤리를 묻혀 역방향으로 떼어내는 하드 왁싱, 끈끈이 같은 것을 이용해 털 난 방향으로 바닥의 머리카락 떼어내듯 하는 슈가링 왁싱이 있는데 개인적으로 후자를 추천합니다.

B 브라질리언 왁싱이 안 좋다는 의사의 글을 본 적이 있습니다. 저도 몸에 털이 많은 편이지만, 평소 털도 다 쓸모가 있어서 생긴 거라고 생각합니다. 미관상 혹은 사회적 관념상 좋지 않다고 생각하는 부위(예를 들어 겨드랑이, 다리) 정도만 제모하는 것을 추천합니다. 사실 전 손가락에도 털이 많아서 남동생에게 고민 상담을 한 적이 있는데 남자들은 자신의 털이 워낙 많아서 여자 털은 그렇게 크게 보이지 않는다고 합니다. 우리 몸에 쓸모없는 것이 있을까요? 특히 은밀한 부위일수록 털의 기능이 더 중요하다고 생각합니다.

C 아는 동생이 수영을 배우러 다니면서 피부과에서 레이저로 왁싱을 했어요. 레이저(3회 정도)로 하면 영구적까지는 아니어도 미는 것보다는 자주 안 해도 된다고 들었어요. 다만, 왁싱할 때 팬티를 입고 시술할 줄 알았는데 아니더군요. 동생도 하

의를 다 벗고 시술한 뒤로는 다시는 안 가더라고요. 처음부터 마음 편하게 산부인과에 간다 생각하고 가는 게 좋을 듯해요.

D 브라질리언 왁싱 추천합니다. 수영장에 갈 때뿐만 아니라 위생적으로도 좋습니다. 저도 딸아이가 있는데 아직은 사춘기지만 성인이 되면 왁싱 추천하려고 합니다. 요즘은 레이저 제모가 영구적이라고 하기에 그쪽으로 알아보고 있어요. 참고로 저는 왁싱하고 난 뒤 땀이 좀 더 많이 나긴 하더라고요.

E 털이 워낙 많은 편이라 왁싱하면서도 크게 기대하지 않았는데, 웬걸요. 정말 만족스러워요. 털 모양도 원하는 대로 잡아주고 시간이 지나서 털이 나도 천천히 올라오더라고요. 털 굵기도 얇고요. 한 번 왁싱한 뒤에는 집에서 면도기로 제모해도 문제없더라고요. 생리 기간에 냄새도 덜 나고 씻을 때도 편해서 좋아요. 회음부 쪽까지 제모했는데 털이 많은 편이라 그런지 굴곡이 있는 부분은 잘 안 되었네요.

Q6

작은 가슴이
콤플렉스입니다

저는 여자인데 작은 가슴이 콤플렉스입니다. 어릴 때부터 신경이 쓰였지만 지금처럼 스트레스를 받지는 않았는데, 남자 친구가 생긴 뒤에는 스킨십이 꺼려지더라고요. 콤플렉스 때문에요.

콤플렉스가 생긴 계기는 전 남자 친구 때문인 것 같아요. 그 친구가 가슴이 작으니 수술을 하는 것이 어떻겠냐고 몇 차례 권한 적이 있는데 그 말에 상처를 받았거든요. 지금 남자 친구와는 만난 지 얼마 되지 않아 아직 키스 이상의 진도는 나가지 않았지만 벌써 겁이 나네요. 이런 이야기를 남자 친구에게 털어놓아도 좋을지, 돈을 써서라도 가슴을 키우는 게 좋을지 고민됩니다.

　　많은 이성이 선호하는 조건을 지니지 못했다는 사실은 남녀를 불문하고 콤플렉스일 수 있습니다. 아무리 자존감이 중요하다고 이야기해도 주변을 둘러보면 키 큰 남성을 좋아하는 여성이 많고, 가슴 큰 여성을 좋아하는 남성이 많은 건 사실이니까요. 다시 말해 콤플렉스는 자존감만으로 해결할 수 있는 영역이 아닙니다.

가슴은 여러 성적 매력 포인트 중 하나입니다

하지만 성적 매력 포인트는 그 외에도 많아서 음부, 엉덩이, 허벅지, 가슴골, 심지어 발목도 있습니다. 남성은 여성의 성적 매력을 판단할 때 자신만의 기준을 갖고 있습니다. 성적 매력이 단순히 신체적인 것만 있는 것도 아닙니다. 또 성적 매력으로 상대방의 모든 것을 판단하는 사람도 있지만, 그저 여러 판단 조건 중 하나로 생각하는 사람도 있습니다. 가슴보다 풍만한 엉덩이에 성적 충동을 느끼는 남자도 있고, 가슴 크기와는 무관하게 가느다란 발목이나 하얀 피부에 설레는 남자도 있습니다. 좋아하는 신체 부위는 사람마다 조금씩 다릅니다. 그러니 내가 가진 모든 신체 조건을 인정하고 좋아해주는 사람을 만나면 그만입니다.

물론 많은 남성이 풍만한 가슴을 지닌 여성을 선호합니다. 하지만 분명한 것은 모든 남자가 그런 것은 아닐 뿐만 아니라 풍만한 가슴에 거부감을 가진 남자도 많다는 사실입니다. 어떤 남자는 가슴이 큰 여자는 성적으로 문란하거나 무식할 거라는 편견을 지니고 있습니다. 돈이 많거나 학력이 높은 남자일수록 작은 가슴의 여자를 선호한다는 조사결과도 있습니다. 물론 이것 역시 전형적인 일반화의 오류입니다.

성감대의 관점에서 큰 가슴은
약점입니다

유방이 크다는 것은 유방조직에서 지방이 차지하는 비율이 높다는 뜻이며, 지방이 많다는 것은 그만큼 외부의 자극에 둔감하다는 뜻입니다. 따라서 가슴이 큰 여성은 작은 여성보다 가슴 애무에 둔감할 수 있습니다. 만약 자신이 가슴 애무에 둔감하다면, 남성이 자신을 흥분시키려고 가슴에 집착할 때 미리 이야기해주어야 합니다. 가슴 말고 다른 곳을 만져주어야 더 흥분한다고 말입니다.

반대로 가슴이 작은 여성일수록 지방이 적어 상대의 애무에 훨씬 더 큰 쾌감을 경험할 가능성이 큽니다. 섹스의 1차 목적은 '내가 행복한 것'이니 작은 가슴을 가진 여성은 적어도 '성적 쾌감'의 관점에서는 복 받은 몸을 가진 셈입니다. 더 잘 흥분하는 여성은 남성에게도 더 큰 성적 흥분을 선사할 수 있으니 오히려 장점일 수 있습니다.

내가 가진 콤플렉스를
일부러 털어놓을 필요는 없습니다

작은 가슴은 절대 그에게 미안할 일이 아닙니다. 만약 가슴 크기 때문에 남자 친구가 헤어지자고 한다면 흔쾌히 받아주세요. 내가 무언가 부족해서 헤어지는 것이 아니라 서로 맞지 않을 뿐입니다. 유머 감각이 있는 남자를 좋아하는 여자가 몇 달 사귄 남자 친구가 사실은 정말 유머 감각이 없다는 사실을 깨닫고 이별을 통보했다면, 남자에게 유머 감각이 없는 게 단점일까요? 아닙니다. 진지하고 과묵한 남자를 좋아하는 여자도 많으니까요. 두 사람은 그저 인연이 아니었을 뿐입니다.

자신이 매력을 느끼는 이성을 찾아 만나고 사랑하는 것은 인지상정입니다. 이것이 바로 세상 모든 이에게 자신에게 맞는 짝이 존재하는 이유이기도 하고요. 성적 취향과 판타지는 사람마다 모두 다릅니다. 그것이 맞는 사람을 찾는 게 짝짓기의 중요한 목적 중 하나이고요. 때로 나와 성적 취향이 다르더라도 연인을 잃고 싶지 않은 마음에 서로 맞추며 개발하기도 하지만, 이때도 자신의 정체성과 자존감을 잃지 않는 선에서 맞추는 것이 바람직합니다.

Q7

성형 사실을
말해야 할까요?

저의 고민은 성형 사실을 남자 친구에게 털어놓아야 할지입니다. 고민하는 이유는 첫째, 만약 결혼을 하게 된다면 나중에 알 가능성이 있는데 그때 알게 되면 큰 배신감을 느낄 것 같습니다. 두 번째는 저는 남자 친구가 저에게 거짓말을 하지 않길 바라는데 정작 저는 지키지 못하고 있다는 겁니다. 그럼에도 불구하고 선뜻 말하지 못하는 이유는 말하면 실망이 너무 커서 저를 떠나지는 않을지 겁이 납니다. 평생 모를지도 모르는데 굳이 말해서 긁어 부스럼을 만들 필요가 있을까 싶은 생각도 들고요.

치아 님, 제가 성형 사실을 말해도 저를 향한 남자 친구의 마음이 정말 그대로일까요? 조언 부탁드립니다. ┳┳

남자 친구를 속이고 있다는 생각이 들 수는 있지만, 성형 사실을 알리지 않는 것이 '거짓말'이라는 수식어를 붙일 일은 절대 아닙니다. 그러니 너무 걱정하지 않았으면 좋겠습니다. 예를 들어 사연 주신 분이 태어났을 때 우량아였고 많이 먹지 않아도 비만 체질이라 '뚱보'라는 놀림을 받았던 아이였다고 가정하겠습니다. 성인이 된 뒤 가혹하게 다이어트를 해서 원하는 체중을 갖게 되었고, 이후에 진심으로 나를 사랑해주는 남자를 만났는데, 내가 어릴 때 비만이었다는 이야기를 연인에게 하지 않으면 거짓말을 한 걸까요? 결혼 후 뚱뚱했던 학창 시절 사진을 남편이 보게 된다면, 그가 배신감을 느껴야 정상인가요?

내 몸의 변화는 그 과정이 어떻든 '내 것'입니다

변화된 몸은 바뀌기 위해 큰 노력을 한 나만의 자랑스러운 결과물입니다. 설사 노력이 많지 않았던 성형이라 하더라도 깊은 고민을 했고, 그만큼 아팠으니 결코 쉽게 얻어낸 결과라고 말할 순 없습니다.

그러니 '나는 지금 거짓말을 하고 있다.'라는 생각은 버리세요. 떳떳한 내 몸이고 나의 변화입니다. 자부심을 가져도 됩니다. 굳이 일부러 "난 과거에 이랬는데 이렇게 변했다."라고 고백할 필요는 없습니다. 20대가 된 사람이 "나에겐 10대가 있었지."라고 말하는 것이나, 키 175cm인 사람이 "나도 한때는 160cm도 안 됐어."라고 말하는 것과 같습니다. 굳이 말할 이유가 없다는 뜻입니다.

다만, 만약 남자 친구가 혹시 성형했느냐고 물어봤을 때 "아니."라고 답한다면 그건 거짓말이고 잘못된 행동이 맞습니다. 있는 사실을 부정했으니까요. 남자 친구가 물어볼 때는 당당하게 성형했다고 말하세요. 그리고 성형이 나에게 어떤 행복을 가져다주었는지 솔직하고 담백하게 이야기하면 됩니다.

성형으로 정말 자존감이 높아졌다면
숨길 이유가 없습니다

　사실 성형 사실을 있는 그대로 이야기하는 것보다 훨씬 더 자존감 있는 행동은 성형하지 않은, 있는 그대로의 나를 사랑하는 것입니다. 세상은 '나'를 기준으로 살아야 합니다. 그래야 후회가 없고 상처받지 않으며 항상 나를 위한 바른 판단을 할 수 있습니다. 성형의 경우 언뜻 보기엔 내가 원했고 '나의 욕망'을 기준으로 판단한 것처럼 보이지만, 본질은 '나를 바라보는 타인의 시선'을 의식한 데서 비롯된 것이므로 그 굴레에서 벗어나기가 쉽지 않습니다.

　물론 성형이 자존감의 무기가 되기도 합니다. 외모가 못나서 항상 불이익을 받던 사람이 성형 후 삶의 만족도가 높아졌다면 언뜻 자존감이 높아진 것으로 볼 수도 있으니까요. 하지만 성형으로 정말 자존감이 높아졌다면, 성형 사실을 무용담처럼 이야기할 수 있어야 합니다. 성형 사실을 숨긴 채 삶의 만족도만 높아졌다면 자존감이 아니라 자존심이 높아진 것뿐입니다. 자존심은 (자존감과 다르게) 타인의 인정이 사라지면 언제든 다시 바닥을 칠 수 있습니다. 지금 '성형 사실을 남자 친구에게 이야기하는 것'을 고민하는 것처럼 말입니다.

먼저 나부터 성형을 '나를 위한 정당한 행위'로 인정하고, 타인에게도 떳떳하게 말하시기 바랍니다. 내가 세상에 존재하는 이유는 나를 예쁘게 봐주는 다른 사람들을 위해서가 아니라 '나 자신'을 위해서입니다.

Q8

남자 친구의 칭찬이
부담스럽습니다

남자 친구는 제게 좋아한다는 말도 자주 해주고 성관계를 할 때도 많이 배려해줍니다. 누구에게도 이런 배려나 대접을 받아본 적이 없어서 어색하고 가끔은 불편하기까지 합니다. 어떻게 반응해야 할지 모르겠거든요. 좋기도 하지만 한편으로는 어차피 '언젠가는 날 떠날 사람인데.' 하는 생각이 들어서 혼자 시무룩해지기도 합니다. 그냥 저 같은 사람을 왜 좋아하는지 모르겠어요. 전 예쁘지도 않고 몸매나 성격이 좋은 것도 아니거든요. 남자 친구를 좋아하는데 이런 생각들 때문에 제 마음이 너무 괴롭습니다.

❖ ❖ ❖

사연을 받고 무척 안타까웠습니다. 남자 친구는 진심으로 건네는 말일 텐데 사연 주신 분은 그것을 온전히 받아들이지 못하고 있으니까요. 깊이 있는 대화를 나눠보지 못했으니 정확한 이유는 모르겠지만, 아마도 사연 주신 분의 자존감이 낮아서 그런 게 아닐까 싶습니다.

우선 저와 함께 자존감을 높여보면 좋겠습니다. 그러면 남자 친구를 대하는 느낌이 180도 달라질 것입니다.

자존감의 정체부터
배워보겠습니다

자존감은 스스로를 높게 평가하는 것이므로 올라가건 내려가건 나에 의해서만 변동될 수 있습니다. 진정한 자존감을 지니고 싶다면 지금 당장 '타인의 칭찬과 인정'을 향한 욕망부터 버려야 합니다. 타인에 의해 일시적으로 우쭐해지는 것은 자존감이 아니기 때문입니다.

스스로 자신의 모습에 당당하고, 자신의 결정에 믿음을 갖고, 나를 사랑하는 사람은 '타인의 인정'이라는 에너지가 필요 없습니다. 나를 인정하고 믿어주는 '나'라는 에너지만 있으면 되니까요. 단단한 신념은 감당하기 어려운 고통이나 사건에 맞닥뜨렸을 때는 나를 지켜주는 보호막이 되어주고, 타인의 도움이 필요할 때는 떳떳하게 요청하게 해줍니다. 자신을 사랑하는 사람이 타인의 도움도 얻을 수 있는 법이니까요.

많은 분이 묻습니다. "그럼, 자존감은 어떻게 높일 수 있나요?"

세 가지만 잘하면 됩니다. '높이려고 무언가로 치장하지 않고', '스스로 낮추지 않으며', '공주병(왕자병) 환자가 되면' 됩니다.

높이려고
치장하지 마세요

우리는 종종 자신의 '가치'를 무언가로 대신 보여주려 합니다. 학력이나 직업, 자동차, 몸에 착용하는 명품에서 성형수술까지. 주로 외적인 요소가 자신의 가치를 대변한다고 생각합니다. 물론 어느 정도는 사실입니다. 다만 문제는, 외적인 요소에만 집착하면 그것들이 사라지고 난 후의 나는 '가치 없는 사람'이 되고 만다는 것입니다. 일부러 외면하고 멀리할 필요는 없지만, 억지로 소유하려고 하거나 너무 큰 의미를 두지 않고, 있는 그대로의 내 모습을 보여주는 연습을 하는 것이 필요합니다. 쉽게 무너지지 않는 견고한 자존감은 그렇게 만들 수 있습니다.

스스로
낮추지 마세요

우리가 아무리 노력해도 잘되지 않는 것이 하나 있습니다. 바로 '남과 비교하지 않는 것'입니다. 인간은 근본적으로 사회적 동물이기에 함께 어우러져 살다 보면 보기 싫어도 타인의 우월함을 볼 수밖에 없습니다. 그렇게 마주친 타인의 우월함은 나의 열등감으로 되돌아옵니다. 애써 그 사람의 우월함을 무시하거나 평가 절하하다, 어느 순간 자신이 '속 좁은 인간'이라는 걸 깨닫고 괴로워하기도 하죠.

이러한 열등감은 이 세계가 단 하나라는 가정에서 출발합니다. 세계가 하나이고 이야기도 하나이니 별로 나은 것 없는 내가 이 세계의 주인공일 리 없다는 생각 말입니다. 하지만 세상은 지구에서 살아가는 모든 사람의 수만큼 존재합니다. 70억 인구 하나하나 모두 자신만의 세계와 이야기를 구축하고 그 이야기 속에서 주인공으로 살아가고 있으니까요. 그중 하나인 내 이야기의 주인공은 바로 '나'입니다.

그러니 내 이야기 속에 아무리 잘난 다른 캐릭터가 등장해도 걱정할 필요 없습니다. 이건 엄연히 내 인생이니, 그 녀석에게 대사 한 줄 주는 것도 내 마음일 뿐입니다. 타인에게 있는 그대로의 나를 보여주는 연습을 하고, 주인공답게 생각하고 행동하면 됩니다. 그렇게 일부러 높이려고 치장하지 않거나 스스로 낮추지만 않으면 자존감은 저절로 유지될 수 있습니다.

공주병 또는 왕자병 환자가 되세요

마지막으로 자존감 굳히기에 쐐기를 박는 작업이 바로 '공주병 또는 왕자병 환자 되기'입니다. '공주병'을 네이버에서 검색하면 이런 답이 나옵니다. "젊은 여성이 마치 자기 자신이 공주처럼 예쁘고 고귀하다고 착각하는 일을 속되게 이르는 말". 이 정의에서 '마치'와 '착각'을 빼고 실천하면 됩니다. 즉, 자신이 공주처럼 예쁘고 고귀하다고 생각하고 그대로 행동하면 된다는 뜻입니다.

실천의 예를 들어보겠습니다. 아침마다 일어나 거울을 보고 거울 속 나의 미모에 감탄하세요. 내가 하나라도 잘하는 일이 있으면 "나니까 이렇게 할 수 있지."라고 생각하고, 설사 못하는 일이 있어도 "나니까 이 정도라도 할 수 있는 거야."라고 생각하면 됩니다. 거리를 걸으면서 눈이 마주치는 남자들이 있다면 "내가 그렇게 예뻐? 참나, 보는 눈은 있어서."라고 생각하고, 내가 속한 공동체는 내가 있어야 비로소 유지되고 운영된다고 생각하세요. 혹시 내가 잘못한 일이 있어서 누군가에게 질타를 받으면 "정말 일 못하는 사람을 만나본 적이 없나보군. 사회생활 좀 넓게 하지. 쯧쯧. 그냥 내가 이해해주지 뭐."라고 생각하고, 나는 세상 사람 모두가 사랑하고 싶은 오만 가지 장점을 모두 가진 사람이라고 생각하면 됩니다.

혹시 부끄럽고 거북한가요? 그러다 '왕따' 될까 봐 걱정된다고요? 괜찮습니다. 모두 생각뿐인걸요, 뭐. 그러니 타인에게 공주병 또는 왕자병 환자라고 욕먹을 일은 없습니다. 물론, 정말 고수는 진심으로 그렇게 생각하기에 타인에게도 그렇게 말합니다. 단, 재수 없게 말고 마치 농담처럼 말이죠. 그러면 타인들은 웃습니다. 농담 잘하는 재미있는 사람이라고 생각합니다. 부정하지 말고 그냥 씩 웃어주면 됩니다.

그렇게 한 6개월 정도 생활한 뒤 거울을 보면 비로소 '나를 사랑할 줄 아는' 멋진 사람이 내 눈앞에 서 있는 경험을 하게 될 겁니다. 이제야 내 몸에 자존감이 장착된 것입니다.

내 몸에
조건 없는 자존감을 가지세요

오프라인 강연에서 "천천히 부드럽게 삽입하세요."를 이야기할 때 종종 양손을 사용하여 함께 연습해보기를 권합니다. 왼손은 가만히 말아 질의 역할을 하고 오른손 엄지를 치켜들어 음경의 역할을 하면 천천히 부드럽게 삽입하는 것을 체험할 수 있죠. 근데 이 과정을 차마 시연하지 못하는 사람들이 있습니다. 연령대가 높을수록 더 많습니다. 분명 내 손일 뿐인데, 거기에 '역할'을 부여했다는 사실 하나로 부끄러워하는 겁니다.

저에게 사연을 보내주는 내담자 중에는 '밝은 곳에서 성관계하는 것을 피하는' 분이 꽤 많은데 고민의 주인공은 주로 여성입니다. 남성은 자신의 신체에 만족해서 그런 분이 없는 걸까요? 아닙니다. 여성은 자신도 모르게 그렇게 생각하도록 교육받아 왔기 때문입니다. 성적인 것을 표현하지 않는 것을 '올바른 것'으로, 내 신체를 함부로 보여주지 않는 것을 '순수한 것'으로 말입니다.

여성 내담자 중에는 자신의 음부를 직접 본 적이 없는 분이 많습니다. 물론 몸의 구조상 고개만 숙인다고 자세히 볼 수 있는 곳이 아니기도 하지만, 대개는 '굳이 뭐 하러', '창피해서' 등이 이유입니다. 나도 보지 못하는 곳을, 자신도 사랑해주지 않는 곳을, 타인에게 사랑해달라고 할 수 있을까요? 나도 정확하게 어디를 어떻게 만져주면 좋은지 모르면서 연인이나 배우자가 알아서 해주길 바라는 건 '로또 당첨'과 다름없는 과도한 욕심입니다.

　내가 내 몸을 부끄러워하면 남들도 '부끄러워해야 하는 대상'으로 인지합니다. 내가 내 몸의 행복을 숨기면, 남들도 굳이 애써 그걸 찾아주려고 하지 않습니다. 이젠 좀 더 내 몸에 대해 당당해졌으면 좋겠습니다. 내가 행복해질 수만 있다면 말입니다.

절대 헤어지기 싫은
좋은 연인이 되는 법

사랑하는데, 자꾸만 다투고 멀어지는 이유

이성은 몸의 생김새만 다르고 나머지는 나와 똑같은 존재가 결코 아닙니다. 남자와 여자는 생각, 행동, 감정 등 모든 면에서 다릅니다. 오죽하면 서양의 한 심리학자가 남자를 화성인에 여자를 금성인에 비유했을까요. 그러니 상대를 공부하지 않으면 연인에게 상처를 주게 되고 상처 입은 사랑은 쉽게 식게 됩니다. 남자와 여자가 얼마나 다른지 예를 들어볼까요?

여자는 종종 남자를 앉혀놓고 그저 하소연이나 넋두리처럼 일상에서 경험한 이야기를 합니다. 그 행동은 그저 "내 이야기 좀 들어줘. 그리고 가능하면 끄덕끄덕 공감해줘." 정도의 의미입니다. 그 이상도 이하도 아니죠. 하지만 남자는 여자의 이야기 이면에 숨겨졌다고 추측하는 의미나 문제의 해결에 집착하는 성향이 있습니다. 그래서 이야기를 그냥 듣고 있기가 힘듭니다.

예를 들어 어느 날 여자 친구가 들뜬 목소리로 "친구가 자기 남자 친구한테 최신 핸드폰을 선물 받았는데, 디자인도 예쁘고 카메라 성능도 정말 좋던데."라는 말을 하면 남자 친구는 "아, 정말? 이번 버전 완벽하게 업그레이드됐다던데. 나도 갖고 싶다."라고 말하면 끝날 일을 "그 자식 돈도 많네. 부모가 잘사나?" 하고 말합니다. 이때 여자 친구가 "뭐야? 왜 아무것도 아닌 일을 비꼬면서 말해?"라고 하면 "뭐? 지금 그 자식 편드는 거야? 신상 핸드폰이 그렇게 좋으면 그 남자한테 가."라며 빈정거립니다. 이후 상황은 수습 불가죠. 남자는 연인의 말이 일상적인 수다가 아니라 자신을 향한 인신공격이라고 생각해서 이런 행동을 하게 된 것입니다. 절대 그게 아닌데 말입니다. ㅠㅠ

말싸움이 시작되면 남자는 어느 순간 '동굴'에 들어갑니다

위와 같이 말싸움이 시작되면 어느 순간 남자는 입을 닫아버립니다. 남자는 상대와의 대화에서 더는 자신의 논리가 먹히지 않는다고 느끼거나, '생산적이지 않은 이런 말싸움을 도대체 내가 왜 하고 있는가?'라는 회의가 들거나, 심지어 너무 화가 나서 감정이 폭발하기 일보 직전이 되면 대개 입을 닫습니다. 이런 과정 자체도 관계의 일부인 여자와는 달라도 한참 다른 반응이죠. 여자는 그렇게 입을 닫거나 그 자리를 떠나 자기만의 공간으로 돌아가버리려는 남자를 그냥 두지 못합니다. 왜냐하면 여자는 절대 관계를 포기할 수 없으니까요.

남자가 동굴에 들어가려고 할 때는 그냥 '혼자 두는 것'이 가장 좋습니다. 동굴로 들어가 혼자 생각하고 혼자 정리하고 혼자 감정까지 다스릴 테니까요. 여자는 가만히만 있으면 됩니다. 이후 동굴에서 나온 남자는 사건 이전의 내 남자가 되어 있을 가능성이 크죠. 그러니 동굴로 쫓아 들어가 동굴 속 남자를 계속 윽박지르거나 동굴에서 나오라고 협박하거나 동굴에서 나온 남자에게 들어가기 전 모습 그대로 집중포화를 퍼붓는 것은 현명하지 못한 행동입니다. 동굴로 들어간 남자는 한동안 그대로 두는 것이 가장 현명한 대응이며, 일단 동굴에서 나왔으면 아무 말 없이 안아주는 것이 가장 좋습니다.

좋은 연인은 이성의 대화 패턴을 이해합니다

좋은연애연구소 김지윤 소장은 한 강연에서 "남자와 여자의 대화가 싸움으로 이어지는 것은 주제를 지키지 못해서"라고 말합니다. A라는 주제로 대화를 시작했으면 A로 끝나야 하는데, 대개 남녀의 대화는 A로 시작해서 B로 갔다가 C를 건너 심지어 Z로 끝나는 일도 있다는 거죠. 예를 들어 여자 친구가 "어젯밤에 집에 도착하면 늦더라도 전화하라고 했는데 왜 안 했어? 도대체 몇 시까지 술을 처먹은 거야?"라고 말했을 때 바람직한 남자 친구의 답변은 "응. 2시에 왔는데 너무 늦은 시간이라 잘 것 같아서 전화 안 했어. 서운했다면 미안해. 다음부터는 늦어도 꼭 전화할게."입니다. A라는 주제에 A로 답을 했으니 대화가 싸움으로 번질 확률은 높지 않습니다.

하지만 대개 남자는 이렇게 대응합니다. "뭐? 처먹어? 너 지금 오빠한테 처먹으라고 했니?" 이렇게 '말투'라는 B의 주제로 넘어간 대화는 점점 산으로 가게 됩니다. "그래, 했다. 왜? 난 그런 말 하면 안 돼? 지난번에 내가 조금 늦어서 영화 못 보게 되니까 혼잣말로 욕한 건 누군데?" 이렇게 '욕'이라는 C의 주제로 넘어간 대화는 "그럼, 늦은 게 잘했다는 거야? 말이 나왔으니까 말인데 너 매번 늦는 거 내가 그동안 얼마나 참았는지 알아? 이게 고마운 건 모르고."라며 자연스럽게 '지각'이라는 D의 주제로 넘어가게 됩니다. 이 커플도 복구가 어려울 것 같습니다. ㅠㅠ

"맞아, 여자는 이런 목적으로 대화하지.", "맞다, 남자는 이렇게 표현하면 싫어하잖아."라는 사실을 알고, 항상 실천하려고 노력하는 연인만큼 사랑스러운 연인이 또 있을까요?

'홀로 서 있는 사람'이 더 매력적으로 보인다는 거, 아시나요?

"홀로 선다."라는 말은 높은 자존감을 말합니다. 자신의 가치와 소중함을 알고 있으며, 타인에게 의지하지 않고도 얼마든지 건강하게 나 혼자만의 삶을 살아갈 수 있는 모습이 바로 건강하게 홀로 서 있는 모습입니다. 대개의 이성은 상대의 그런 모습에 매력을 느낍니다.

누군가는 "혼자 있어도 충분하고 행복하면 뭐 하러 연애합니까?"라고 물을 수도 있겠죠. 일리 있습니다. 혼자서도 충분할 때 오히려 이성에게 매력적으로 보인다는 건 아이러니이자 일종의 모순입니다. 하지만 어쩌겠습니까. 그게 인간의 속성인걸요. 다가가면 도망가고 돌아서면 다가오는 '밀당'의 아이러니처럼 말입니다.

사람들은 자신에게 부족한 무언가를 타인으로부터 얻으려는 결핍을 가진 사람을 대번에 알아보고 본능적으로 피합니다. 만약 그 결핍이 '구속과 통제'로 발전하면 이제 연인에게 남은 것은 이별밖에 없습니다. 왜 그런지 이해하려고 노력하지 말고 그냥 외우고 실천하면 됩니다. '나'에게 자신 있으면 훨씬 더 건강한 사랑을 할 수 있다고 말입니다. 자존감 높은 사람이 좋은 연인이고, 좋은 연인이 성적 매력도 높습니다.

칭찬, 격려, 감사는 상대의 자존감을 높여줍니다

자존감이 낮은 사람은 타인을 나보다 낮추면서 자신의 지위를 높이려고 노력합니다. 스스로 자신의 위치에 자신이 없으니 물리적으로 보이는 외적인 조건으로나마 자신을 높여보려고 노력하는 것입니다. 하지만 자존감이 높은 사람은 타인을 자신보다 높임으로써 오히려 타인의 사랑을 받습니다. 나를 만날 때 자존감이 높아지는 경험을 한 상대는 그 행복감에 대한 기억 때문에 나를 더 만나고 싶어 하고, 더 사랑하고 싶어 하며, 더 아끼고 싶어 합니다. 그런 연인에게 성적 매력을 느끼는 건 당연합니다.

'칭찬과 격려, 그리고 감사'는 상대의 자존감을 높여주는 구체적인 방법입니다. 칭찬은 상대의 뇌에서 도파민이 나오게 하여 나와 함께하면 행복해진다는 느낌을 전달하고, 격려는 '이 사람은 내 편'이라는 소속감을 만들어주며, 감사는 내가 이 사람에게 꼭 필요한 존재라는 자부심을 느끼게 해줍니다. 이 감정들은 곧 '호의와 애정'이라는 리액션으로 내게 돌아오게 되죠. 절대 하지 말아야 하는 것은? 네, 그렇습니다. 바로 '비난과 지적, 그리고 조언'입니다.

'나를 닮은 연인'만큼 매력적인 이성은 없습니다

상담사들이 내담자를 만났을 때 가장 처음 하는 행동은 '라포를 형성'하는 것입니다. 외모, 태도, 말투 등 수집할 수 있는 가능한 많은 내담자의 정보를 순간적으로 빠르게 포착하여, 내담자와 가장 가까운 태도로 대화를 시작하는 거죠. 대화 중에도 상담사의 라포 형성은 계속됩니다. 상담사 개인의 가치관이나 철학은 배제한 채 내담자가 하는 말이라면 그것이 어떤 이야기여도 내담자의 행동과 마음을 이해하고 공감하려고 노력하죠. 내담자는 상담사의 그런 모습을 보면서 조금씩 경계를 풀고 좀 더 자신의 속 깊은 이야기를 털어놓을 수 있게 됩니다. 사랑, 우정을 비롯하여 사회생활에서 만나는 모든 관계에서 '라포 형성'은 커다란 무기가 될 수 있습니다. 사람은 본능적으로 자신과 비슷한 대상에게 친근감과 애정을 느끼니까요.

언젠가 EBS 다큐멘터리에서 재미있는 실험을 본 적이 있습니다. 특정 방에 다양한 이성의 사진을 걸어두고 가장 호감이 가는 사람을 고르게 한 실험이었는데, 참가자 중 다수가 자신의 얼굴과 이성의 얼굴을 합성한 사진을 고르는 것이었습니다. 이처럼 얼굴뿐만 아니라 자신과 취향, 철학, 기호가 같으면 상대에게 호감을 느끼는 것이 인간의 본능입니다. 바람둥이의 대명사인 '카사노바'가 수많은 연인의 마음을 얻을 수 있었던 가장 큰 비법은, 일단 타깃을 정하고 나면 제일 먼저 다양한 방법으로 상대의 취향을 알아내려고 노력했던 것이었습니다.

오늘부터 연인의 취미, 생각, 가치관 등을 편견 없이 받아들이고 무조건 닮아보세요. 도대체 누가 이런 연인보다 더 섹시할 수 있을까요? ^^

애무에서 삽입까지
- 성 응용 편 -

어디까지 해봤니?

머리끝에서 발끝,
그리고
오럴까지

1

애무

1

애무는
삽입 없는 오르가슴입니다

남자 친구는 언제나 똑같은 방식으로 애무합니다. 안고, 뽀뽀하고 가슴 좀 만지다가 클리토리스 문지르고 팬티에 손을 넣어 만져보고는 애액이 조금 나온 것 같으면 팬티 벗기고 바로 삽입에 들어가는 식으로 말입니다. 남자 친구와 사귄 지 2년도 채 안 됐지만 이젠 지겹습니다. 애무가 귀찮고 힘든 건지 바꾸어보라고 해도 그때뿐입니다. 차라리 헤어지는 게 나을까요? ㅠㅠ

네. 안타깝지만 그냥 헤어지는 게 낫다는 생각이 들 정도라면 사연 주신 분의 사랑 역시 많이 식어버린 상황이니 헤어지는 것이 모범답안일 것 같습니다. 다만, 마지막으로 조금이나마 노력을 해보고 싶다면 이 이야기를 남자 친구에게 들려주세요.

애무에 패턴이 생기면
흥분되지 않습니다

사람은 누구나 같은 목적의 행동을 반복하다 보면 패턴이 생깁니다. 인간은 본능적으로 효율성과 편의성을 추구하기 때문입니다. 애무도 마찬가지입니다. 한 번도 생각해본 적이 없어서 그렇지 누구나 자신이 하는 애무의 패턴을 찾을 수 있습니다. 지금 읽던 책을 잠시 내려놓고, 연인과 섹스할 때 어떤 패턴의 애무를 하는지 한번 상상해보세요. '허그 - 키스 - 가슴 주무르기 - 손으로 외음부 자극하기' 이런 식의 패턴을 갖고 있지 않은지 말입니다. 실제 많은 분들이 이러한 패턴으로 애무를 할 것입니다. 지금 당장, 이 패턴부터 버리세요!

애무에 패턴이 생겼을 때 가장 큰 문제는 흥분되지 않는다는 것입니다. 예를 들어 특정 부위에 유독 간지럼을 타는 사람이라도, 같은 부위를 내 손으로 자극할 때는 간지럼을 타지 않습니다. 이유는, 예측할 수 있기 때문입니다. 예측 가능한 접촉은 자극을 주지 않는다는 뜻입니다. 패턴이 생긴 애무 역시 마찬가지입니다. '처음에는 귓불, 다음은 젖꼭지, 그리고 삽입' 이러한 패턴의 애무를 반복했다면, 연인은 상대가 귓불 다음에는 젖꼭지를 만질 거라는 것을 예측할 수 있습니다. 예측이 가능하면 잘 흥분되지 않습니다.

애무는 '삽입 없는 오르가슴'을
만드는 과정입니다

애무에 패턴이 생기면 즐겁기만 하던 애무가 어느 순간부터 노동이 됩니다. 같은 행동을 반복하면서 매번 같은 설렘을 경험하는 사람은 없으니까요. 재미가 사라지고 노동이 되면 하기 싫어집니다. 연인 간의 섹스리스가 바로 그렇게 시작됩니다.

애무에서 패턴을 없애기 위해서는 생각의 프레임부터 전환해야 합니다. 애무는 '섹스하기 전에 상대를 흥분하게 하는 행위'가 아니라 즉, 섹스를 위한 도구가 아니라 그 자체로 '(애무하는) 내가 흥분하기 위한 행위'라고 말입니다.

혹시 애무가 얼마나 소중한지 생각해본 적 있나요? 받는 사람 말고 하는 사람에게 말입니다. 일상생활 속에서 우린, 만져보고 싶은 멋진 이성의 몸을 보아도 그 몸을 함부로 만질 수 없습니다. 만지기는커녕 바라보고만 있어도 성추행 고소감이죠. 그러니 남성이 여성의 가슴을 양손에 쥐고 만져본다거나 여성이 남성의 근육 빵빵한 팔뚝을 어루만질 수 있다는 건 그야말로 소중한 경험이 아닐 수 없습니다. 나의 모든 성적 호기심과 욕망을 마음껏 해소할 수 있는 귀한 존재가 바로 '사랑하는 사람'입니다. 연인의 몸을 만질 수 있는 애무는 나에게 행운처럼 소중한 시간인 셈입니다.

이성과 접촉할 때 느껴지는 부드러운 촉감 하나하나가 내 손과 몸을 통해 뇌로 전달되어 쾌감을 만들고, 그 쾌감이 모여 '삽입 없는 오르가슴'을 만들어내는 것, 이것이 바로 애무입니다. 그러니 지금 그 사람의 몸을 만질 수 있다는 건 그 자체로 오르가슴입니다.

애무가 행복한 이유는 또 있습니다. 우리는 낯선 이와 하는 프리허그에서조차 (심지어 그가 동성이어도) 행복함과 편안함을 경험합니다. 우리 몸의 근본적인 욕구가 누군가와 '함께함'에 있기 때문입니다. 안고 쓰다듬고 어루만지는 손길만으로도 상처받은 마음이 치유되는 경험을 해본 적이 있다면, 우리 몸의 근본적인 욕구가 무엇인지 이해하기 쉬울 것입니다. 갈증 나면 물을 마셔야 하는 것처럼, 몸의 욕구라는 갈증에 '물'의 역할을 하는 것이 바로 애무입니다.

애무는 '서로의 몸을 가지고 노는 즐거운 행위'입니다

애무는 상대를 위한 봉사가 아닙니다. 상대를 위한 게 아니라 오로지 나를 위한 행위입니다. 어린아이가 장난감을 가지고 노는 것이 장난감을 위한 봉사가 아니라 자신이 즐겁기 때문인 것처럼요. 남성이 연인의 유두를, 여성이 남성의 음경을 가지고 놀면서 그것의 작은 변화나 반응에 즐거워하는 것이 애무입니다. 여성의 외음부를 혀로 천천히 부드럽게 자극할 때와 빠르고 강하게 자극할 때의 반응을 확인하는 것이 얼마나 신기한 경험인지요. 여성의 입술이 닿을 때마다 음경이 긴장하며 곧추서는 모습을 보는 것은 또 어떻고요. 여성의 소음순을 남성이 혀로 핥아주었을 때 여성이 고개를 뒤로 젖히며 신음을 토해내는 반응은 정말 거듭 반복해도 재밌고 흥분됩니다.

더 흥미로운 것은 평소에는 아무리 만져도 반응조차 없었던 허벅지 안쪽 부위가, 애무할 때는 손만 대도 파르르 떨린다는 것입니다. 이렇게 변화무쌍하고 다채로운 데다 상대도 나도 흥분으로 가득 차오르는 놀이가 세상에 또 있을까요?

또 애무는 남녀가 서로의 몸 곳곳을 살피면서 가장 기분이 좋은 곳과 그렇게 만들 수 있는 방법을 찾는 탐험의 과정입니다. 심지어 여성은 (남자들은 믿지 못하겠지만) 그 과정이 정말 행복하다면 삽입 따위는 생략해도 상관없습니다. 즉, 남성이 자신의 성욕만 조절할 수 있다면, 연인은 애무만으로도 얼마든지 행복할 수 있다는 뜻입니다.

혹시 내 여자, 내 남자의 성감대 순위를 알고 있나요

일반적으로 여성의 성감대 1위는 클리토리스입니다. 2위는 질과 질 입구, 소음순과 대음순을 포함한 외음부 전체고요. 3위는 입과 입술이며, 4위는 목덜미에서 귓불까지의 연한 살결입니다. 5위는 가슴, 6위는 허벅지 안쪽의 부드러운 살, 7위는 목의 뒷부분, 8위는 귀, 9위는 등입니다. 하지만 이건 통계일 뿐입니다. 내 연인의 성감대 순서를 찾아보세요. 그 순서는 조금씩 달라지기도 합니다. 그러니 탐험일 수밖에 없습니다.

내 남자의 성감대 순위는 어떨까요? 남성의 성감대 1위는 음경입니다. 2위도 음경이고, 3위도 음경입니다. 그만큼 남성의 성감대는 음경에 집중되어 있습니다. 하지만 4위 음낭이나 5위 회음부도 만만치 않습니다. 6위 허벅지 안쪽, 7위 젖꼭지, 8위 입술, 9위 목덜미도 자극을 주면 반응하는 곳입니다. 내 남자의 성감대가 이게 전부일까요? 또 내 남자의 성감대 순서는 무엇일까요?

배운 애무보다 찾아낸 애무가 낫습니다

책과 인터넷을 찾아보면 정말 수많은 '애무 잘하는 법'이 있습니다. 하지만 애무는 '잘하는 방법'이 따로 있는 것이 아니라 '내가 사랑하는 사람이 좋아하는 애무 방법'이 따로 있을 뿐입니다. 두 사람 사이의 오랜 사랑으로 만들어진 애무 노하우는 둘만의 사랑을 더욱더 단단하게 만들어줍니다. 이 노하우는 세상에서 나만 알고 있는 것이니 내 연인은 그 어디에서도 나에게 받는 수준의 애무를 받을 수 없습니다. 그러니 모든 이에게 공통으로 적용되는 '애무 잘하는 법'은 사실 소용이 없습니다. 내가 사랑하는 사람이 행복해지는 애무 방법을 가장 많이 알고 있는 사람이 (내 연인에게는) 세상에서 가장 애무를 잘하는 사람이고, 그걸 알 수 있는 가장 좋은 방법은 모두 해보고 확인하는 것입니다.

그런데 혹시 내 성감대는 알고 있나요? 상대 말고 '나' 말입니다. 머리카락, 귓불, 눈두덩, 목덜미, 어깨, 겨드랑이, 가슴, 젖꼭지, 두덩, 허벅지, 음모, 외음부, 음경, 음낭, 회음부, 항문, 종아리, 발가락, 손가락까지 수많은 내 몸의 부위와 원 그리기, 위에서 아래로, 왼쪽에서 오른쪽으로, 쓰다듬기, 톡톡 두드리기, 감싸 안기, 손가락 걸기, 살짝 쥐기, 뽀뽀하기, 빨아주기, 핥아주기 등 수많은 방법으로 할 수 있는 수백 가지 애무의 방법을 모두 다 경험해보았나요? 애무는 이토록 방대한 애무 방법을, 평생 내가 사랑하는 사람과 함께 찾아가는 과정입니다. 그러니 지루할 틈이 있을까요? 우리에게 탐험해야 할 곳이 이렇게나 많은데 말입니다.

2

받는 이, 해주는 이 모두 즐거워야
진짜 애무입니다

애무를 정확히 어떻게 해야 할지 모르겠습니다. 나름 열심히, 정성껏 하고 있고 여자 친구도 좋아하는 것 같긴 한데 완전히 흥분된 상태로 이어지지는 않습니다. 사랑하는 마음은 큰데, 마음만 앞설 뿐 여자 친구를 더 기쁘게 해주지 못하는 것 같아서 미안하네요. 꾸준히 시도하고는 있지만, 애무는 여전히 어렵습니다. 뭘 어떻게 해야 할지 모르겠습니다. 치아 님, 도와주세요. ㅠㅠ

사연 주신 분 말고도 많은 사람들이 구체적인 애무 비법을 궁금해합니다. 지금부터 구체적으로 "어디를, 어떻게, 애무해주세요."라는 전술 강의에 들어가기 전에 우선 더 넓은 숲을 보기 위한 전략을 이야기해드리겠습니다.

애무할 때는 상대의 반응에
집중하세요

애무할 때는 항상 상대의 반응을 살펴야 합니다. 물론 상대가 말로 좋다는 표현을 할 수도 있지만 어느 때는 말할 수 없을 만큼 흥분해서, 혹은 말로 하기 부끄러워서 피드백을 하지 못할 수도 있거든요. 그럴 때는 대개 말보다는 미세한 떨림으로, 또는 강한 신음으로 표현됩니다. 따라서 애무할 때는 연인을 애무하고 있는 내 몸의 미세한 감각에 집중하여 그 감각을 통해 전해지는 상대의 반응을 하나도 빠짐없이 뇌에 새겨두는 것이 좋습니다.

이렇게 만져줄 때 연인은 어떤 반응을 보이는지, 이곳을 스쳐 지나갈 때 몸을 움찔거리는지 파르르 떠는지, 아니면 깊이 신음하는지 등을 잘 기억해두세요. 이 모든 반응이 상대를 사랑하는 나만의 방법을 만드는 레시피가 됩니다. 그렇게 집중해서 천천히, 하나하나 머릿속에 기록해가다 보면 아마 삽입 없이 애무만 해도 한 시간이 훌쩍 지나가버릴지 모릅니다.

애무하는 사람뿐만 아니라 받는 사람 역시 내 몸의 반응을 하나하나 꼼꼼하게 느껴보세요. 애무는 상대와 내가 하는 몸의 대화입니다. 둘 다 알몸이 되어 살과 살이 닿을 때, 그 사람의 숨결이 내 목을 타고 흐를 때, 느리고 부드러운 손길이 내 몸 구석구석의 은밀한 부분을 천천히 어루만지며 지나갈 때 느껴지는 세포 하나하나의 반응에 집중해야 합니다. 그래야 필요한 순간에 어디를 어떻게 애무해달라고 할 수 있습니다.

애무받을 때는
그저 즐기세요

애무를 받는 순간에도 머릿속에 생각이 가득한 분이 있습니다. '이 정도 했으면 팔이 아플 텐데 그만하라고 할까?', '저렇게 열심히 해주는데 나도 뭔가 해줘야 하는 거 아니야?' 만약 서로 애무를 즐기고 있다면 상대 역시 나를 애무하면서 충분히 즐기고 있을 텐데 말입니다. 이런 의미 없는 상념은 감각을 봉쇄합니다. 즉, 느껴야 할 타이밍에 하지 않아도 될 배려를 하고 있는 거죠.

받을 땐 그저 즐기면 됩니다. 다 받고 나서 나도 애무하면 되니까요. 애무는 절대 '해주는' 게 아닙니다. 내가 즐거우니까 '하는' 겁니다. 마찬가지로 받을 때도 온전히 즐거워야 하는 게 바로 애무입니다.

성감대는
바뀔 수 있습니다

애무가 탐험인 이유는 찾아야 할 많은 곳과 방법이 있어서이기도 하지만, 종종 그 사람에게 즐거움을 주는 성감대의 위치나 애무 방법이 달라지기 때문입니다. 그러니 지난번 애무에서 너무도 좋아하던 가슴 애무를 오늘은 아프다며 싫어한다고 해서 연인의 사랑이 식었다고 생각하지 마세요. 성감대가 이동한 것뿐이니까요.

또 지난번 애무에서 큰 감흥이 없던 엉덩이를, 오늘은 어루만지기만 했는데 격한 신음으로 반응한다고 해서 놀라지 마세요. 당신의 리스트에 애무 부위와 방법이 하나 더 추가된 것뿐이니까요. 매번 애무할 때마다 그 사람이 좋아하는 부위와 방법을 찾는 재미, 그러니 애무는 할 때마다 항상 설레는 행위일 수밖에 없습니다.

애무에서 스킬은
크게 중요하지 않습니다

애무는 스킬보다 사랑하는 마음이 중요합니다. 너무 뻔한 이야기 같나요? 그래도 할 수 없습니다. 왜냐하면 '진리'거든요.

놀라운 애무 스킬을 가졌다는 바람둥이와 가슴 설레며 성관계를 했는데 실상은 그다지 만족스럽지 않았다는 사연을 받은 적이 있습니다. 그건 그가 내 몸을 애무할 때 사랑이 아니라 기술을 사용했기 때문입니다. "내가 만나본 많은 여성들은 이렇게 애무하면 신음하더군." 이런 노하우로 만들어진 기술과 "애무의 신이라 불리는 분이 쓴 책을 보면서 연마한 기술이야." 이런 학습으로 만들어진 기술이 모두에게 같은 쾌감을 안겨줄 수는 없습니다. 물론 '그것조차 모르는 것'보다는 나을 수도 있겠지요.

사람이 연인과의 관계에서 정말 원하는 것은 다소 어설프더라도 나를 아끼고 배려하며, 내 몸 하나하나를 진심으로 사랑해주는 손길입니다. 그러니 정말 행복한 애무를 경험하게 해주고 싶다면, '기막힌 애무 비법'을 배울 게 아니라, 연인을 지금보다 백배 천배 더 사랑해주면 됩니다. 사랑해서 하는 행동은 눈빛과 표정에서부터 읽어낼 수 있습니다.

3

배워서 써먹는
애무의 원칙 세 가지

여자 친구에게 최고의 남자가 되고 싶습니다. 조금 단순한 질문 같지만 어떤 여자든 받기만 하면 뿅 가는 애무의 비법은 없을까요? 왠지 치아 선생님은 알고 계실 것 같아서요.

강의하다 보면 종종 사연과 같은 질문을 던지는 분을 만나곤 합니다. "네네, 모두 잘 알겠고요. 좋은 이야기들이네요. 그런데 결국 '애무 잘하는 스킬'은 없다는 거 아닌가요?" 하며 아쉬워하기도 하지요. 그런 분들을 위해 만고불변의 애무 법칙 몇 가지를 말씀드리죠.

그래도 무언가 실질적으로 활용할 수 있는 애무의 원칙 몇 가지는 배워야, 들을 때는 무언가 많이 배운 것 같은데 막상 집에 오면 기억나는 게 하나도 없는 강의였다는 평을 피할 수 있겠죠? ^^

첫째, 달팽이처럼 느리게, 깃털처럼 스치듯이 부드럽게 하세요

모든 성(性) 학자가 인정하는 불변의 법칙은 '달팽이처럼 느리게, 깃털처럼 부드럽게'입니다. 유튜브 영상을 통해 달팽이가 얼마나 느리게 기어가는지 확인한 뒤 항상 머릿속에 이 영상을 떠올리며 나의 애무 속도를 조절해보세요. 느린 것은 무조건 기분 좋지만, 빠른 것은 아플 때가 더 많습니다.

사실 더 중요한 원칙은 '깃털'입니다. 마치 그 사람의 몸에 난 솜털만 건드리고 살에는 닿지 않겠다는 의지를 가진 사람처럼, 하늘에서 나풀나풀 떨어져 내리다가 그 사람의 몸에 살포시 내려앉은 것 같은 느낌으로 연인의 몸을 어루만져야 합니다. 손으로든, 팔이나 다리로든, 혹은 성기나 유방으로든 무조건 말입니다. 물론 오르가슴의 극치에 다다랐을 때는 '빠르고 강하게'가 필요할 수도 있습니다. 그걸 어떻게 아느냐고요? 걱정하지 마세요. 연인이 더 강하고 빠르게 해달라고 말해줄 것입니다. '빠르고 강하게'는 그때 하면 됩니다.

둘째, 좋은 건 여러 번 반복하세요

연인이 온몸으로 반응하며 기분 좋아하거나 급속도로 흥분하지 않는다고 해서 당장 실망하지는 마세요. 지금 하는 애무를 왠지 은근히 즐기는 것 같다면, 그 방법을 천천히 오래오래 반복하세요. 그러다 보면 서서히 쾌감이 증폭될 수 있기 때문입니다. 냄비의 물은 절대 가스레인지 불을 켜자마자 바로 끓지 않습니다. 흥분을 키워가는 것은 대개 스킬보다는 반복입니다.

또 지금 하는 애무에 연인이 강하게 반응했다면 쉽게 다른 곳으로 이동하거나 다른 방법으로 전환하지 말고 한동안 그 방법을 반복해주는 것이 중요합니다. '그곳, 그리고 그 방법'에 반응한다는 건 내가 연인의 성감대를 적절한 방법으로 애무하고 있다는 뜻인데, 우리는 종종 상대의 행복한 반응에 고무되어 그 기세를 몰아 바로 다른 전쟁터로 이동하는 경향이 있습니다. 다시 말씀드리지만 좋은 건 반복할수록 더 강한 쾌감을 만듭니다.

셋째, 사정이 끝나고 난 후가 더 중요합니다

후희(後喜), 즉 사정까지 마치고 난 이후의 애무가 중요하다는 이야기는 들어봤을 것입니다. 남성은 사정 후 급격하게 흥분이 식어버려 '현타'가 오지만, 여성은 남성이 사정하고 난 이후에도 흥분이 잦아들기까지 시간이 필요하기 때문이라고들 말합니다. 그래서 종종 사정하고 나서도 여성의 유두를 빨거나 손가락으로 클리토리스를 문지르며 애무하는 남성이 있습니다. 하지만 급격한 흥분 후 여성의 몸은 극도로 예민해져 있는 상태입니다. 이렇게 예민한 부위를 흥분 곡선이 상승하던 때처럼 격렬하게 애무하면 아플 수밖에 없죠. 대개의 남성이 잘못 알고 있는 오해 중 하나입니다.

후희가 정말 필요한 이유는 이때가 여성이 '내가 정말 사랑받고 있구나.'라는 감정을 가장 강하게 느낄 수 있는 시점이기 때문입니다. 사정하고 난 남성의 몸은 급격한 피로감이 몰려오면서 현실 자각 타임으로 들어서지만, 여성은 그렇지 않기에 그토록 열정적이던 연인이 왜 갑자기 한순간에 '무심한' 남자로 돌변하는지 잘 모릅니다. 안다고 해도 그 순간의 감정이 그다지 유쾌하진 않죠.

그런데 바로 '이 순간'에 아직도 흥분에 떨고 있는 여성의 몸을 뒤에서 따뜻하게 안아주는 남성이 있습니다. 포옹한 상태에서 자극에 민감하지 않은 팔이나 허벅지 등을 부드럽게 쓰다듬어주기도 하고 말입니다. 이때 여성은 '아, 이 남자가 정말 나를 사랑하고 있구나.'라는 감정을 갖게 됩니다. 또 사정이 끝난 후 여성이 씻으러 들어갔을 때 여기저기 어지럽게 널려 있는 여성의 옷가지를 가지런히 정리해주는 남성도 있습니다. 이런 남자 친구의 배려에 여성은 감동할 수밖에 없습니다.

이기적인 섹스는 쾌감을 보장하지만, 배려심 가득한 섹스는 감동을 선사합니다. 절대 잊지 마세요. 섹스 후에 느끼는 감동은 섹스 중 경험한 그 어떤 쾌감보다 더 강력하게 그녀의 마음을 움직입니다.

애무,
다른 사람들은

A 전 따뜻하고, 포근하고, 보드라운 애무, 몸과 마음을 '편안하게' 해주는 애무가 좋습니다.

B 저는 모텔에 간식을 사 들고 가는 것을 좋아합니다. 너무 과하지 않은 간식 위주로요. 들어가자마자 바로 하는 건 싫거든요. 음식을 먹는 행위와 몸을 섞는 행위에는 심리적 연관성이 있는 것 같아요. 알몸으로 그 사람에게 안겨서, 음식을 나눠 먹으며 오랫동안 이야기합니다. 남자 친구는 편안한 분위기를 만들어서 자연스럽게 몸을 맡길 수 있도록 해줍니다. 몸만큼이나 마음도 편안하게 만들어주는 거죠.

C 성감을 높이는 데는 마사지가 최고입니다. 온몸을 구석구석 주물러주는 마사지요. 근데 제발 삽입 섹스에 대한 사심 없이 마사지를 해주면 좋겠어요. 가끔 해주다가 혼자 흥분해서 갑자기 달려들곤 하는데 당혹스럽기도 하고 좀 더 애무를 받고 싶은데 아쉽기도 하거든요. 어차피 받다 보면 내가 흥분해서 잡아당길 텐데 그때까지 기다려주면 좋겠어요. 제발 물어보지도 않고 먼저 덤비지는 말아주세요.

D 전 손으로 애무받는 걸 정말 좋아해요. 같은 손이라도 손바닥 전체로 쓰다듬는 것, 피아노 치듯 손끝으로 터치하는 것, 강도에 따라 다 느끼는 게 다릅니다. 가장 중요한 건 내가 이 사람에게서 사랑받고 있다는 마음입니다. 내 몸 하나하나, 손가락 하나하나, 쳐다봐주고 만져주고 뽀뽀해주는 그런 진심 말입니다. 그렇게 해주는 손 애무

는 때로 오럴보다 훨씬 더 흥분됩니다. 평소 자위를 자주 해서 더 그런가 봐요. 남자 친구가 대신 자위해주는 시간이 세상에서 가장 행복한 순간입니다.

E 관계 후 씻겨주는 게 좋아요. 가끔 같이 씻는데 타월에 거품 듬뿍 만들어서 부드럽게 문질러주면 뭐랄까, 그냥 기뻐요. 서로의 몸을 씻겨주고 나서 개운하고 나른한 몸으로 나와 침대에서 그에게 안겨 자면 참 행복하더라고요.

4

여자 친구가 펠라티오(남성 오럴 애무)를 거부한다면

여자 친구가 죽어도 오럴 애무는 할 수 없다고 합니다. 하기 전에 항상 씻는데도 왠지 냄새가 나는 것 같고 무엇보다 생각만 해도 구역질이 난다고 하네요. 그런데 저는 정말 오럴 애무를 받아보고 싶습니다. 입으로 정액을 받아달라는 것도 아니고 그냥 애무만 해달라는 건데도 해주지 않으니 그녀가 정말 나를 사랑하는 건가 싶습니다. 물론 다른 애무는 잘해줍니다. 어떻게 하면 그녀가 오럴 애무를 하게 할 수 있을까요? ㅠㅠ

사연 주신 분의 마음은 백번 이해할 수 있습니다. 남성과 여성 모두에게 오럴 애무는 기능과 감성의 측면에서 많은 장점을 갖고 있으니까요. 입은 입술과 혀라는 강력한 애무 도구도 장착하고 있습니다.

몸에서 가장 괄시받는(?) 배설기관 중 하나를 입으로 애무해준다는 것은 그만큼 상대가 나를 사랑한다는 방증이 될 수 있습니다. 하지만 정중하게 설득해도 안 된다면 오럴 애무를 강요하는 건 바람직하지 않습니다.

오럴 애무, 누군가는
시도 자체도 힘들 수 있습니다

오럴 애무는 입을 활용해 상대의 성기를 애무해주는 것을 말하며 주로 입술과 혀를 사용합니다. 입은 음식물을 섭취함으로써 생명을 유지하는 소중한 기관이자, 사랑을 상징하는 키스의 도구가 되는 아름다운 기관이지만, 성기는 체내의 노폐물을 배출하는 기관인 동시에 타인에게 보이기 가장 부끄럽다고 생각할 수 있는 기관입니다.

상대가 성기를 입으로 애무해준다는 것은 단순히 성감대를 자극하는 하나의 애무 방법을 넘어 내가 상대에게 진심으로 사랑받고 있다는 것을 느끼게 해주는 성스러운 행위일 수밖에 없습니다. 오럴 애무는 많은 남성이나 여성이 진심으로 바라는 애무의 한 형태입니다. 오럴 애무를 해준다는 것은 상대에게 내 사랑의 깊이를 보여주는 신성한 의식일 수도 있습니다.

반대로 오럴 애무는 그런 특성(성기와 입의 접촉)이 있기에, 누군가는 아무리 사랑해도 거부감이 있어 시도 자체를 어려워합니다. 거부감이 심해 해주지 못하는 사람은 연인으로부터 강요와 압박을 받고, 받지 못하는 사람은 서운함을 느끼기도 하죠.

오럴 애무를 하지 못하는 것은 사람마다 못 먹는 음식이 있는 것과 같다고 생각하면 이해하기 쉽습니다. 음식의 취향은 사람마다 달라서 누구는 무척이나 좋아하는 음식을 누구는 냄새도 맡지 못합니다. 오럴 애무가 누군가에게는, 하면서 자신도 흥분하게 되는 적극적인 애무의 한 방식일 뿐이지만, 또 다른 누군가에게는 상대의 성기에 입을 댄다는 사실만으로도 구역질이 나는 반응기제일 수 있습니다. 연인을 얼마나 사랑하는지와는 무관하게 말입니다. 그런 분에게 오럴 애무를 강요하는 것은 내가 먹지 못하는 음식을 누군가 억지로 나의 입에 밀어 넣는 것과 같습니다. 상대가 사랑하는 사람이라는 이유 하나로 먹지 못하는 음식을 기꺼이 삼킬 수 있을까요? 연인에게 굳이 먹지 못하는 음식을 강요하는 것이 과연 사랑일까요?

그러니 오럴 애무는 상대가 원하지 않는다면 사랑하는 사람으로서 그 선택을 기꺼이 인정해주어야 합니다. 반대로 나에게 크게 문제되지 않고 상대도 원한다면 가능한 한 적극적으로 해줄 필요가 있습니다.

그럼에도 오럴 애무가 끝판왕인 건 부정할 수 없습니다

입술은 일반적인 피부보다 부드럽고 탄력적이며, 다수의 감각기관이 모여 있는 신체 중 가장 민감한 성감대입니다. 그래서 사랑을 막 시작한 연인이 서로의 감정을 적극적으로 교환하는 첫 단계로 입술을 맞추는 것입니다. 가장 감각적인 기관으로 상대를 느끼는 거죠. 입술과 성기도 '감각적인 기관'의 만남이라는 점에서 키스에 버금가는 찰떡궁합입니다.

혀는 손가락과는 비교할 수도 없는, 인체가 지닌 최고의 애무 도구입니다. 혀는 침이라는 천연 윤활제를 끝도 없이 배출하는 기관이어서 감촉이 감미롭고, 상하좌우뿐만 아니라 감싸거나 파고드는 입체적인 움직임까지 가능해 섬세하고 화려한 애무를 할 수 있습니다. 또 부드럽고 따뜻한 입속의 점막에 성기가 닿는 느낌은 그 자체로 편안함과 행복감을 선사합니다. 질 내부에 있는 것과 같은 쾌감도 느낄 수 있죠.

오럴 애무가 끝판왕인 진짜 이유는 역시 그 공략 대상이 최고의 성감대인 음경과 외음부이기 때문입니다. 음경의 귀두에는 4천 개, 클리토리스 머리에는 그 두 배인 8천 개의 감각신경이 분포되어 있습니다. 실제 음경과 외음부는 남자와 여자가 모든 신체 부위 중 가장 애무받고 싶어 하는 곳입니다.

막강한 애무 도구와 최고 성감대의 만남. 이 정도면 오럴 애무를 뺀 섹스는 무언가 허전할 수밖에 없을 듯합니다. 그러니 혹 오럴 애무가 나와 맞지 않는다고 생각하더라도 일단 시도는 해본 뒤에 연인에게 정중하게 사양하는 것을 권합니다. 오럴 애무를 받는 사람은 평소 청결하게 관리하는 것과 섹스 전 샤워는 필수임을 명심하세요.

펠라티오 잘하는 법은
다음과 같습니다

남성의 음경을 여성이 입이나 혀로 애무하는 것을 펠라티오[Fellatio]라고 합니다. 거의 모든 남성은 여성이 해주는 오럴 애무에 대한 판타지가 있으므로 오럴 애무는 남성 애무의 꽃이라고 불러도 좋을 것 같습니다. 하지만 남자 친구가 펠라티오를 원한다고 해서 다짜고짜 음경을 손으로 쥐고 입에 넣는 것은 바람직하지 않습니다. 모든 애무에는 기승전결이 있어야 좀 더 드라마틱해질 수 있으니까요.

펠라티오의 '기(起)'는 어루만지기입니다.

속옷의 바깥에서 속옷 안에 발기해 있는 음경을 부드럽게 어루만지는 것입니다. 아직 음경을 팬티 밖으로 꺼내지 말고, 팬티 안에서 잔뜩 커져 터질 것 같은 음경을 부드럽게 쓰다듬어주세요. 때로는 엄지와 인지로 팬티 안에 있는 음경 전체의 굵기를 확인하기도 하고, 때로는 손바닥을 가만히 올려 발기한 음경의 따뜻함과 덩어리 감을 느껴보세요. 속옷 위로 가볍게 뽀뽀를 해도 좋습니다.

펠라티오의 '승(承)'은 속옷에서 꺼내 직접 눈으로 보고 만져주는 것입니다.

일부 여성이 남성에게 외음부를 보여주는 것만으로도 부끄러워하는 것과 달리 대개의 남성은 자신의 음경을 연인이 바라봐주는 것만으로도 엄청나게 흥분합니다. 조심스럽게 속옷에서 꺼낸 음경을 바라봐주세요. 사랑스럽다는 표정도 좋고, 신기하다는 호기심의 표정도 좋습니다. 남자의 성기가 어떻게 생겼는지 확인도 할 겸 구석구석 찬찬히 바라보면 됩니다. 그러다가 따뜻한 입김을 후~ 하고 불어주어도 좋고 손으로 깃털처럼 가볍고 부드럽게 만져주는 것도 좋습니다. 손가락의 지문 부위만을 사용하여 살짝살짝 터치하는 것도 좋고, 손바닥 전체로 닿을 듯 말 듯 음경을 스치듯 감싸 쥐어도 좋고요.

특히 귀두의 툭 튀어나온 부위를 아주 조심스럽게 360도 살짝 건드려보세요. 아마 다른 부위보다 훨씬 민감하게 반응할 것입니다. 정액이 뿜어져 나오는 요도 입구나 음낭(불알) 전체를 부드럽게 감싸면서 만져주는 것도 남다른 쾌감을 줄 수 있습니다.

펠라티오의 '전(牴)'은 입술과 혀로 음경과 음낭을 애무하는 것입니다.

발기된 음경의 이곳저곳에 살짝 입맞춤한 뒤 본격적으로 음경 전체를 혀로 핥아주면 됩니다. 단단하게 발기되어 있더라도 조금씩 흔들릴 수 있으니 한 손으로 핥는 부위의 반대편이 밀리지 않도록 살짝 받치고 하면 더 수월합니다. 핥는 순서는 몸통, 음낭, 귀두 순이 좋습니다.

핥아주는 애무가 끝나면 다음은 입안으로 음경을 넣고 막대사탕처럼 빨아주면 됩니다. 너무 힘을 주지는 마세요. 남자 친구가 원하지 않는 한 이빨은 사용하지 않는 것이 좋습니다. 귀두는 매우 민감한 부위라서 자칫하면 쾌감 대신 고통을 느낄 수 있거든요. 입안에서 귀두를 혀로 이리저리 굴려가며 애무해주거나 진짜 막대사탕처럼 입에 넣었다 뺐다를 반복하면 연인은 이미 정신을 못 차리고 있을 가능성이 큽니다.

펠라티오의 '결(結)'은 깊숙이 넣는 것입니다.

음경 전체를 귀두부터 뿌리까지 입안 깊숙이 넣었다 빼는 것입니다. 전문용어로 '목구멍 깊숙이[Deep Throat]'라 불리는 이 애무는 1972년에 개봉되어 미국을 발칵 뒤집어놓으며 최고의 흥행작이 된 포르노 영화의 제목으로도 유명합니다.

입술을 살짝 다문 채 들어가고 나올 때 입술로 음경 외부를 자극하면 더 좋습니다. 너무 깊숙이 넣으면 구역질을 유발할 수 있으니 조심하세요. 이 애무의 하이라이트는 입안에서 사정하는 것인데, 이는 거의 모든 남자가 가진 궁극적인 성적 환상이기도 합니다. 사정하게 해주는 방법은 입에 음경을 넣었다 빼는 동작을 빠르게 진행하거나, 귀두 정도만 입에 넣고 혀로 핥아주면서 손으로 음경의 몸통을 쥐고 빠르게 위아래로 왕복운동을 해주면 됩니다.

정액을 먹어도 건강에 문제가 되지 않습니다

본인이 향이나 혀에 느껴지는 촉감 등에 거부감만 없다면 먹어도 괜찮습니다. 이는 단순한 호기심이 아니라 연인을 위한 적극적인 애정 표현의 한 방법이 될 수도 있으니까요. 다만, 절대 억지로 하지는 마세요. 잘못하면 구역 반응을 유발할 수도 있거든요. 남성 역시, 연인의 기분을 배려하지 않고 자신의 쾌감만을 강요해서는 안 됩니다.

모든 애무가 마찬가지지만 음경 애무로 남성을 만족시키려면 형식적인 느낌이 들지 않도록 진심을 다해 애무하는 것이 좋습니다. 싫어도 억지로 만져줘야 한다는 의무감이 아니라, 정말 이 남자의 음경이 무척이나 예쁘고 사랑스러워서 마치 내 반려동물을 다루듯이 만지고 쓰다듬고 빨고 뽀뽀한다는 느낌으로 애무해주면, 그는 당신을 평생 다른 남자에게 빼앗기고 싶지 않을 것입니다. 남자에게 적극적으로 애무해주는 여자는 많지 않으니까요.

5

커닐링구스(여성 오럴 애무)
잘하는 법

남자 친구와의 성관계가 오래되면서 드디어 오르가슴이라는 신세계를 경험하고 있습니다. 오르가슴을 알고 난 후 비로소 성욕에 눈을 뜬 것 같아요. 클리토리스를 자극하면 더 강한 오르가슴을 느낀다는 글을 보고 자위도 시도해봤는데 정말 30초도 안 돼서 반응이 오더라고요. 이전에 남자 친구가 제 성기에 손을 데려고 하거나 입으로 애무해주려고 할 때마다 싫다고 소리쳤던 게 후회됩니다. ㅜㅜ 그때는 클리토리스가 뭔지도 모르고 그저 너무 부끄럽고 창피했거든요.

근데 지금은 관계 중에 클리토리스를 애무해주면 좋겠다는 생각이 들어요. 아니, 그곳을 너무 애무받고 싶어요. 내 손이 아니라 남자 친구의 손이나 입으로 애무받으면 정말 미칠 듯 좋을 것 같은데, 남자 친구에게 솔직하게 말하기가 너무 부끄럽습니다. 남자 친구가 자연스럽게 클리토리스를 애무하게 할 방법은 없을까요? 남자 친구는 절 성욕이 없는 여자로 알고 있거든요. 도와주세요.

지금은 자연스럽게 애무받을 방법을 고민할 때가 아닙니다. 남자 친구가 '성욕이 없는 여자'로 알고 있다면, 이제는 생각을 바꿔놓아야죠. 그래야 앞으로 남은 수많은 날을 마음껏 즐길 수 있지 않을까요? 장담컨대 '나에게 성욕이 많아져서 난 항상 당신을 원한다. 당신이 나를 그렇게 만들어주었다.'라는 고백은 남자 친구의 성욕을 자극할 것입니다. 좋아하면 좋아했지 결코 싫어할 이유가 없습니다. 그렇게 두 분이 함께 불붙는다면, 더 큰 불꽃을 만들 수 있습니다.

남자 친구에게 커닐링구스
잘하는 법을 알려주세요

여성의 외음부를 남성이 입이나 혀로 애무해주는 것을 커닐링구스Cunnilingus라고 합니다. 입술이나 혀는 인간이 지닌 가장 부드럽고 감각적인 애무 도구이며, 여성의 외음부 역시 신체 부위 중 가장 여리고 부드러운 부분이어서 커닐링구스는 여성의 외음부를 애무하는 가장 효과적이고 바람직한 애무 방법입니다.

단언컨대 여성을 오르가슴에 오르게 하려면 반드시 거쳐야 하는 필수 코스이기도 합니다. 하지만 아직도 일부 여성들은 자신의 성기를 연인에게 보여주는 것조차 수치스럽다고 생각합니다. 일부 남성 역시 여성의 성기를 자신의 입으로 애무하는 것에 대해 거부감을 느끼고 있어서 펠라티오(남성 오럴 애무)보다는 연인 간 실행 빈도가 낮은 게 사실입니다. 더 많은 여성이 커닐링구스를 즐기고, 더 많은 남성이 커닐링구스 해주는 것을 좋아하면 좋겠습니다.

커닐링구스를 잘하는 법은
다음과 같습니다

커닐링구스를 실행하기 위해서는 펠라티오와 다르게 사전에 다음의 준비를 해야 합니다. 바로 손톱을 짧게 자르고 깔끔하게 면도하는 것입니다. 여성의 외음부는 점막이라고 해도 좋을 만큼 여리고 부드러운 부위이기에 아주 작은 자극에도 상처받을 수 있습니다. 특히 남성의 수염은 접촉이나 마찰 시 통증을 만들 수 있습니다.

커닐링구스의 '기(起)'는 그녀의 외음부를 향해 다가가는 것입니다.

그곳으로 무작정 돌진해서 막무가내로 핥고 빨기보다는 "나는 지금 커닐링구스를 위해 당신의 외음부를 향해 가고 있습니다."라는 느낌이 들도록, 그래서 연인이 조금씩 긴장하며 설렐 수 있도록, 가슴부터 배꼽을 지나 음모 부위까지 천천히 키스하며 내려가기 바랍니다. 일단 내려갔다면 다시 가슴으로 올라오지 말고 아랫배와 음모 부위 전체를 부드럽게 키스해주세요.

커닐링구스의 '승(承)'은 외음부 키스입니다.

외음부 키스는 음모에서 미끄러지듯 이어져 내려오면서 시작됩니다. 클리토리스 머리를 시계의 12시, 질 입구를 시계의 6시라 생각하고, 위아래로 긴 타원형의 원을 상상한 후 타원의 테두리를 천천히 키스해 나가기 바랍니다. 가볍게 뽀뽀하다, 조금 흥분이 오르면 소음순의 살들을 아주 살짝 입안으로 흡입해보세요. 충분히 키스했다는 생각이 들면 이제 타액(침)을 잔뜩 묻힌 혀를 꺼내 같은 부위를 핥으면 됩니다. 주변에서 중심으로 점점 들어오다가 급기야는 중심부의 '질 입구에서 클리토리스 방향(세로 방향)'을 혀로 핥아주세요. 여기까지를 한 세트라고 생각하고, 다시 테두리 키스부터 시작하는 이 세트를 여러 번 반복하면 됩니다.

주의할 점은 아직 클리토리스 머리 부분은 건드리지 말아야 한다는 것입니다. 점차 고조되는 흥분을 위해서 말입니다. 입안으로 들어오는 애액은 그냥 삼켜도 아무 문제없습니다. 아마 향도 나쁘지 않을 겁니다.

커닐링구스의 '전(轉)'은 질 내부로 들어가는 것입니다.

소음순과 질 입구를 혀로 충분히 애무하다 불현듯 혀를 질 안으로 밀어 넣어보세요. 연인의 입에서 신음이 튀어나올 것입니다. 다시 나와서 소음순을 애무하다 또다시 쑥 혀를 질에 넣어보세요. 이 과정을 여러 번 반복하면 됩니다. 마지막에는 혀를 질에 넣은 채 말아 올린다는 느낌으로, 질 입구 윗벽(지스팟 부위)을 혀로 마사지해보세요. 아마 연인의 신음이 점차 커질 것입니다.

혀와 목의 각도를 편안하게 해야 오랫동안 연인을 애무해줄 수 있습니다. 침대 위라면 연인의 엉덩이 밑에 높고 푹신한 베개를 두어 외음부의 높이를 높여주거나, 연인을 침대 끝에 눕게 하고 남자는 침대 아래로 내려가서 애무하면 오랫동안 커닐링구스를 즐길 수 있습니다.

커닐링구스의 '결(結)'은 오럴 애무의 하이라이트인 클리토리스 애무입니다.

앞서 말씀드린 질 입구에서 클리토리스 방향으로 천천히 핥아주되 이번에는 간간이 클리토리스 머리를 지나가보세요. 이미 충분히 흥분한 상태이기에 클리토리스 머리 부위가 조금 도톰하게 올라와 있을 것입니다. 지나가기도 하고 직전에서 멈추고 다시 내려가기도 하면서 반복하면 됩니다. 그렇게 연인의 애간장을 태우는 것이 포인트입니다.

클리토리스를 방문하는 횟수를 점점 늘리다 어느 순간 본격적으로 클리토리스 부위를 집중해서 공략하면 됩니다. 상하로 자극하다 좌우로 애무하고, 상하좌우 충분히 애무한 뒤에는 음모 부위에 손바닥을 대고 지그시 누르면서 배꼽 방향으로 살을 올려 클리토리스 머리를, 덮인 살로부터 꺼내어 부드럽게 핥아주세요. 정말 부드럽게 해야 합니다. 핥다가 간간이 클리토리스 머리를 입안으로 흡입해주면 강렬한 자극을 받을 수 있습니다. 흥분이 최고조에 이르면, 입으로는 클리토리스를 애무하는 동시에 손가락 인지나 중지를 질에 넣어 지스팟 부위를 부드럽게 자극해주어도 좋습니다. 그러면 연인은 강렬한 멀티 오르가슴을 향해 빨려 들어갈 것입니다.

언제까지 하면 되느냐고 물어보는 남성이 종종 있는데 가장 좋은 시점은 그녀가 "이제 들어와." 또는 "제발 이제 넣어줘."라고 신음하듯 말할 때입니다. 이미 그녀의 질은 애액이 흘러넘치고, 질 근육은 스스로 주체할 수 없는 수축과 이완을 반복하고 있을 테니까요. 이때는 그저 음경을 질에 가만히 넣어두기만 해도 그녀 스스로 오르가슴을 향해 달려갈 것입니다. 그녀의 질에 음경을 가만히 맡겨둔 채, 흥분한 그녀를 감상하면서 동시에 음경에 전달되는 질의 촉감에 집중하시기 바랍니다. 섹스의 진정한 쾌감, 남성의 진짜 오르가슴은 이런 것입니다. 사정할 때 잠깐 기분 좋은 게 전부가 아니고요.

알면 열리는,
내 몸 안의
감각의 제국

2

클리토리스와 오르가슴

1

클리토리스,
오직 쾌락만을 위해 존재하는 신체 기관

선생님, 부끄럽지만 저는 여태껏 한 번도 클리토리스라는 말을 들어본 적이 없어요. 들어본 적이 없으니 만져본 적도 없고 심지어 어디에 있는지도 모릅니다. 물론 혼전순결을 중요하게 생각하는 제 가치관의 영향도 있지만, 친구들과 이야기하다 저만 모르고 있는 것 같아서 충격받았거든요. 그걸 알아야 행복한 결혼생활을 할 수 있다는 친구도 있고, 어떤 친구는 어릴 적부터 그걸 만지면서 자위했다고 하는데, 이제야 처음 들어본 제가 문제인가요? 대체 클리토리스가 정확히 무엇인가요? ㅠㅠ

이제껏 몰랐다면 앞으로 알면 됩니다. 그러니 내가 무언가를 모른다는 사실에 창피해하거나 열등감을 느끼지 않았으면 좋겠습니다. 반대로 그들은 모르고 나는 아는 사실도 많거든요.

몇 년 전 여대생 중 자신의 클리토리스가 어디에 있는지 모르는 사람의 비율이 70%나 된다는 조사를 본 적이 있습니다. 처음에는 "설마?" 했지만 어쩌면 일리 있는 조사라는 생각도 들었습니다. 왜냐하면 클리토리스의 실체가 세상에 알려진 것은 고작 22년밖에 되지 않았거든요.

클리토리스는 1988년에야 대중 앞에 모습을 드러냈습니다

그전에는 클리토리스의 존재조차 모르는 사람이 많았으며, 알았던 사람도 그저 콩알만 한 작은 돌기라고 생각했습니다. 우린 그걸 '음핵'이라고 불렀죠.

1998년, 호주의 여성 비뇨기과 의사인 헬렌 오코넬$^{\text{Hellen O'connel}}$ 박사는 비뇨기과 학회지에 〈요도와 클리토리스의 해부학적 관계$^{\text{Anatomical relationship between urethra and clitoris J Urol 1998 June; 159(6):1892-1897}}$〉라는 논문을 발표합니다. 오코넬 박사가 찾아낸 것은 오직 여성만이 지닌, 클리토리스라는 신체 기관의 실제 모습이었죠. 드디어 인류는, 그때까지 알려진 크기보다 무려 10배 이상 크고, 훨씬 복잡하게 구성된 기관의 실체를 마주하게 된 것입니다. 버젓이 여성의 몸속에 들어 있던 신체 기관 일부의 실체를, 인류가 지구에서 살아가기 시작한 지 200만 년이 지난 21세기 직전에야 비로소 확인하게 된 것입니다. 그야말로 역사적인 순간이 아닐 수 없으니 가히 '클리토리스의 탄생'이라고 이름 지어도 좋을 것 같네요.

클리토리스에 대해
알아볼까요?

여성의 클리토리스는 남성의 음경과 상동기관입니다. 상동기관이라는 건, 아직 남녀가 구분되지 않은 배아기 때는 같은 기관이었다는 뜻입니다. 같은 기관이었던 음경과 클리토리스는 성별이 나뉨에 따라 각각 음경과 클리토리스로 변화하며 성장하게 됩니다. 남성의 음경은 배뇨, 생식, 성감의 기능을 가진 기관으로, 여성의 클리토리스는 오직 성감의 기능만을 가진 기관으로 말입니다.

클리토리스처럼 오직 쾌락만을 위해 존재하는 신체 기관은 지구의 어떤 생명체에게도 없습니다. 심지어 같은 인간인 남자에게도 없죠. 인간은 쾌락의 존재라고 어느 철학자가 말했지만, 정확하게 말하면 여자야말로 진정 쾌락을 위해 태어난 존재라고 말하는 게 더 맞을지도 모릅니다. 따라서 클리토리스를 빼놓고 여성의 성적 쾌감을 말하는 것은 무의미합니다.

클리토리스는 몸속에 있습니다. 많은 분이 클리토리스가 요도 위 소음순이 시작되는 곳에 얇은 피부로 덮여 있는 콩알만 한 크기의 기관이라고 알고 있습니다. 틀린 말은 아닙니다. 하지만 그것은 클리토리스의 머리에 불과합니다. 실제 클리토리스는 머리 부분과 질을 감싸고 있는 해면체 조직인 몸통, 몸통을 품에 안고 있는 다리로 구성된 제법 커다란 기관입니다.

다리와 몸통은 외부의 직접적인 접촉으로 자극할 수 없어 간접적인 마찰과 압력에 의존해야 하지만, 머리(음핵)는 외부에서 직접적인 접촉으로 자극할 수 있습니다. 클리토리스의 머리 부분은 남성 음경의 귀두처럼 평소에는 피부에 덮여 있다가 성적 자극을 받아 흥분하면 조금씩 커져 피부 밖으로 고개를 내밉니다. 음경처럼 클리토리스도 발기하는 것입니다.

남성의 귀두에는 4천 개의 감각신경이 있지만, 클리토리스 머리 부분에는 남자보다 두 배 많은 8천 개의 감각신경이 존재합니다. 그야말로 감각의 제국인 셈이죠. 비록 몸속에 있어서 클리토리스 머리처럼 직접적인 접촉으로 자극을 받아 발기할 수는 없지만, 클리토리스 몸통 역시 간접적인 마찰과 압력의 영향을 받아 발기합니다.

간접적인 자극 하나.
음경 삽입

여성의 질 내부에는 감각신경이 거의 없습니다. 여성의 질에 감각신경이 많았다면 많은 여성이 아이를 낳다가 고통 때문에 죽었을지도 모릅니다. 그런데도 성관계 중 우리는 질 내부로 음경이 들어가는 삽입을 하고 그 과정에서 여성은 쾌감을 경험합니다. 이 행위가 여성의 쾌감과 연결되는 이유는, 질에 삽입된 음경의 왕복운동이 질을 감싸고 있는 클리토리스의 몸통을 자극하기 때문입니다. 성적 흥분으로 혈액이 유입되어 잔뜩 부푼 클리토리스 몸통은 평소보다 더 질을 조이고, 질로 들어온 음경은 두께감과 마찰을 사용하여 그 몸통을 자극합니다. 이것이 삽입 후 왕복운동이 성적 쾌감을 만드는 원리입니다.

지스팟 역시 클리토리스와 질의 접촉면입니다. 흔히 여성 질 내부 입구 상단에 존재하며, 접촉과 마찰로 오르가슴을 만들 수 있는 부위라고 알고 있는 지스팟은 존재 여부에 관한 논쟁이 많습니다. 신체를 해부해도 그 부위에 특별하게 존재하는 신체 기관을 발견할 수 없으니 지스팟은 없다는 사람도 있고, 그 부위를 자극하면 특별한 쾌감이 느껴지니 지스팟은 있다고 주장하는 사람도 있죠. 사실 둘의 주장은 모두 맞습니다. 왜냐하면 지스팟은 바로 질 벽면과 클리토리스가 접촉하는 부위이기 때문입니다.

따라서 클리토리스와 질의 거리가 가까운 여성은 훨씬 더 강한 질 오르가슴을 경험할 수 있고, 이 거리가 먼 여성은 질에 음경이 삽입되어도 느낌이 적을 수밖에 없습니다. 이것이 여성마다 느끼는 질 오르가슴의 정도가 다른 이유 중 하나입니다. 같은 이유로 클리토리스가 얼마나 부풀어 오르느냐도 질 오르가슴의 강도를 결정하는 큰 이유입니다. 부풀어 오를수록 질 외벽과 클리토리스의 거리가 가까워지니까요. 이것이 바로 삽입 섹스 전 애무로 촉발되는 여성의 흥분도가 오르가슴의 강도에 영향을 주는 이유입니다.

간접적인 자극 둘.
압력

이 책을 읽는 분이 여성이라면 아마 '압박 자위'라는 표현을 들어보았을 것입니다. 침대나 책상의 모서리, 침구류, 때로는 다리를 꼬아서 음부에 압력을 가함으로써 쾌감을 경험하는 자위 방법을 말합니다. 이때 쾌감이 느껴지는 이유가 바로 클리토리스 몸통에 압력이 가해지기 때문입니다. 남성은 자위할 때 음경을 가볍게 쥐는 것과 조금 단단하게 쥐는 것에 따라 뇌에 전해지는 쾌감의 강도가 다른 것을 떠올려보면 이해하기 쉬울 것입니다.

따라서 자위가 아닌 실제 섹스에서도 클리토리스 몸통에 압력을 가하면 더 커다란 쾌감을 느낄 수 있습니다. 체위 중 '여자 위' 체위가 여성이 오르가슴을 경험할 가능성이 큰 이유도 이 때문입니다. 또 오르가슴을 느끼기 가장 좋은 체위라고 알려진 C.A.T 체위의 원리가 '중력 방향으로의 압력'인 까닭도 클리토리스 몸통에 압력을 가하기 때문입니다. 체위에 대해서는 뒤에서 더 자세하게 말씀드리겠습니다.

클리토리스 애무 전
꼭 알아야 할 두 가지

제가 처음 성학(性學)을 공부할 때와는 다르게 요즘은 '클리토리스'

라는 단어를 여기저기에서 꽤 자주 만날 수 있습니다. 정말 바람직합니다. 하지만 클리토리스를 어떻게 자극할 수 있는지에 대한 정보는 아직 많이 부족한 것 같습니다. 따라서 지금부터는 주로 '방법'을 이야기할 것입니다. 존재만 이야기하는 건 아무 의미가 없겠죠. 더 중요한 건 결국 '어떻게'일 테니까요. 특히 연인을 행복하게 해주고 싶은 남성에게는 도움이 될 거라 믿습니다. 시작하기 전에 다음 두 가지만 명심해줄 것을 부탁드립니다.

첫째, 제가 말씀드릴 '기술'보다 더 중요한 것이 있습니다.

클리토리스는 사람마다 크기도, 위치도, 깊이도, 감각의 강도도 모두 달라 모든 여성에게 공통으로 적용되는 애무법은 존재할 수 없습니다. 심지어 같은 여성이어도 (특별히 좋아하는 방법 한두 개는 있을 수 있어도) 섹스 때마다 매번 좋아하는 방법이 달라질 수 있습니다. 따라서 중요한 것은 '일반적으로 어떻게'가 아니라 '내가 사랑하는 사람이 좋아하는 방법으로'입니다. 일단 일반적인 방법을 숙지한 후에는 내가 사랑하는 사람이 좋아하는 바로 '그 방법'을 찾아내야 합니다.

둘째, 클리토리스는 잘못하면 아픕니다.

클리토리스 애무의 중요성이 강조되다 보니 어떤 분은 게임이 시작되자마자 바로 클리토리스로 직행하기도 합니다. 남성은 음경으로 직행해도 충분히 행복하니까요. 상동기관이라고 하니 여성도 그럴 거라고 생각하는 것 같습니다.

클리토리스는 그렇게 하면 아픕니다. 이렇게 상상해보세요. 자위할 때 남성은 대개 사정이 임박할수록 손의 움직임이 빨라집니다. 쾌감을 극대화하기 위해서죠. 하지만 정액이 다 분출된 후에도 변함없이 같은 속도로 왕복운동을 할 수는 없습니다. 그러면 귀두가 무척 아프니까요.

충분한 성적 흥분도 없이 클리토리스를 만지면, 바로 그때 남성이 느끼는 통증과 같은 통증을 여성이 경험한다고 생각하면 됩니다. 그러니 클리토리스 애무는 제발, 다른 모든 곳의 애무 여행을 마치고, 연인이 충분히 흥분한 다음 "이제 정말 마지막 애무다."라는 판단이 드는 시점에 시작하길 부탁드립니다. 다른 부위의 애무처럼 클리토리스도 '달팽이처럼 천천히, 깃털처럼 스치듯 부드럽게' 해야 합니다.

2

깊은 쾌감을 만드는 클리토리스 애무,
도구부터 기초까지

자위를 해본 적이 없는 20대 여성입니다. 최근 클리토리스를
여러 가지 방법으로 자극해봤습니다. 샤워기 물줄기로 하면
악! 소리가 절로 나고 주저앉는데, 바이브레이터나 남자 친구
가 입이나 손으로 애무를 해줄 때는 느낌이 오지 않습니다. 나
름 잘해주고 있는 것 같은데 말입니다. 클리토리스가 살짝 드
러나도록 위쪽 살을 들어 올리고 샤워기를 대면 10초도 안 돼
서 금방 다리 힘이 풀립니다. 바이브레이터는 쾌감을 느끼기
까지 시간이 많이 걸리고, 남자 친구가 해주는 애무는 나쁘진
않지만 그다지 좋지도 않습니다. 이유가 뭘까요?

결론부터 말씀드리면 자극의 방법이나 강도가 다르기 때문입니다.
샤워기는 클리토리스 머리를 자극함과 동시에 클리토리스를 압력으로
누를 수 있습니다. 그래서 정말 많은 여성들이 자위도구로 샤워기를 사
용하죠. 하지만 바이브레이터나 남자 친구의 손 애무는 몸 밖으로 드러
난 클리토리스 머리를 마찰하는 기능이 더 큽니다. 둘 다 압력을 동반해

서 함께 느낀다면 샤워기에 버금가는 쾌감을 경험할 수 있을 겁니다.

클리토리스, 강력한 애무 도구는
손가락과 혀입니다

이처럼 민감한 클리토리스를 '스치듯 부드럽게' 그리고 가장 '화려하게' 자극하기 위한 효과적인 도구는 바로 손가락과 혀입니다. 손가락과 혀는 촘촘하게 연결된 작은 근육의 영향으로 다양하고 자유로운 움직임이 가능한 최고의 애무 도구죠.

사람의 손가락은 다섯 개입니다. 그중에서 다른 방향을 바라보고 있는 엄지손가락을 제외하면 네 개의 손가락이 남는데 '스치듯 부드럽게'의 기준으로 본다면, 일등 추천 도구는 당연히 새끼손가락일 것입니다. 하지만 새끼손가락은 근육이 약해서 얼마 지나지 않아 피로감이나 통증을 느낄 수 있고, 닿는 면이 적다는 단점도 있습니다. 따라서 클리토리스를 애무하기 가장 좋은 손가락은 약지(넷째 손가락)입니다. 충분히 흥분이 고조된 후에는 중지(가운뎃손가락)를 함께 사용해도 좋습니다.

손가락과는 비교도 할 수 없는 최고의 애무 도구는 혀입니다. 오럴 애무에서도 말했듯이 혀는 '침'이라는 천연 윤활제를 끝없이 배출하는 도구이자, 상하좌우로 감싸거나 파고드는 입체적인 움직임까지 가능합니다. 또 글리토리스와 닿는 면의 부드러움이 거의 점막 수준입니다. 하지만 근육의 피로도가 손보다 더 쉽게 쌓이는 부위이니, 애무를 받는 사람보다는 애무하는 사람이 더 편한 자세를 취하는 것이 좋습니다. 예를 들어 푹신하고 높은 베개로 누운 여성의 엉덩이를 받치면, 목을 과도하게 꺾지 않고도 편하게 애무할 수 있는 자세가 만들어집니다.

클리토리스 애무, 세기와 속도가 더 중요합니다

클리토리스 애무의 일반적인 세기는 당연히 앞서 말씀드린 애무의 원칙과 같은 '스치듯 부드럽게'입니다. 다만, 추가로 드리고 싶은 이야기는 바로 '더 세게stronger'에 대한 해석입니다.

다른 애무에서도 비슷하지만 특히 클리토리스 애무에서 좀 더 강한 자극이 필요한 경우는 오직 여성이 "더 세게"라고 애타게 주문할 때입니다. 오류는 여기에서 시작됩니다. 여성이 주문하는 '더 세게'는 남성이 일반적으로 알고 있는 '더 세게'가 아닙니다. 이를 남성이 이해하기 쉽게 번역하면, '지금보다 조금만 더 압력을 높여서 조금만 더 강하게' 정도입니다. 즉, 여성의 '세게'는 정말 세게 해달라는 뜻이 아니라 '조금만 더'라는 의미로 이해하는 것이 좋습니다.

속도 역시 마찬가지입니다. '달팽이처럼 느리게'는 그야말로 불변의 원칙입니다. 그런데 남성은 종종 여성이 흥분하기 시작하면 본인의 애무 동작도 빨라지곤 합니다. 지금 하는 애무에 여성이 이토록 흥분하는 것이니 지금보다 더 빠르면 더 많이 흥분할 거라 생각하는 겁니다. 오해입니다. 여성 성적 흥분의 증가는 대개 속도보다는 반복에 정비례합니다. 속도는 오직 여성이 "더 빠르게"를 요구할 때 하면 됩니다.

클리토리스 애무,
주변부터 시작하세요

누군가 "클리토리스는 어디를 애무해야 하죠?"라고 묻는다면 이 질문이 이상하게 들릴 것입니다. "아니, '어디를'이라니? 당연히 클리토리스를 애무하는 거겠지."라고 생각할 테니 말입니다. 맞습니다. 당연히 클리토리스를 애무하는 것이죠. 그런데 이렇게 "당연히"라고 말하는 분의 머릿속에 떠오른 '클리토리스'는 아마, 흥분하면 몸 밖으로 고개를 내미는 콩알만 한 크기의 '클리토리스 머리(음핵)'일 것입니다. 여러 번 이야기했듯이 클리토리스는 내 파트너의 손바닥만큼 크고 그 전체가 모두 쾌감을 위해 준비된 기관입니다. 그러니 클리토리스 머리만 애무하는 것은 가성비가 무척 낮은 행동입니다.

원칙적으로 클리토리스 애무는 몸속에 묻혀 있는 부위부터 서서히 흥분시키는 것이 순서입니다. 또 '주변에서 중심으로'가 무엇보다 중요합니다. '중심'은 역시 가장 민감한 '클리토리스 머리'입니다. 그렇다면 '주변'은? 바로 클리토리스로부터 가장 먼 '허벅지'입니다. 여기서 허벅지는 무릎까지의 모든 부위를 의미하는 것이 아닙니다. 만지고 주무르면 그 파동이 클리토리스에 도달할 수 있는 부위까지가 클리토리스 애무에서 요구하는 허벅지의 범위입니다.

허벅지 애무는 '스치듯이 부드럽게'보다는, 가볍게 주물러주는 것이 더 좋습니다.

앞서 말씀드렸듯이 허벅지 애무의 가장 큰 목적은 그 자체의 자극이라기보다는 움직임에서 느껴지는 감각과 파동을 클리토리스에 간접적으로 전달하는 것입니다. 대음순 가까운 안쪽 속살에서 먼 곳까지 왕복하며 진행하는 허벅지 애무는 여성에게 가벼운 '긴장과 이완'을 반복해서 느낄 수 있게 해줍니다. 질 입구와 클리토리스 머리에 가까워질수록 '긴장감'을, 멀어질수록 '편안함'을 말입니다. 이렇게 조금씩 긴장을 높여가는 것입니다.

다음은 클리토리스 머리와 조금 더 가까운 음모 부위(두덩)입니다.

배꼽 밑 팬티선 아래에 있는 음모 부위는 다른 부위에 비해 도톰하게 살이 올라와 있는 것이 특징입니다. 또 음모를 헤쳐 보면 외음부와 가까운 부위의 가운데에 움푹 파인 골이 있는 것도 특징입니다. 이 음모 부위를 손바닥으로 지그시 누른 채 천천히 원을 그리거나 스치듯이 어루만지면 좋습니다. 이 애무는 음모 부위 아래에 묻혀 있는 클리토리스에 따뜻한 기운과 움직임의 파동을 전하는 애무입니다. 이런 간접적인 자극에 눈에 띄는 반응이 없다고 실망하고 바로 다음 방법으로 넘어가는 분들이 종종 있는데 다시 한 번 강조합니다. 쾌감에서 중요한 것은 위치나 강도가 아니라 시간과 정성입니다. 간접적인 자극도 정성스럽게 반복하면 깊은 쾌감을 만들 수 있습니다. 그것은 순간적으로 스쳐 지나가면서 짜릿하게 느껴지는 말초적인 쾌감과는 또 다른 놀라운 행복의 감정입니다.

3

오르가슴을 만드는
클리토리스 애무 방법

제 주변 사람들이나 다른 여성들 보면 성관계할 때 애무를 받으면 기분이 좋고 흥분된다고 하더라고요. 그런데 저는 그냥 간지럽기만 해요. 심지어 불쾌할 때도 있어요. 남자 친구는 어떻게든 제 성감대를 찾아보겠다고 노력하는데 전혀 흥분이 되지 않으니 어떻게 해야 할지 모르겠습니다. 여자는 클리토리스만 잘 애무해도 흥분한다던데 전 조금만 건드려도 아프더라고요. 그래서 못 만지게 하고 바로 삽입으로 들어가요. 제가 아직 성감대를 못 찾아서 그런 걸까요?

사람마다 성격이 다르고 개성이 다양하듯이 섹스를 대하는 자세와 신체 조건도 모두 조금씩 다릅니다. 상대의 애무에 반응하는 게 정상이고 그렇지 않으면 '비정상'이라 규정하고, 비정상이라면 노력해서 미꿔야 한다고 생각하는 것은 편견입니다. 그런 논리라면 가학이나 피학적 행동에서 쾌감을 얻는 사람들은 모두 정상이 아니라고 봐야겠지만, 타인에게 해를 주지 않고 쌍방의 합의하에 즐긴다면 그 모든 것은 '변태'

가 아닌 '다양성'의 범주에 넣는 것이 맞습니다.

클리토리스 자극에 너무 민감해 클리토리스 애무를 꺼리는 여성은 뜻밖에 많습니다. 또 애무 과정을 생략하고 삽입을 원하는 여성도 있고요. 남들과 아주 조금 다른 것일 뿐 절대 이상한 것이 아닙니다. 그럼에도 클리토리스 애무 방법을 알아서 나쁠 건 없겠죠?

클리토리스 애무, 주변에서 중심으로
원과 8자를 그리며

클리토리스를 직접적으로 애무할 때도 앞에서 말한 '주변에서 중심으로'의 원칙을 적용하면 됩니다. 먼저 여성의 몸속에 있는 클리토리스 전체를 상상하면서 여성의 외음부 전체를 타원형으로 어루만져주세요. 대음순 전체를 타원형으로 흐르듯이 스치며 지나갑니다. 시계 방향이든 시계 반대 방향이든 가능하면 한 방향으로 움직이는 것이 좋습니다. 충분히 움직였으면 조금씩 원의 지름을 좁혀가며 움직입니다.

다음은 대음순 전체를 8자를 그리듯 스치며 지나갑니다. 아래 있는 동그라미의 지름이 위에 있는 동그라미의 지름보다 넓은 8자입니다. 위에 있는 원의 중심은 클리토리스 머리가 되고 아래 원의 중심은 질 입구가 됩니다. 흥분이 고조되면 클리토리스 머리 주변을 도는 원을 질 입구를 도는 원보다 더 많이 그려주면 좋습니다.

원을 그릴 때는 종종 멈추거나, 점프하거나, 가볍게 톡톡 두드리는 움직임을 곁들이면 좋습니다. 익숙한 흐름에 종종 변화를 주면서 긴장을 만드는 겁니다. 익숙한 패턴은 지루할 수 있으니까요. 변화무쌍하게 매번 바뀌는 애무를 하라는 뜻이 아닙니다. 고정적인 패턴의 애무로 '편안하고 기분 좋은 안정감'을 주다가 가끔 변화를 주면서 '긴장과 기대'를 선사하라는 뜻입니다. 이 원칙은 신체 다른 부위의 애무, 심지어는 연애와 결혼생활에도 적용되는 불변의 법칙입니다.

클리토리스 머리를 살짝 건드려주는 것도 좋습니다. 살에서 꺼내어 건드리라는 것이 아닙니다. 직접 닿지 않게 손가락 끝으로 톡톡 가볍게 두드려도 좋고, 위에서 아래로 부드럽게 어루만져도 좋습니다. 이때 조심할 것은 아직 좌우로 애무할 단계는 아니라는 것입니다. 클리토리스 머리를 위에서 아래로 쓸어내리듯이 애무하면 클리토리스 머리를 덮고 있는 살이 강한 자극으로부터 보호해주어 좌우보다는 자극이 다소 덜하지만, 훨씬 은근하고 깊은 쾌감을 줍니다.

본격적인 애무 타이밍은 연인이 신음하거나 손을 꽉 쥘 때

연인이 몸을 틀면서 점차 흥분하는 모습을 보이면 이제 본격적으로 클리토리스 머리를 애무할 시간입니다. 회오리처럼 주변을 돌다 점차 원의 크기를 좁히면서 클리토리스 머리로 들어오거나, 손가락 두 개를 이용해 클리토리스 머리를 살짝 쥐거나 문질러도 좋고, 클리토리스

위를 좌우로 스치듯이 왕복해도 좋습니다. 처음에는 닿을 듯 말 듯 어루만지며 애무하다 쾌감의 극치에 오르면 점점 압력의 강도와 속도를 높여보세요. 더 고조된 후에는 아예 손가락 끝을 클리토리스 머리 위에 둔 채 부드럽게 원을 그리기도 하고 손가락과 손가락으로 클리토리스 머리를 가볍게 잡고 쥐어 올려도 좋습니다. 눈치 빠른 분은 여기서 아마 이런 생각을 했을 것입니다. "클리토리스 머리 애무와 유두 애무가 무척 비슷하구나." 맞습니다. 유두 역시 가슴에서 가장 민감한 부위이므로 클리토리스처럼 '주변에서 중심으로' 애무하고 유두는 가장 나중에 애무하면 좋습니다.

쾌감의 정점에서는
직접 공략입니다

왼손의 손바닥을 음모 부위에 올려놓은 뒤 살짝 누르면서 배꼽 방향으로 살을 밀어 올려 클리토리스 머리를 바깥으로 자연스럽게 꺼내기 바랍니다. 머리가 드러나면 이제 직접 자극이 가능합니다. 클리토리스 머리 위에 손가락을 가볍게 올리고 천천히 원을 그리거나 살짝 진동을 주는 것도 좋고 혀를 이용해 자극하는 것도 훌륭한 애무 방법입니다. 이때 반드시 명심할 점은 상대의 흥분이 최고조에 올랐다는 판단이 들면, 절대 멈추거나 애무 방법을 바꾸지 말고 지금 하는 애무 방법을 유지해야 한다는 것입니다. 오르가슴은 무척 예민한 반응이라서 쾌감의 정점에서도 아주 작은 변화 하나로 다시 절벽으로 떨어질 수 있거든요.

또 하나 조심할 점은 오르가슴이 잦아든 이후에는 절대 클리토리스를 직접적으로 자극하지 않아야 한다는 것입니다. 오르가슴을 경험하고 난 클리토리스는 매우 민감한 상태여서 이때의 접촉은 통증을 만들 수 있습니다. 물론 여성이 원한다면 지속할 수 있지만 그렇지 않다면, 그저 쾌감의 여운을 즐길 수 있도록 손바닥이나 몸으로 따뜻하게 덮어주는 정도가 가장 좋습니다.

연인에게 내 성감대와 좋아하는 애무 방식을 알려주세요

마지막으로 여성들에게 부탁하고 싶은 것이 있습니다. 자위를 통해 찾아냈든 파트너의 애무로 발견했든 간에 내가 쾌감을 느끼는 위치와 방법을 알게 되었다면 꼭 파트너에게 이야기해주세요. 남자는 표현하지 않으면 모릅니다. 내가 어떤 방식으로 애무받을 때 쾌감을 느끼는지 말입니다. 알아서 해주기를 기다리다간 오르가슴도 느껴보지 못한 채 할머니가 될 수도 있습니다. 오르가슴은 누군가 만들어주는 것이 아니라 나 스스로 만들어가는 것입니다.

부끄러워서 도저히 말로는 못 하겠다면 내가 원하는 애무를 받는 그 순간, 조금 과장된 신음과 몸의 움직임으로 상대가 알 수 있도록 과도하게 표현해주면 됩니다. 그런 반응은 남성에게 "당신이 지금 만져주는 그 부위가 바로 나의 성감대입니다.", "그렇게 애무해주는 거 정말 좋네요."라는 메시지를 전달할 테니까요. 또는 그 순간 상대에게 던지는 칭찬(예를 들어 "당신은 정말 날 미치게 해.", "왜 이렇게 섹시한 거야?")이나 감탄사("아, 정말 좋아.", "미칠 것 같아.")로도 내가 원하는 애무 방식과 성감대를 알려줄 수 있습니다. 당신의 모든 반응이 파트너에게 암묵적으로 "아, 이거구나."라는 깨달음을 줄 테니까요.

만약 그렇게 표현하는 것마저도 자신 없다면 적어도 내 몸을 능동적으로 움직여 원하는 감각을 얻는 것 정도는 해야 합니다. 마치 자신도 모르게 본능적, 충동적으로 하는 것처럼 자연스럽게 몸을 움직여 그의 살이 나의 성감대를 스치게 만들고, 오르가슴의 절정에서 나도 모르게 그런 행동을 하는 것처럼 상대의 몸을 더 조이고, 내 안으로 깊이 들어오게 만들며, 살과 살이 붙어서 클리토리스에 압력을 가할 수 있게 하세요. 내가 좀 더 쾌감을 느끼는 자세와 마찰, 깊이와 속도를, 기다리지만 말고 스스로 만들어보세요. 눈치 빠른 남자라면 그런 행동에서도 "아, 이렇게 하는 걸 좋아하는구나."라고 생각할 것입니다. 눈치 없는 남자라 하더라도 여성 스스로 능동적으로 움직여 쾌감을 증폭시키면 그만이니까요.

적극적일수록 오르가슴을
더 크게 느낄 수 있습니다

만약 연인과 편하게 소통하는 사이라면 조금 더 적극적으로 표현해도 좋습니다. 그의 손을 펼치고 그의 손바닥이 나의 외음부라 가정한 채, 내 손가락을 그 위에서 움직이면서 직접적으로 내가 가장 좋아하는 애무 방법을 알려주세요. 클리토리스를 애무하기 전에 미리 내 손바닥 위에서 연습도 해보게 하고 말입니다. 이 이벤트는 둘 사이의 성감을 높여주는 행복한 놀이가 될 것입니다. 조금 더 분명하게 알려주고 싶다면 손의 힘을 빼라고 한 후, 내가 직접 그의 손을 잡고 움직이며 자위해도 좋습니다. 이 방법은 위치, 강도, 속도, 움직임 등 모든 것을 확실하게 상대에게 가르쳐줄 수 있는 가장 효율적인 방법입니다.

이 모든 것이 가능하려면 무엇보다 내 몸에 대해 아는 것이 중요하겠죠? 나도 모르는데 어떻게 상대에게 정확한 정보를 알려줄 수 있겠습니까. 그러니 오늘부터 내 자위의 목적은 단순히 '성욕 해소'가 아니라 '내 클리토리스 애무에 대해 완벽하게 아는 것'입니다. 이 과정은 당신을 완벽한 오르가슴의 신세계로 안내해줄 것입니다.

오르가슴을 만드는
가장 중요한 조건들

삽입 오르가슴을 느끼지 못하는 것이 콤플렉스였어요. 그러다 최근 어느 통계를 통해 삽입 오르가슴은 거의 경험하기 힘들다는 것을 알고는 제가 문제가 아니라는 걸 알았어요. 제 질문은 남자 친구와 섹스를 어떻게 해야 하는지 궁금해서요. 남자 친구한테 애무를 진동기처럼 하라고 해야 하나요? 하기도 어려울 것 같고, 한다고 해도 쑥스러워서 몸을 편히 맡기지 못할 거 같아요. 너무 오랫동안 남자가 얼른 사정하고, 그냥 맘 편히 자는 섹스에 익숙해진 거 같습니다. 이제는 쾌감을 경험하는 섹스를 하고 싶습니다. 방법 좀 알려주세요.

삽입 섹스만으로 오르가슴을 느끼는
여자는 7%밖에 되지 않습니다

반면 여성의 27%는 단 한 번도 오르가슴을 경험해본 적이 없죠. 모두가 오르가슴을 경험해본 것처럼 숭배하고 있지만, 사실 진짜 오르가습을 느끼고 이야기하는 여성은 과연 얼마나 될까요? 이토록 오르가슴을 경험하기 힘든 이유는 여성의 질 내부에는 성감대가 없기 때문입니다. 삽입 섹스로 느껴지는 쾌감은 질 근육이 팽창하면서 질을 둘러싸고 있는 클리토리스 몸통이 자극받기 때문이죠. 따라서 클리토리스의 위치와 크기, 모양에 따라 삽입 섹스로 느껴지는 감각은 모두 다를 수밖에 없습니다.

앞에서도 말했듯 '여자 위' 체위에서 오르가슴을 경험하는 여성이 많은 이유는, 이 체위가 클리토리스를 가장 적절하게 자극할 수 있는 체위이기 때문입니다. 몸속 클리토리스는 저마다 다른 위치와 모양을 지니고 있는데, '여자 위' 체위에서는 자신이 가장 잘 느끼는 방향과 압력으로 클리토리스를 자극할 수 있으니까요. '여자 위' 체위의 본질은 여자 스스로 남자를 도구로 활용하여 자위하는 것과 같습니다.

그러니 사연 주신 분은 아직 자신만의 오르가슴 습득 방법을 찾지 못한 것뿐입니다. 질과 클리토리스의 거리가 멀다면 그 나름의 방법으로, 클리토리스의 크기가 작다면 역시 그 나름의 방법으로 오르가슴을 불러내면 됩니다. 오르가슴이 없는 것이 아니라 오르가슴을 불러내는 노력이 없는 것뿐입니다.

오르가슴이 무엇인지 알아야
느낄 수도 있겠지요

오르가슴은 성기 자극 즉, 남성은 음경과 음낭, 여성은 클리토리스, 질, 자궁경부 등에 가해지는 물리적인 자극으로 만들어지는 강렬한 쾌감 반응을 말합니다. 오르가슴을 경험할 때의 심장 박동수는 평소의 두 배에 이르고, 통증에 대한 감각은 절반으로 줄며, 접촉을 느끼는 감각(촉각)은 무한대로 예민해집니다. 그래서 오르가슴을 느낄 때는 벽에 머리를 반복적으로 찧고 있어도 아픈 줄 몰랐다가 섹스가 끝난 후에 엄청난 통증이 몰려왔다는 경험담이 가능한 것입니다. 또 섹스 도중 입으로 들어온 연인의 머리카락 한 올이 섹스하는 내내 너무도 거슬려서 미치는 줄 알았다는 경험담도 가능합니다. 그만큼 촉각이 민감해지는 거죠. 상대가 하는 애무를 단 한순간도 놓치고 싶지 않은 우리 몸의 자연스러운 반응입니다.

오르가슴의 신체 반응은 나도 모르게 입에서 신음과 더운 숨이 터져 나오고, 침을 자주 삼키며, 눈을 뜰 수 없고, 얼굴이 달아오르며, 유방이 단단해지는 것입니다. 또 나도 모르게 허리와 엉덩이를 들어 올리고, 다리는 저절로 꼬이며, 소변이 나올 것 같은 느낌을 받고, 다리와 발목에 힘이 들어가며, 온몸이 경직되면서 내 의지와 무관하게 심장 박동 뛰듯이 골반이 수축과 이완을 반복합니다.

여성 오르가슴,
이렇게 만드세요

여성의 오르가슴은 클리토리스, 질, 자궁경부, 유두, 항문 등을 자극하여 활성화되는 다양한 신경이 뇌에 전달되어 강도 높고 복합적이고 지속적인 쾌감을 만들며 생성됩니다. 골반 신경, 하복부 신경, 미주 신경 등이 만들어내는 감각 신호는 모두 조금씩 종류가 다른데, 이들이 함께 모여 만든 복합적인 신호가 뇌로 전달되어 오르가슴이라는 종합적인 쾌감을 만들어내는 것입니다.

질 자극으로 만들어지는 깊고 은근하며 묵직한 쾌감과 클리토리스 머리의 자극으로 만들어지는 감전된 듯 짜릿하면서 날카로운 쾌감, 유두 애무로 만들어지는 아른아른하고 몽상적인 쾌감 등은 모두 서로 다른 느낌입니다. 이 쾌감들이 복합적으로 버무려질 때 좀 더 강한 오르가슴을 경험할 수 있습니다.

오르가슴을 만드는 가장 중요한 원칙은 한 부위만 집중적으로 공략하지 말고, 다양한 부위를 동시에 공략해야 한다는 것입니다. 이때 몸뿐 아니라 뇌도 신경 써주세요. 여성이 섹스할 때마다 매번 오르가슴을 경험하기 어려운 것은 여성의 오르가슴을 만들어내는 조건이 정말 다양하기 때문입니다. 육체적인 조건뿐 아니라 감성적인 조건까지 모두 충족된 상태여야 비로소 오르가슴을 제대로 경험할 확률이 높아집니다.

가장 먼저 충족되어야 하는 조건은 사랑하는 상대와의 원했던 성관계여야 한다는 것입니다. 사랑이 충만해야 내 몸이 감성적으로 상대를 향해 열린 상태에서 게임을 시작할 수 있습니다. 내 몸을 대하는 상대의 태도, 상대의 몸을 만지는 나의 태도, 매 순간 얼마나 스킨십에 집중하고 최선을 다하느냐도 중요합니다.

오르가슴,
가장 중요한 조건은 사랑입니다

슬로우 섹스인지, 급하게 시작하고 빨리 끝내는 섹스인지, 음경이 얼마나 단단하고 따뜻하게 발기되어 있는지도 중요합니다. 질이 흥분하여 충분한 애액이 흐르는지, 서로의 성기를 얼마나 정성껏 애무해주었는지, 내가 원하는 곳을 원하는 만큼 충분히 애무받았는지, 내가 잘 느끼는 체위인지, 술을 너무 많이 마시지는 않았는지, 임신에 대한 걱정 없이 완벽하게 피임하고 있는지, 하다못해 몸을 잘 안 씻어서 내 사타구니나 겨드랑이에서 냄새가 나는 건 아닌지 등 수십 가지 조건이 그날 오르가슴을 경험할 수 있는지 없는지를 가르는 조건이 됩니다.

그러니 오르가슴 말고 사랑을 목표로 섹스하셨으면 좋겠습니다. 오르가슴에 대한 환상과 기대 자체를 버리라는 이야기가 아닙니다. 오르가슴에 대한 집착을 버리고 매 순간 연인과 주고받는 사랑스러운 감정에만 집중하면 더 큰 오르가슴을 얻을 수 있다는 뜻입니다.

매번 구름 위로 영혼이 떠오르는 것 같은 느낌을 받지 못했다고 해서 무슨 문제가 있는 걸까요? 그렇다고 내가 사랑하는 사람과 스킨십할 때 느껴지는 잔잔한 행복이 과소평가되어야 하나요? 다시 한 번 말씀드리지만 오르가슴은 내가 만드는 기준에 의해 결정되는 것입니다. 지금 경험하는 '좋은' 감정을 내가 오르가슴이라고 정의하면 그것이 곧 나의 오르가슴이 되는 것입니다. 그렇게 하나의 감정을 인정하고 난 뒤 또 다른 감정을 경험하기 위해 새로운 목표를 세워보세요. 내 오르가슴은 내가 만들어가면 됩니다.

마지막으로 평소 내 몸의 감각을 살리는 마사지 방식의 건강한 자위를 통해 성감을 개발하는 훈련을 꾸준히 해주세요. 또 케겔 운동을 통해 골반기저근Pelvic Floor Muscles을 단단하게 해놓으면 내 몸이 쾌감을 경험하며 스스로 수축과 이완을 반복할 때 그 유격이 훨씬 커질 수 있습니다. 더 빨리, 더 잘 느끼는 몸을 가지면 더 강한 자극의 오르가슴을 경험할 가능성도 커집니다.

섹스 없이 느끼는 오르가슴, 여성 코어가슴Coregasm

코어가슴은 몸의 중심을 지탱하는 코어 근육Core Muscle과 오르가슴Orgasm의 합성어입니다. 즉, 운동 중 코어 근육을 자극함으로써 오르가슴을 경험하는 현상을 말하며 운동을 통해 오르가슴을 느낀다는 뜻에서 '운동 유발성 오르가슴Exercise-Induced Orgasm'이라고 부르기도 합니다. 운동으로 심장 박동수가 증가하고 신체가 다소 흥분된 상태에서 코어 근육 중

하나인 골반기저근을 자극하면, 근육이 이완과 수축을 반복하면서 클리토리스를 자극하는데 이 과정에서 쾌감을 경험하게 됩니다.

코어가슴이 가능한 일반적인 운동은 요가, 자전거, 달리기, 역기 들기, 매달리기 등이 있지만, 특히 다양한 레그레이즈Leg Raises 운동은 골반기저근을 집중적으로 자극하여 더욱 직접적인 효과를 만듭니다. 코어가슴은 애무나 성적 상상, 성관계 없이 단지 운동만으로 오르가슴을 느낄 수 있다는 점에서 그 자체로도 충분히 가치가 있습니다. 또 주기적으로 케겔 운동이 될 뿐 아니라 클리토리스 자극을 통한 일상적인 성감개발에도 도움이 됩니다.

코어가슴,
다른 사람들은

A 학창 시절에 체력장에서 매달리기를 할 때 그런 걸 느꼈던 것 같아요. 더 버티기 어려울 정도로 한계를 느끼는 순간에, 팔은 떨어져 나갈 것 같은데 아랫배 어디선가 뭔가 싸~ 하게 짜릿한 기운이 퍼지면서 힘든 것을 잊게 되더라고요. 그 덕에 매달리기를 가장 오래했답니다.^^ 그땐 그게 뭔지도 몰랐고, 막연히 남들보다 오래 매달려 이겼다는 생각에 좋기만 했는데 그게 오르가슴의 일종이었다니 놀랍군요.

B 저는 필라테스 수업 중 누워서 두 다리를 내렸다 올렸다 반복하는 복근 운동을 할 때 많이 느꼈어요. 심지어 절정에선 액도 많이 나오더라고요.

C 코어가슴이라는 단어를 최근에야 들었지만 생각해보니 '아, 그때 그게 코어가슴이었구나.'라는 생각이 듭니다. 스무 살부터 헬스를 해왔는데, 하복부 운동(누워서 하체 다리를 90도 위로 올렸다 내렸다 하는 운동) 하는 게 너무 힘들었습니다. 하던 중 너무 강한 찌릿찌릿함을 느꼈고 그 찌릿한 느낌 때문에 운동에 더 집중하지 못하겠더라고요. 무언가 쌀 것 같기도 하고 정말 폭발적인 느낌이었습니다. 그때는 오르가슴이 뭔지도 모를 때라 그 느낌을 발전시키지 못했습니다. 지금도 가끔 그런 느낌이 있긴 하지만, 그때만큼 강하진 않습니다.

D 저는 성 경험이 없는데 웨이트 트레이닝 할 때 자주 느꼈던 것 같아요. 지금 생각나는 동작은 엎드려서 배를 바닥에 붙이고 얼굴, 팔, 다리를 올려서 활처럼

만드는 허리 운동이에요. 그 외에도 다양한 동작을 할 때 느껴봤어요. 저절로 수축 운동을 하더니 점점 빨라졌어요. 아, 더 어릴 때는 줄넘기할 때 가끔 느껴봤어요. 그땐 쉬 마렵다고 생각했는데 생각해보니 소변이 급할 때랑은 달랐어요.

E 제가 얼마 전에 느꼈던 게 바로 이거 같네요. 케겔 운동한 지는 6개월 되었고요. 출퇴근 시간이 왕복 3시간이라 그 시간에 케겔 운동을 하거든요. 얼마 전에는 자다가 갑자기 클리토리스 위치 쪽에서 진동 같은 게 오더니 질 중간쯤이 확대되는 느낌이 들더라고요. 진동이 마치 제야의 종 타종할 때처럼 징~ 하면서 점점 커지고 징~~ 하면서 점점 커져서 저도 모르게 하악하악 거친 숨을 몰아쉬었어요. 오르가슴이 뭔지도 모르는 마흔 넘은 아줌마인데 그때 느낀 게 오르가슴 같아요.

5

남성도
오르가슴을 느낄까요?

20대 남성입니다. 인터넷에서 본 어느 글에서 남성도 오르가슴을 풍부하게 느낄 수 있다고 하던데, 솔직히 저는 사정할 때 빼고는 오르가슴을 느껴본 적이 없습니다. 멀티 오르가슴이라는 말이 있을 정도라는데 말이에요. 다른 남자들은 다 경험하고 있는데, 저만 느끼지 못하는 건가요? 저는 솔직히 사정 직전과 사정할 때의 강렬한 쾌감 말고 남자에게 어떤 오르가슴이 가능하다는 건지 전혀 이해할 수 없습니다. ㅠㅠ

당연히 이해하기 어려울 겁니다. 대한민국, 아니 전 세계 남성들이 그런 고정관념을 가지고 있으니까요. "오직 사정할 때의 극한 쾌감만이 남성의 유일한 오르가슴이다."라고 말입니다.

사실 이것은 일차적으로 오르가슴을 어떻게 정의하느냐와 관계있습니다. 정신을 잃을 듯한 쾌감에 온몸을 부르르 떠는 정도는 되어야 '오르가슴'이라는 이름을 붙일 수 있다고 생각한다면 저 말은 '참'일 수도 있으니까요. 하지만 그렇게 생각하는 것은 스스로 경험할 수 있는 오르가슴의 범위를 좁히는 격입니다. 오르가슴을 최강의 느낌에만 국한하면 나머지 느낌들은 사소해지니까요.

사정 오르가슴은
허상일 수도 있습니다

사정 오르가슴은 전립선이 만든다고 알려져 있습니다. 그래서 전립선에 염증이 있거나 전립선 수술을 하고 나면, 오르가슴이 감소한 것 같다고 말하는 남성도 있습니다. 그런데 정말 '사정 시 쾌감'이 남성 오르가슴의 전부일까요? 남성의 오르가슴은 정말 고작 '사정'에 의해서만 촉발되는 감각일까요? 사실 이 문제는 비뇨기과 의사나 성 학자도 아직 풀어내지 못한 오랜 숙제입니다.

남성 오르가슴은 정액이 고여 있다 분출할 때 요도의 압력 증가로 인해 만들어진 감각이, 전립선을 통해 뇌에 전달되면서 생기는 쾌감이라는 의견이 있습니다. 신체적인 조건이 쾌감을 만든다는 뜻입니다. 또 뇌와 척수의 흥분 상태가 최고조에 다다랐을 때 그 표현방식의 하나로 사정이라는 신호를 내려보내는 것이라는 의견도 있습니다. 신체가 뇌의 지배를 받는다는 주장이죠. 저는 후자의 가능성이 더 크다고 생각합니다. 왜냐하면 '비사정 섹스'의 장점을 주장하는 많은 성 학자들이 남성도 사정과 부관하게 멀티 오르가슴을 경험할 수 있다는 것을 실천으로 증명하고 있으니까요. 정액의 양과 남성 오르가슴의 강도와도 상관

관계가 희박하다는 것이 중론입니다.

　"남성에게는 사정만이 극한의 쾌감이고 오르가슴이다."라는 생각은 매우 바람직하지 않은 고정관념입니다. 그런 생각은 사정만이 섹스의 목표라는 잘못된 가치관을 만들고, 사정까지 가기 위한 모든 과정을 '쓸데없는 노동'으로 여기는 오류를 만들기 때문입니다.

"그래도 사정 시 쾌감이 최고의 쾌감인 건 사실이잖아요?"

　이런 생각은 남자가 섹스에서 느낄 수 있는 100가지의 쾌감 중 단 8가지 정도만 경험하고 나머지는 포기하는 것과 같습니다. 살과 살이 맞닿아 마찰하는 과정에서 솟아나는 쾌감, 손이나 입, 때로는 팔다리를 통해 느껴지는 충만한 쾌감, 벗은 그녀의 어깨에서 피어나는 향기로운 살냄새를 인체에서 가장 민감한 콧속 점막으로 마음껏 들이쉴 때 경험하는 쾌감, 나열하다 보면 끝도 없을 순간순간의 쾌감을 다 버리고, 고작 사정하며 아주 잠깐 부르르 떠는 것만을 유일한 오르가슴이라고 생각하다니요.

　사정할 때의 쾌감만이 유일한 남성 오르가슴이라고 생각하는 것은 우리가 오랜 시간 동안 그렇게 배워왔고 그렇게 실행해왔기 때문입니다. 사정 시 쾌감이 독특한 건 인정합니다. 하지만 그걸 '최고'라고 부르는 근거가 무엇일까요? 고작 5초 전후의 짧은 쾌감, 하고 난 뒤에는 반복하기도 힘든 쾌감이 정말 '최고의 쾌감'이라는 타이틀을 얻을 자격이 있는 걸까요? 남자는 정말 고작 그 정도의 쾌감을 위해서 그 긴 시간 섹스해야 하는 건가요?

남성도 멀티 오르가슴을 시작하세요

남성의 오르가슴 역시 여성처럼 온몸으로 경험하는 복합적인 쾌감이어야 합니다. 그러려면 남성들은 섹스의 모든 방법을 원점에서 다시 세팅해야 하죠. 섹스는 과정 전체가 쾌감을 위한 소중한 몸의 대화이고, 오르가슴은 온몸으로 그리고 지속적이고 반복적으로 그 쾌감을 느끼는 경험이라고 말입니다. 섹스하는 과정에서 경험하는 모든 다양한 쾌감이 오르가슴입니다. 그것은 때로 사정 시 쾌감에 근접한 강렬한 자극을 뇌에 주기도 하며, 반복적으로 경험할 수 있고, 또 오랜 시간 경험할 수도 있습니다.

쾌감을 단지 '삽입 후 왕복운동'에 국한해도 마찬가지입니다. 슬로우 섹스를 통해 사정하지 않은 채 오랫동안 왕복운동을 하면 여러 번 반복되는 오르가슴을 경험할 수 있습니다. 이것이 바로 남성의 멀티 오르가슴입니다. 사정만 조절할 수 있으면 깊고 은근하게 지속하는 오르가슴을 느낄 수 있습니다. 단, 사정 없는 멀티 오르가슴을 경험하려면 여성과 마찬가지로 하체 근육, 특히 PC$^{Pubococcygeus\ muscle}$ 근육의 단련은 필수입니다.

더 많은 남성들이 단순 사정 오르가슴에서 벗어나 멀티 오르가슴을 경험하면 좋겠습니다. 그러면 왜 야동을 보며 빠르게 끝내는 자위가 연인과 깊게 교감하며 경험하는 섹스와는 비교도 안 되는 초라한 경험인지 알게 될 테니까요. 또 섹스하는 과정 전체의 행복, 오래도록 천천히 즐기는 '건강한 자위'의 경험을 소중히 생각하게 될 테니까요.

오르가슴을 어느 하나의 감각으로 규정짓지 마세요

앞으로는 내 몸이 경험하는 모든 종류의 쾌감을 오르가슴이라고 규정해보세요. 여성은 '오르가슴을 한 번도 경험해보지 못한 여자'라는 자학을 멈출 수 있고, 남성은 오직 사정 오르가슴만을 향해 맹목적으로 달려가는 어리석은 행동을 그만둘 수 있습니다. 성기 오르가슴의 환상에서만 벗어나도 섹스가 훨씬 즐거울 수 있거든요. 오르가슴을 만드는 행위의 범위를 모든 살과 살의 접촉으로 확대하고, 내가 경험하는 오르가슴들을 좀 더 다양화하다 보면, 언젠가는 굳이 노력하지 않아도 매번 오르가슴을 느끼는 소중한 몸의 감각을 지니게 될 것입니다.

6

여성도 정말
사정을 할까요?

남자 친구가 관계할 때 사정하라고 하는데 전 경험이 없어서 어떻게 해야 할지 모르겠습니다. 물론 성욕도 있고 자위도 합니다. 근데 남자처럼 사정을 한 적은 없어요. 남자 친구랑 관계를 가질 땐 오르가슴도 느끼는데 사정은 잘 안 되네요. 관계 중이나 관계 전에 질에서 촉촉하게 무언가가 나오긴 하거든요. 흥건할 때도 있고요. 근데 남자 친구가 말하는 사정은 그게 아니래요.

자위할 땐 클리토리스 부분만 자극하고 제 손가락을 삽입해본 적은 없어요. 남자 친구가 가끔 손으로 애무해주기도 하는데 오르가슴은 느껴지는데 사정하는 건 잘 안 됩니다. 왜 그런 걸까요?

네. 여성도 사정합니다. 그런데 여성의 사정이 반드시 '더 커다란 쾌감'과 연결된 것은 아닙니다. 그러니 성관계에서 충분히 쾌감을 얻고 있다면 여성 사정을 경험해보려고 노력할 이유는 전혀 없습니다. 사정을 강요하는 걸 보면, 남자 친구 역시 잘못된 상식을 갖고 있는 것 같습니다. 다만, 여자 친구에게 더 큰 성적 쾌감을 경험하게 해주고 싶은 순수한 마음에서 비롯된 것이니 예쁘게 봐주면 좋겠습니다. ^^

여성 사정은 오르가슴의 절정이 아닙니다

많은 분들이 '여성 사정'을 여성 오르가슴의 절정으로 생각합니다. 흥미롭게도 여성보다는 남성이 이런 생각을 많이 갖고 있습니다. 처음에는 저도 이해하기 어려웠습니다. 왜 남성은 연인이 사정을 경험하면 자신이 그녀에게 극한의 쾌감을 준 멋진 남자라고 생각하고, 사정을 하지 않으면 마치 자신의 성적 능력이 부족한 것처럼 의기소침해하는지 말입니다. 왜냐하면 실제 여성 사정은 단순한 '현상'이어서 오르가슴의 극치가 아닌 경우가 더 많고, 정작 대부분의 여성들은 호기심 이상의 관심을 두지 않으니까요. 경험해본 여성도 '극한의 오르가슴'이라고 말하는 사람은 많지 않습니다.

하지만 곧 남성이 왜 그렇게 생각하는지 그 이유를 알게 됐습니다. 이번에도 범인은 야동이더군요. 야동 속 여성은 흥분의 절정에서 사정합니다. 그냥 하는 것도 아니고 침대가 온통 젖을 만큼 많은 양을, 마치 호스로 물을 뿜듯이 사정합니다. 그것도 엄청난 고음의 신음과 세상의 모든 오르가슴을 다 경험하고 있는 듯한 몽환적인 눈빛과 표정을 하고 말입니다. 이 과장된 연출 장면을 본 남성들은 여성 사정을 곧 여성 오르가슴의 극치라고 생각하게 됩니다. 많은 남성에게 극한의 오르가슴은 역시 '사정의 순간'이니까요.

　안타까웠습니다. 태어나서 한 번도 고래를 본 적 없는 사람이, 오징어를 보여주며 고래라고 말하는 사기꾼을 만난 후, 어느 항구에 가서 오징어를 고래라고 부르며 자신의 지식을 뽐내는 모습을 보는 것과 비슷한 느낌이랄까요. 여성 사정은 누구나 경험하는 일이 아닙니다. 오르가슴의 절정에서만 나타나는 현상도 아닙니다. 이렇게 생각해보세요. 남성에게 항문 섹스는 전립선을 자극해 엄청난 쾌감을 전달하는 섹스 방식으로 알려져 있습니다. 하지만 항문 섹스를 하는 사람은 극히 드물며, 항문 섹스를 하는 모두가 쾌감을 경험하는 것도 아닙니다. 여성 사정도 마찬가지입니다.

남성 사정과 여성 사정은 메커니즘이 다릅니다

　남성 사정은 성적 자극을 받아 흥분의 최고조에 이른 뇌에서 생식 기관에 사정 신호를 내려보내면, 전립선과 정낭에 모여 있던 정액이 음경을 통해 일시에 몸 밖으로 배출되는 현상을 말합니다. 마찬가지로 여성 사정도 성석 자극으로 여성의 몸 안에 모여 있던 사정액이 몸 밖으로 일시에 배출되는 과정을 말하긴 합니다. 다만, 여성 사정은 남성 사정과 근본적으로 다릅니다.

첫째, 남성 사정은 거의 모든 남성이 경험하지만 여성 사정은 일부의 여성만 경험합니다. 흔히 지스팟이라고 불리는, 질 입구와 가까운 질 내벽 윗부분을 손가락으로 오래도록 자극하면 질과 주변에 고여 있던 다양한 액체가 몸 밖으로 흘러나오는 메커니즘을 지니고 있습니다. 그러므로 사정하도록 자극한다면 꽤 많은 여성이 사정을 경험할 수도 있습니다. 하지만 다수의 여성들은 굳이 사정하고 싶은 욕구도 없고 그럴 필요도 느끼지 못합니다. 여성 사정과 오르가슴이 반드시 연결되는 것은 아니니까요. 오르가슴의 극치라고 인정받는 남성 사정과 달리 여성 사정은 특정 부위를 특정 방법으로 자극하면 발생하는 '현상'에 불과합니다.

둘째, 남성 사정은 전립선과 정낭에서 생성되는 정액이 사정액의 근원입니다. 여성 사정액의 근원은 분명하게 밝혀지지 않았습니다. 해부학적으로 사정액이 몸 내부에 분명하게 존재하는 남성과 달리, 여성의 생식기에는 '뿜어 나올 수 있을 만한' 액체가 고여 있는 부위가 존재하지 않기 때문입니다. 질 벽에서 흘러나오는 질액, 스킨선이나 바르톨린선에서 흘러나오는 애액, 요도에서 흘러나오는 소변 등 다양한 근원이 여성 사정액으로 추측되기는 합니다. 하지만 어느 하나 분명하게 밝혀진 것은 없습니다.

셋째, 대개 성적 쾌감과 정확하게 비례하는 남성 사정과 달리 여성 사정은 성적 쾌감과 정확하게 비례한다고 볼 수 없습니다. 사정을 경험한 여성 중 일부가 오르가슴의 절정에서 경험하는 쾌감을 이야기하는 것은 사실입니다. 하지만 그것이 여성 사정이 만드는 쾌감인지, 그저 오르가슴의 절정에 배설의 쾌감이 더해져 만들어진 감각인지는 분명하지 않습니다. 지스팟을 자극한다는 것은 클리토리스를 자극하는 것이고, 클리토리스 애무는 (여성 사정이 없어도) 그 자체로 쾌감을 만드는 메커니즘을 갖고 있으니까요. 더군다나 이 쾌감마저 누구나 경험하는 것은 아니니 남성 사정과 비교하면 여성 사정은 다분히 야동이 만들어낸 환상에 가깝습니다.

여성 사정을 대하는
바람직한 태도

여성 사정이 오르가슴의 절정을 만든다는 오해 때문에 많은 남성이 여성에게 사정을 경험하게 하려고 집착합니다. 하지만 여성 사정을 경험한 분 중에는 단지 소변을 배설하는 느낌이었다거나, 심지어 불쾌했다고 표현하는 분도 있습니다. 마치 소변을 배설한 것처럼 창피해 오히려 성적 흥분이 반감되었다는 분도 있으며, 그저 뜨끈한 물이 흘러나오는 것 같았다고 말하는 분도 있습니다. 그러니 여성 사정은 반드시 연인의 강력한 요구가 있을 때만 시도하시기 바랍니다. 여성 사정을 만들겠다고 여성의 질에 함부로 손가락을 넣어 움직이다가 통증이나 생채기를 만드는 일노 많거든요. ㅠㅠ

여성 역시 여성 사정에 대해 무작정 환상을 갖거나 무작정 거부하는 양극단의 태도는 버리는 것이 좋습니다. 여성 사정에 대한 환상으로 여성 사정을 경험하지 못하는 자신을 의미 없이 자학하거나, 반대로 여성 사정에 대해 무작정 거부하며 아예 시도도 해보지 않으려는 태도는, 무엇이든 열린 상태에서 경험해보아야 내 몸의 성적 수용성을 확인할 수 있다는 점에서 바람직하지 않습니다. 만약 두 분의 합의로 여성 사정을 시도했고, 그 과정에서 강력하게 배설의 충동(그것이 오줌 마려운 느낌이더라도)이 느껴진다면, 굳이 성관계를 멈추고 화장실을 가거나 힘주어 참지 말고 몸이 원하는 대로 마음껏 배출하시기 바랍니다. 오직 그 과정에서 오는 쾌감을 온몸으로 느끼면서 말입니다.

여성 사정,
다른 사람들은

A 저는 자위하면서 사정하는 걸 즐깁니다. 주변 정돈을 한 뒤 본격적으로 자세를 잡고 임해야 여성 사정도 즐길 수 있어요. 사정까지 하려면 소리도 커지기 때문에 주변을 신경 쓰지 않아도 되는 시간에 하는 편이에요.

처음 사정했을 땐 뿜어져 나오는 분비물이 그리 많지 않았습니다. 최근엔 양이 늘었는데, 물을 몇 잔 엎지른 것보다 많은 양이 나옵니다. 냄새는 소변이랑 비슷한데 소변만큼 강렬하진 않아요. 그저 비슷할 뿐. 색깔도 소변과는 아주 달랐습니다. 무색투명한 액체였어요. 바로 화장실로 가서 소변을 봐도 평소와 다름없는 보통의 소변 색을 볼 수 있어요. 확실히 소변은 아닌 거죠.

뿜듯 나오기도 하고 소리 없이 뚝뚝 흘러나오기도 하는데 많이 느낄 땐 정말 많이 나옵니다. 만지기 전까진 사정했다는 걸 모를 때도 있죠. 때로는 액체가 멀리 튀기도 하고, 때로는 이불이 푹 젖을 정도의 양이 나오기도 합니다. 할 때마다 냄새가 좀 옅어지는 건 기분 탓인지 모르겠지만 제 경우는 다소 약해진 듯해요. 점성은 그저 물과 같습니다.

B 여성 사정은 소변이나 애액과는 다릅니다. 오줌은 나올 때 좀 무겁고 시끄러운 소리가 나지만 사정액은 소리가 나지 않습니다. 무음이에요. 오줌은 싸는 도중에 끊을 수 있지만, 사정은 끊어지지 않습니다. 다시 말해 조인다고 조여지는 구멍이 아닌 데서 나온다는 뜻입니다. 오줌이 '싼다'라고 표현된다면 사정은 '쏟아지다'라고 할 수 있겠네요. 오줌은 노랗고 사정액은 투명한 것도 다른 점입니다.

C 사정할 때 조절을 할 수 없는 이유가 단지 오줌과 달라서가 아니라 너무 흥분돼 있는 상태라 그 느낌을 지속하려는 의지가 강해서 멈출 수 없었던 것 같습니다. 사정이 오줌보다 색깔도 훨씬 투명하고 냄새도 적게 났지만, 사정할 때의 느낌은 오줌을 배출할 때와 거의 흡사했습니다. 뭔가 해방시키는 느낌이랄까요. 저는 성관계를 마치고 나면 항상 오줌 마려운 느낌이 나서 화장실을 바로 가는데, 사정하고 나선 화장실을 가고 싶은 느낌이 없었습니다.

D 야동처럼 사정액을 뿜는 건 정말 빠르고 큰 움직임으로 해주는 자극(손이든 삽입이든)이 절정에 다다를 때 간혹 그렇게 되더라고요. 그럴 때는 소변과는 비교도 안 되는 말도 안 되는 양의 물이 쏟아졌어요.

E 관계하다가 소변이 마려운 느낌 때문에 괴로워서 멈춘 적이 있어요. 저만 그런 건지 여러 가지로 혼란스러웠어요. 어디에 물어보기도 어려웠고요. 그런데 자연스러운 것임을 이제 알았네요. 감사합니다. 다음엔 배출해봐야겠어요. ^^

F 남자 친구가 지스팟을 애무하던 중 제가 소변이 마렵다고 그만해달라고 했더니 그게 여자들이 싸는 거라면서 남자들은 여자 사정에 로망이 있으니 그냥 하라고 하더군요. 결국 참지 못하고 싸버렸는데 남자 친구는 엄청 만족스러워했지만 저는 창피하더라고요. 냄새를 맡아보니 오줌에서 나는 퀴퀴한 냄새가 나기에 이건 사정한 게 아니라 소변 같다고 하니, 남자 친구는 그게 사정액이든 소변이든 섹스할 때 너무 좋아서 싼 거 아니냐며 만족스러워하더라고요. ㅜㅜ 여전히 남자 친구 앞에서 싸는 게 부끄럽긴 하지만 그게 소변이라도 남자 친구가 좋아하면 됐지 싶네요. 근데 저는 딱히 좋은지 모르겠더라고요.

G 사정액이 나올 때 오르가슴을 느끼는 건 맞지만, 최고의 절정일 때만 나오는 건 아니에요. 그거랑은 달라요. 다섯 번 사정해도 전 모자란 느낌일 때가 있거든

요. 오줌 마려운 느낌이 든 적은 없었고 무언가 터질 거 같은 느낌은 들어요. 제 마음대로 조절 못 해요. 종종 사정액이 길게 분출될 때는 당황스러운데 멈출 수가 없어요.

H 딱 한 번 해봤습니다. 근데 확실한 건 오르가슴이 절정일 때 여자가 사정하는 건 아닌 거 같아요. 저는 성욕이 강한 편인데요. 여느 때와 같이 흥분해서 제가 남자 친구 위에 올라가서 하고 있는데 저도 모르게 사정한 거예요. 그날 특별히 오르가슴을 느낀 건 아니었고요. 오히려 진짜 절정의 오르가슴을 느낄 땐 안 쌌어요.

I 최근 처음으로 사정을 해봤어요. 저는 지스팟을 자극하거나 질내를 자극했을 때 오르가슴을 느끼면서 사정한다고 알고 있었는데, 남자 친구가 클리토리스를 손으로 자극하니까 갑자기 쉬 마려운 느낌이 들면서 사정했어요. 좋은 느낌은 없고 그냥 오줌 싸는 것처럼 뭐가 나오는 느낌만 들었고 양은 많았습니다. 오르가슴 같은 좋은 기분은 없었어요.

체위,
다섯 가지면 충분하다!
더 중요한 건
삽입의 방법

3

체위와 삽입

1

체위,
다섯 가지면 충분합니다

남자 친구와 관계를 할 때 거의 비슷한 자세로만 하다가 한번 씩 새로운 자세를 시도하거든요. 제가 불편해도 남자 친구가 다양한 체위로 하는 게 뭐에 좋다는 설명까지 해가면서 자세를 잡아요. 근데 전 그다지 좋지 않거든요. 남자 친구도 처음 시도하는 체위는 낯설어서 그런지 좋아하는 거 같긴 않은데 왜 자꾸 시도하는 걸까요? 그리고 체위는 도대체 어디에서 배워 오는 걸까요? 혹시 다른 여자와 관계를 하면서 알게 된 건 아니겠죠? 아니면 인터넷에서 일부러 찾아보고 오는 걸까요?

'여성들은 이렇게 생각할 수도 있구나.' 하는 생각으로 다소 놀란 사연이었습니다. 또 하나의 새로운 시각을 경험한 느낌이랄까요. ^^

남성 다수에게 성관계는 '잘해내야 하는 큰 숙제'입니다. 안타깝게도 많은 남성이 성관계 그 자체가 아니라 성관계 후 연인의 반응에 따라 천국과 지옥을 오가곤 하죠. 그들은 항상 잘하기 위해 노력하고, 잘할 수 없는 상태가 되면 절망합니다. 물론 이것은 '남자라면'이라는 맨

박스^{Man Box}에 갇혀 벗어나지 못하고 자신을 괴롭히는 것이니 바람직한 모습은 아닙니다. 많은 남자들이 배우자, 연인과 함께 상의하고 노력하면 같이 행복해질 수 있음에도 '남자라면'이라는 이유로 혼자 슈퍼맨처럼 모든 일을 해결하려고 하니까요. 그래서 더 나은 결과가 나오면 좋겠지만 대개는 그렇지 않습니다. 백지장도 맞들면 나은 법이니까요. 그래서 사연을 보내주신 분의 남자 친구가 그렇게 체위를 공부해 오는 것입니다.

체위와 관련하여 남성이 가진 고정관념 중 "여성은 한 가지 체위만 하면 지루해한다."가 있습니다. 인터넷과 책 등에서 얻은 고정관념이죠. 물론 다양한 체위가 훨씬 흥미로운 성관계를 만들기는 합니다. 하지만 연인이 좋아하지 않는 체위의 변화는 감정의 몰입도를 떨어뜨린다는 점에서 차라리 하지 않은 것만 못할 때가 많습니다. 사실 여성은 다양한 체위의 변화보다 진심이 담긴 애무를 훨씬 중요하게 생각합니다.

체위에 대한 편견을 조장하는 언론, 영화, 그리고 《카마수트라》

이런 편견을 조장하는 언론과 책이 더 큰 문제입니다. 〈다양한 체위로 권태기를 극복하세요〉라는 제목의 한 신문 헬스 칼럼 제목을 보고는 어이없어서 피식 웃어버린 적이 있습니다. 권태기를 다양한 체위로 극복한다고요? '아, 이 칼럼을 쓴 기자는 집에서 해보지도 않고 글로만 만리장성을 쌓는 사람이구나.' 싶어 다소 안타깝기도 했습니다. 다양한 체위로 섹스해본 사람들은 압니다. 그게 얼마나 번거롭고 어려운 일인지 말입니다. 그 힘든 일을, 심지어 권태기인 연인이나 부부가 한다고요? '다양한 체위'는 오히려 관계가 가장 뜨거울 때 자연스럽고 자발적으로 할 수 있습니다. 다양한 체위에는 노력이 필요한데, 연인 간 노력은 반드시 사랑이 뒷받침되어야 하니까요.

체위에 관한 이야기가 나오면 제일 먼저 언급되는 단어가 하나 있습니다. 바로 고대인도의 성에 관한 경전인 《카마수트라》입니다. 《카마수트라》에는 정말 수없이 많은 체위가 등장합니다. 우리가 흔히 알고 있는 체위나 스리섬, 오럴 등은 기본이고 거의 아크로바틱이라고 할 만한 다양한 체위가 나오죠. '나는 이 중 몇 개나 해봤지?'라는 생각을 하다 보면 자존심이 상할 정도입니다. 그렇다면 그동안 나는 연인에게 진정한 행복을 선사하지 못했던 걸까요?

《카마수트라》를 만든 사람은 고대인도의 최상위 귀족계급입니다. 먹고 자는 것 말고는 딱히 할 일이 없었던, 그야말로 금수저를 물고 태어난 사람들이었죠. 매일 똑같은 평범한 유희에 질렸던 그들은 어느 날부터 하인들을 데리고 자신들을 지루함에서 벗어나게 해줄 성적 놀이를 시작합니다. 이렇게 해보면 어떨까? 이렇게 하는 건 가능할까? 그렇게 탄생한 것이 바로 《카마수트라》입니다. 한마디로 성적으로 더 행복해서 한 게 아니라 지독하게 권태로워서 했던 쓸데없는 향락의 부산물이었을 뿐이죠.

체위에 대한 편견에는 영화도 한몫합니다. 영화에서 남녀가 서로 바라보고 서 있다가 남자가 여자를 번쩍 들고는 벽에 기대게 하고 격렬하게 섹스하는 장면을 본 적이 있을 겁니다. 혹시 해보셨나요? 이 체위, 실제로 구현하면 정말 살벌합니다. 일단 여성의 등은 벽과의 마찰로 다 까진다고 봐야 합니다. 전 영화 속 여성의 비명이 좋아서가 아니라 아파서라고 확신합니다. 더불어 아무리 체력이 강한 남자라고 해도 몇 번 연인을 올렸다 내렸다 하고 나면 아마 팔뚝에 알이 제대로 박힐지도 모릅니다. 그래도 할 수 있으면 다행이죠. 여성이 다소 무겁거나 남성의 체력이 약하기라도 하면 멋지게 들어 올렸다가 "그대로 멈춰라."가 될지도 모르니까요. ㅠㅠ

체위는 다양할 필요가 없습니다

지금부터 총 다섯 가지 체위의 장단점과 공략 포인트를 소개할 텐데, 이 정도만 알고 있어도 충분합니다. 그 다섯 가지 체위로 변형할 수 있는 체위가 무려 서른 가지가 넘으니 고작 다섯 가지라고 할 수도 없습니다. 예를 들어 '여자 위' 체위에서 남자가 등을 세우고 앉으면 '앉아서' 체위가 되며, 그 상태로 둘 다 모로 쓰러지면 '누워서' 체위가 되는 식입니다. 그러니 '여자 위' 체위만 알면 나머지는 직접 뒹굴면서 응용하면 됩니다. 온갖 다양한 체위를 시도하려다 힘들게 만든 로맨틱한 분위기만 다 망치지 말고 앞으로는 기본에 충실해보세요.

다양한 체위가 필요 없는 또 다른 이유는 체위는 '지겹거나 싫증 나지 않도록 다양하게 즐겨야 하는 도전 과제'가 아니라 '서로가 가장 행복해하는 자세를 찾기 위한 실험'이기 때문입니다.

예를 들어 어떤 여성은 '여자 위' 체위에서만 오르가슴을 느낍니다. 또 어떤 남성은 '뒤에서' 체위로 섹스할 때 가장 짜릿하다고 말합니다. 어떤 여성은 자신이 등을 돌린 채 옆으로 누웠을 때 남자가 등 뒤에서 안아주다 부드럽게 삽입하는 체위에서 가장 편안함을 느낀다고 하고, 어떤 남성은 연인이 자신의 몸 위로 올라가는 체위는 왠지 자존심 상해서 싫다고 말합니다. 몸에 살이 많은 여성은 대개 다리를 많이 벌리거나 높게 올리면서 엉덩이가 들리는 체위에서 더 큰 쾌감을 느끼며, 클리토리스가 남보다 몸속 깊은 곳에 위치한 여성은 무조건 '여자 위' 체위만을 고집하기도 하고, 편안하게 남성이 리드하는 섹스를 즐기는 여성은 '남자 위' 체위를 더 좋아합니다.

이렇게 성기의 크기와 모양을 비롯해 성격과 좋아하는 성향도 모두 다른 남녀가 최고의 성적 만족을 경험하기 위해 찾아야 하는 것, 그게 바로 체위입니다. 그렇게 찾아낸 체위는 굳이 다른 것으로 바꾸려고 애쓸 필요가 없습니다. 두 사람 모두에게 '최선'의 체위이니까요. 그럼 지금부터 가장 기본이 되는 체위 다섯 가지를 살펴보겠습니다.

남자 위 체위

흔히 정상위(正常位)라고 부르는 이 체위는 여자가 위를 바라본 채로 눕고 남자가 여자를 바라보고 엎드린 채 삽입하는, 자연계에서는 찾아볼 수 없는 체위입니다. 단점도 많고 남성과 여성 모두의 성적 만족도 면에서도 그다지 바람직하지 않은 체위입니다. 그럼에도 이 체위에 '정상'이라는 말이 붙고 가장 많이 사용되는 이유는 아마 오랜 기간 이어져온 남성 중심 사회가 만들어낸 하나의 문화나 습관이어서가 아닐까 싶습니다. 저는 이 체위에 정상이라는 단어를 붙이지 않습니다. 정상이 될 자격이 없으니까요. 그냥 '남자 위' 체위 정도가 가장 적당할 것 같습니다.

이 체위는 클리토리스 자극이 다소 어렵습니다. 남성의 음경이 위에서 사선으로 내려오며 삽입되는 자세여서 질 위쪽 지스팟이나 클리토리스를 자극하기 어렵기 때문입니다. 따라서 이 체위로 여성이 질 오르가슴을 경험할 가능성은 낮습니다.

또 이 체위는 남자가 여자를 애무하기 어려운 체위입니다. 남자의 몸이 여자의 몸 위로 무너지지 않으려면 양손으로 바닥을 지탱하고 버텨야 하며, 왕복운동을 하려면 두 다리 역시 바닥을 지지하고 있어야 하니까요. 두 손은 사용이 어렵고 남녀의 키 차이 때문에 남성의 혀로 여성의 가슴을 애무하기도 어렵습니다. 애무를 즐기는 남성이라면 두 손이 묶여 있으니 즐거움을 얻을 방법이 없습니다. 여성도 클리토리스 자극이 적다는 점을 생각하면 결론적으로 이 체위는 남녀 모두에게 큰 혜

택이 없는 지극히 '바람직하지 않은 체위'입니다.

다만, 남성이 주도적으로 음경을 삽입할 수 있고, 왕복운동의 강도와 속도를 마음껏 조절할 수 있다는 점에서 일부 남성은 선호하는 체위입니다. 이 체위에서 여성이 좋은 점은 아무것도 안 한 채 누워 있을 수 있어서 몸이 편하다는 점 정도일 것 같네요. (물론 남자 위 체위에서 더 강한 쾌감을 경험하는 여성도 있습니다.) 또한 '뒤에서' 체위에 비하면 이 체위는 그나마 남녀가 서로의 얼굴과 눈을 바라본 채 감정을 나누며 섹스할 수 있다는 장점이 있습니다. 이것이 자연계의 일반적인 교미와 인간의 섹스의 근본적인 차이입니다. 자연계는 종족 번식이 우선이지만 인간은 성적 쾌감이 우선이니까요.

남자 위 체위의 변화된 형태로는 남녀 모두 다리를 일자로 뻗은 체위, 여자는 양 무릎을 세우고 남자는 무릎을 꿇은 체위, 남자의 어깨 위에 여자의 다리를 얹은 체위, 여자가 두 다리로 남자의 허리를 감싸는 체위 등이 있습니다. 자궁경부처럼 질 깊숙한 곳의 자극에 민감하거나 다소 비만한 여성은 다리를 넓게 벌리거나 하늘로 들어 올릴수록 음경이 질 깊이 들어올 수 있어 쾌감을 느끼는 데 더 좋습니다. 또 출산 등의 이유로 질이 다소 넓어져 고민이라면, 두 허벅지를 꼭 붙이면 질의 폭이 줄어드는 효과와 동시에 음경을 조이는 효과도 있습니다. 반대로 조루가 심한 남성과 섹스하는 여성이라면 가능한 다리를 넓게 벌려주는 것이 좋습니다.

여자 위 체위

남자가 위를 보고 눕고 여자가 남자 배 위에 무릎 꿇고 올라타 삽입하는 체위입니다. 여자는 남자의 어깨나 어깨 근처를 손으로 짚고 몸을 앞으로 기울이거나, 마치 말을 탄 듯이 허리를 수직으로 편 채 올라타 음경을 삽입하고 움직이면 됩니다. 또 허리를 뒤로 약간 젖힌 채 팔로 남자의 허벅지를 짚고 지탱하면서 움직이는 자세도 가능합니다.

이 체위는 오르가슴을 쉽게 느낄 수 있어 여성들이 가장 선호하는 체위입니다. 삽입 후 본인이 원하는 깊이와 속도로 왕복운동을 주도할 수 있고, 골반을 다양한 방향으로 움직여 클리토리스를 압박할 수 있으며, 본인에게 가장 강렬한 자극이 오는 삽입 자세와 방향을 스스로 찾을 수 있기 때문입니다. 여성들이 잊지 않아야 할 점은 이 체위가 여성의 오르가슴에 좋은 이유는 왕복운동이 아니라, 마찰운동이기 때문이라는 것입니다. 음경을 삽입한 채 단순히 위아래(중력 방향)로 몸을 움직여 왕복운동을 하는 게 주목적이 아니라, 음경을 질에 넣은 채 다양한 방식으로 클리토리스를 압박하고 질 내벽을 마찰하는 게 주목적입니다.

이 체위는 남성에게도 편안하고 행복한 체위입니다. 남자 위 체위처럼 땀 뻘뻘 흘리며 힘들이지 않아도 편하게 누워서 섹스를 즐길 수 있고, 자유로운 두 손으로 파트너의 가슴이나 엉덩이, 허벅지 등을 마음껏 애무하면서 행복을 느낄 수 있다는 장점이 있습니다. 다만, 남자 위 체위에서 주도적으로 사정을 조절하던 남자들은 자칫 자신의 의지와 상관없이 사정에 이르게 될 수 있으니 조심해야 합니다.

뒤에서 체위

여자가 팔과 다리로 지탱해 엎드리고 남자는 여성의 엉덩이 쪽에서 삽입하는 자세입니다. 남성의 허리와 팔을 동시에 사용할 수 있어서 자칫 왕복운동이 격렬하게 이루어질 수 있습니다. 모든 체위 중 음경을 가장 깊이 삽입할 수 있는 체위이므로 여성이 원하지 않는 한 너무 강하고 빠른 왕복운동은 자제하는 것이 좋습니다. 이 체위를 할 때 듣는 여성의 신음은 통증이 만드는 것일 수도 있으니까요.

'뒤에서' 체위는 남성들이 꽤 선호하는 체위입니다. 공격이나 제압보다는 상대와의 교류에 관심이 많은 여성은 이해하기 어려운 감정일수도 있지만, 엎드린 파트너를 뒤에서 공략하는 자세 자체가 남성에게는 '상대를 제압했다.'라는 정복감을 줍니다. 따라서 마음이 여린 남자, 사회생활에서 스트레스를 많이 받거나 매사에 의기소침한 남자, 아내보다 경제적 능력이 떨어지는 남자에게 연인이나 배우자가 이 자세를 유도한다면, 남성의 기를 높여주는 좋은 전략이 될 수도 있습니다. 또 이 체위는 여성의 풍만한 엉덩이 곡선을 강조해줌으로써 시각적 자극에 약한 남성의 성욕을 높여줍니다.

반면, 동물 등 자연계에서 흔하게 볼 수 있는 체위인 점과 눈을 마주보며 소통하기 어려운 체위라는 점에서 여성들은 대개 이 체위에 심리적인 거부감을 보입니다. 이 체위의 또 다른 단점은 삽입 각도상 클리토리스 자극이 거의 불가능하다는 것입니다. 따라서 클리토리스 자극에 민감한 여성이 이 체위를 즐기려면, 남성이 왕복운동을 할 때 자신의 손으로 직접 클리토리스를 자극해주면 좋습니다.

여성의 행위가 다분히 수동적으로 보이는 면이 있어서 많은 여성이 그다지 좋아하지 않는 체위지만, 작은 변형만으로도 얼마든지 능동적인 행위를 할 수도 있습니다. 예를 들어 남성의 왕복운동 중에 엉덩이의 각도와 위치에 변형을 주면 좀 더 강한 자극을 만들 수 있습니다. 침대나 식탁, 소파 등의 모서리를 잡고 앉거나 서서 엎드릴 수도 있는데, 이때 압박 자위할 때처럼 자연스럽게 클리토리스에 압력을 가하면 섹스와 자위를 동시에 경험하는 놀라운 쾌감을 얻을 수도 있습니다.

변형 체위로는 여자가 양팔을 좌우나 머리 위로 벌린 상태에서 바닥에 얼굴과 상체를 최대한 밀착시키고, 엉덩이를 한껏 하늘로 추어올려 좀 더 편안하게 엎드린 상태에서 섹스를 즐기는 방법이 있습니다. 남녀가 모두 엎드려 살과 살이 닿는 면(남성의 배와 여성의 등)을 최대한 넓히면 힘들이지 않고 편안하게 섹스를 할 수 있습니다. 이 체위는 성감에도 좋습니다.

69 체위

69 체위는 남성은 하늘 보고 눕고 여성은 그 위에 엎드리되 서로의 성기에 얼굴이 닿을 수 있는 형태를 만드는 체위입니다. 서로의 성기를 동시에 오럴 애무해줄 수 있다는 점에서 가장 섹시한 체위입니다. 어느 한 사람에게 편중되지 않고 남녀 모두 오럴 애무를 즐길 수 있다는 점

에서 평등한 체위이기도 합니다.

성기 애무에 집중되므로 애무의 강도가 매우 강합니다. 애무 초반보다는 한참 애무가 무르익었을 때 전환하면 좋은 체위지만, 사실 오럴 애무의 감각을 제대로 느끼고 싶다면, 자세는 유지하더라도 실제 애무는 동시에 하지 말고 번갈아가면서 하는 게 좋습니다. 아무래도 상대의 성기를 애무할 때는 (어떻게 해줘야 하는지를 생각하느라) 뇌가 작동하는데, 그렇게 뇌를 사용하면 상대가 내게 해주는 애무를 있는 그대로 느끼기 어렵기 때문입니다. 한 사람이 오럴 애무를 할 때 받는 사람은 눈앞에 펼쳐진 연인의 성기를 감상하면 시각적으로도 성적 흥분을 한껏 끌어 올릴 수 있습니다.

C.A.T 체위

C.A.T 체위는 전 세계 의사, 성 학자가 공통으로 추천하는 체위로 남녀 모두에게 오르가슴을 주는 가장 이상적인 체위입니다. C.A.T는 고양이가 아닌 Coital Alignment Technique(성교정렬기술)의 약자입니다.

다음은 구체적인 실행 6단계입니다.

1) 반드시 사전에 서로 춘분히 애무합니다.
2) 평소처럼 삽입한 상태로 남자의 몸은 최대한 남녀 모두의 머리 방향으로 올라갑니다.
3) 남녀의 몸 전체를 최대한 밀착시킵니다.

4) '골반만을 움직여' 한 번은 여성이 올리고 한 번은 남성이 누릅니다.

5) 특히 남녀의 음모 부위는 밀착 후 어떤 움직임에도 떨어지면 안 됩니다.

6) 평소의 움직임과 전혀 다른 '수직 방향(중력 방향)'의 움직임입니다.

C.A.T 체위가 가장 이상적인 이유는 압력을 통해 클리토리스에 성적 자극을 크게 주기 때문입니다. 하지만 단지 여성의 성적 쾌감만을 높여주는 체위라면, 남녀 모두에게 가장 바람직한 체위로 추천하지는 않겠죠. 클리토리스가 압박된다는 것은 여성이 오르가슴에 오를 가능성이 크다는 것을 의미합니다. 여성이 오르가슴에 오르면 자신도 모르게 질 근육의 수축과 이완을 반복합니다. 그렇게 반복되는 수축과 이완을 음경 전체로 느끼면, 남성은 굳이 질에 음경을 넣었다 뺐다 하는 왕복 운동을 하지 않고 가만히 질 내부에 머물러만 있어도 엄청난 쾌감을 경험할 수 있습니다. "조여준다."라는 말이 이해되지 않았던 남성이라면 C.A.T 체위를 꼭 해보세요.

흔히 여성의 질이 "헐겁다."라고 표현하며 배우자나 연인 탓을 하는 남성들이 있는데 그들은 자신도 모르게 "난 여성을 흥분시키지 못하는 남자입니다."라는 자기 고백을 하고 있는 것입니다.

2

강하고 빠른 왕복운동보다 더 중요한 것은
삽입의 방법입니다

섹스하고 하루 이틀 정도는 질 입구가 너무 쓰라립니다. 종종 피부가 까져서 피가 살짝 묻어나기도 하고요. 그리고 가끔은 섹스 후 소변볼 때 약간의 출혈이 있고, 계속 간지럽고 시도 때도 없이 화장실에 가고 싶기도 합니다. 병원에 갔더니 방광염이라고 하네요. 아프고 방광염에 잘 걸리는 것만 빼면 남자 친구와 좀 더 자주 관계를 갖고 싶은데 뭐가 문제일까요?

보내주신 사연을 읽으면서 많이 안타까웠습니다. 섹스는 서로 행복하려고 하는 건데, 섹스 후 아프다면 왜 그 행위를 계속해야 할까요.

섹스 후 질 입구가 쓰라린 가장 큰 원인은 잘못된 음경 삽입 때문입니다. 남성 대부분은 삽입 후 왕복운동을 빠르고 강하게 해야 여성이 쾌감을 느낀다는 잘못된 고정관념을 가지고 있습니다. 남자 친구에게 이런 패턴이 있다면 앞으로는 빠른 왕복운동을 저지한 후 아주 천천히, 부드럽게 들이오고 나가노록 유도하시기 바랍니다. 그 과정에서 쾌감을 느낀다면 많은 애액이 흘러나와서 쓰라림을 방지할 수 있을 것입니다.

삽입은 무조건 천천히,
부드럽게 해야 합니다

야동은 부작용이 많은 매체입니다. 가장 심각한 부작용은 '엉터리 성교육 선생님' 역할을 하고 있다는 것입니다. 섹스하는 장면이 등장하는 일반 영화도 마찬가지입니다.

상업적인 매체에서 가장 피하고 싶어 하는 건 바로 '지루함'입니다. 초반 5분의 강렬함이 영화를 볼지 말지 결정한다고 믿는 것이나, 제작사가 깊이 관여하면 감독의 애초 의도와는 다르게 지루한 장면을 최대한 편집하게 되면서 작품성에 영향을 받아 차후 '감독판'이 만들어지는 것도 모두 그런 이유 때문입니다.

따라서 야동이나 일반 영화 속 섹스 장면은 언제나 빠르고 열정적입니다. 삽입까지 가는 데도 시간이 얼마 걸리지 않을 뿐 아니라(애무가 짧을 뿐 아니라), 삽입하고 나서는 엄청나게 빠른 속도로 왕복운동을 합니다. 속도에 맞춰서 신음도 빨라지고 신음과 왕복운동이 만드는 소음이 극에 달할 즈음 남자배우는 사정하며 쓰러지죠. 학교에서 '제대로 섹스하는 법'을 배운 적이 없는 젊은 남성들은 영상을 보며 끄덕입니다.

"아~ 섹스는 저렇게 하는 거구나."라고 말입니다.

여성 하반신의 해부 단면을 보면 (음경이 삽입되기 전) 평상시 질의 모습을 확인할 수 있습니다. 일부 남성들은 여성의 질이 구멍이 뻥 뚫려 있는 '관'의 형태라고 생각하는데, 사실 여성의 질은 '촉촉하고 부드러운 점막이 거의 빈틈없이 서로 붙어 있는 틈의 형태'입니다. 여기서 '틈'

은 살들이 서로 맞닿아 공간을 찾기 힘든 구조라는 뜻입니다.

섹스에서의 삽입은 이렇게 공간이 거의 없는 틈을 음경이 밀고 들어오는 행위입니다. 음경은 꽤 커다란 신체 조직이지만, 질은 신축성이 좋아 음경의 두께만큼 충분히 벌어지죠. 그래서 질에 삽입된 음경의 겉피부와 질의 점막은 맞닿아 있습니다. 이렇게 공간이 거의 없는 틈으로 단단한 무언가를 밀어 넣으니 아무리 애액이 윤활 역할을 한다고 해도, 그 과정이 빠르고 거칠다면 기분이 좋을 수 없습니다. 또 빠르게 들어갔다 나왔다를 반복한다면 여성의 질 점막이 음경의 두께감이나 재질, 형태 등을 느낄 겨를이 있을까요? 여성뿐만 아니라 남성 역시 그 부드러운 질 점막을 느낄 수 없습니다.

지금, 오른 손바닥으로 왼 손등을 닿을 듯 말 듯 아주 천천히 스쳐보세요. 찌릿찌릿하면서도 아주 기분 좋은 감각이 느껴지나요? 오른 손바닥에는 왼 손등의 거친 느낌이, 왼 손등에는 오른 손바닥의 부드러움이 느껴지나요? 이번에는 두 부위를 단단하게 밀착한 후 아주 빠르고 힘있게 마찰해보세요. 오른 손바닥이나 왼 손등 모두 얼얼하지 않나요? 천천히 스칠 때와 비교했을 때 짜릿한 느낌이 있나요? 부드러운 피부 감각이 느껴지나요?

제가 드리고 싶은 이야기는 이것입니다. "삽입은 무조건 천천히, 부드럽게 하십시오." 많은 전문가들은 이 문장을 하나의 공통된 단어 '슬로우 섹스'로 표현합니다.

3

미칠 듯 행복한 몸의 대화, 슬로우 섹스 A to Z

혼자 자위를 하거나 남자 친구가 손으로 클리토리스를 만져주면 쾌감이 오긴 하는데, 삽입에서는 아직 한 번도 쾌감을 느낀적이 없습니다. 그냥 "아, 남자 친구의 성기가 왔다 갔다 하는구나." 하는 느낌만 나요. 오르가슴까지는 바라지도 않고 그냥 삽입에서 무엇이라도 좀 느끼고 싶습니다. 제가 성욕이 많은 편이라 적극적으로 여러 가지 체위도 해봤는데 삽입에서는 쾌감이 느껴지지 않습니다. 제 질이나 클리토리스의 구조가 뭔가 잘못되어서 삽입에서 아무것도 안 느껴지는 걸까요? 성욕은 많은데 느낌을 모르니 진짜 미치겠습니다. 평생 삽입 섹스의 쾌감을 모를까 봐 두렵습니다. 어떻게 해야 할까요?

남들은 다 느끼는데 나만 그렇지 못하다고 생각하는 것 같아 무척 안타깝습니다. 하지만 실제 삽입 섹스만으로 오르가슴을 경험하는 여성은 7%에 불과합니다. 그러니 나에게 무슨 문제가 있다고만 생각하지 않았으면 좋겠습니다. 이렇게 많은 사람들이 같은 상황을 경험한다면 분명 원인이 있는 법입니다.

　물론 삽입 섹스로 쾌감이 느껴지지 않는 가장 큰 원인 중 하나는 질과 클리토리스의 거리입니다. 거리가 가까울수록 음경이 클리토리스를 간접적으로 자극할 가능성이 커지니까요. 또 다른 원인은 바로 삽입의 방법입니다. 앞서 말씀드렸듯이 잘못된 방법으로 삽입하면 쾌감은커녕 통증만 경험할 수 있습니다.

질과 귀두도
키스를 좋아합니다

　여성의 몸이 충분히 흥분되었다면, 혈액이 몰려들어 클리토리스는 한껏 부풀어 오르고 자궁은 적당히 뜨거우며 질은 미세하게 떨리고 있을 것입니다. 그 순간 귀두 끝을 가만히 질 입구에 갖다 대면 미세한 질의 떨림과 따뜻함을 느낄 수 있을 정도죠. 마치 입술과 입술이 천천히 맞닿을 때 상대 입술의 부드러움과 미세한 떨림을 느낄 수 있는 것과 같습니다. 질 입구에는 귀두 끝의 감촉과 단단함이, 귀두 끝에는 질 입구의 부드러움이 느껴지면서 서로의 미세한 떨림도 함께 느껴질 것입니다. 갑자기 쑥 밀고 들어가는 게 아니라 그렇게 질 입구와 귀두가 서로 맞닿은 채 한참을 키스만 해보세요. 아주 천천히, 서로를 음미하면서 말입니다.

이제 10분에 걸쳐 조금씩, 천천히, 부드럽게 삽입해볼까요?

삽입도 결코 서두를 필요 없습니다. 음경 전체가 질에 다 삽입될 때까지 10분 정도 걸린다는 생각으로 아주 천천히, 느리게 들어가면 됩니다. "10분이요?" 하고 놀랄지도 모르겠네요. 한 번의 삽입이 10분이라는 게 아닙니다. 귀두의 끝과 자궁경부가 만나는 '가장 깊은 삽입'을 하는 시점이 10분이라는 이야기입니다.

우선 천천히, 아주 천천히 음경의 끝부분만 질에 들어가보세요. 귀두 전체가 아니라 귀두의 아주 끝부분만 들어가면서 질을 조금씩 열어간다는 느낌으로 말입니다. 그렇게 조금 들어갔다면 그대로 멈춰보세요. 남성은 귀두 끝에 전달되는 질 내부의 부드러운 점막이 느껴질 겁니다. 여성은 질 입구로 들어오는 음경의 단단함과 두께감이 느껴질 테고요. 아마 자신도 모르게 저절로 신음이 터져 나올지도 모릅니다. 빠르게 삽입하고 왕복운동을 했을 때는 느낄 수 없었던 감각이니까요. 그 작고 소중한 느낌 하나하나를 내 온몸의 감각신경으로 느껴야 합니다.

여성의 몸이 충분히 흥분되어 있다면 그 상태에서도 질의 움찔거림이 느껴질 것입니다. 마치 빨리 들어오라고 유혹의 손짓이라도 하는 것처럼 말입니다. 하지만 아직 멀었습니다. 이 좋은 기분을 두고 그대로 밀고 들어갈 수는 없죠.

그 상태에서 다시 아주 천천히 빠져나와보세요. 질에서 음경이 나오는 순간에도 남성은 귀두 끝이 질 입구로 감싸지는 느낌을, 여성은 음경이 빠져나가면서 질이 원래대로 돌아오는 것을 느낄 수 있을 겁니다. 나 갔다고 멀리 가지는 마세요. 다시 질 입구로 돌아와 질 입구와 음경의 키스를 진행하면 됩니다. 그러다 이번에는 다시 아주 조금만, 하지만 아까 보다는 아주 조금 더 깊이, 그리고 아주 천천히 달팽이처럼 느리게 들어 가보겠습니다. 그렇게 10분에 걸쳐 조금씩 더 깊이 들어가는 것입니다.

이번에는 귀두 전체 다 들어가볼까요?

귀두의 두께와 음경 몸체의 두께가 다르므로 귀두가 질 입구로 들어가면, 귀두가 질에 의해 단단하게 물리는 느낌이 들 겁니다. 이 느낌이 바로 진짜 '꽉 조여주는 느낌'입니다. 빠르게 왕복운동을 하면서 뜬금없이 조여주는 느낌을 기대하지 마세요. 마찰로 다 벌려놓았는데 조여주는 느낌이 어떻게 오겠습니까. 질 입구가 내 귀두를 단단하게 물고 있을 때 진정한 '조여주는 느낌'을 감각할 수 있습니다.

남자는 귀두를 감싸는 질 입구의 미세한 움직임과 감촉을, 여자는 내 몸에 들어온 귀두 부분의 굵기와 단단함을 오직 질의 감각으로만 느낄 때 (또한 여성의 몸이 이전의 애무 과정에서 충분히 흥분되어 있다면) 여성은 '나도 모르게 질 근육이 수축과 이완을 반복하는' 놀라운 경험을 할 수 있을 것입니다. 일부러 의도하지 않아도 내 몸이 알아서 성적 쾌감을 만들어내기 위해 노력하는 것이므로, 그저 그 반응에 내 몸을 맡기면 됩니다. 굳이 섹스 중에 억지로 질을 조였다 푸는 케겔 운동을 하지 않아도 된다는 뜻입니다.

자연스러운 수축과 이완은 남성에게 여성이 입으로 음경을 약하게 빨아들인 후 살짝 물었다가 다시 놓아주는 것과 같은 놀라운 감각을 선사합니다. 이 느낌은 슬로우 섹스가 아니라면 결코 경험할 수 없는 엄청난 선물입니다. 이 느낌에 중독되면 연인에게 오럴 애무를 해달라고 조르는 일도 없을 것입니다.

순간순간 느껴지는 모든 감각에 집중한다면 이 10분은 남녀 모두에게 최고의 경험을 선사할 것입니다. 매 순간 느끼는 감각 하나하나가 너무도 소중할 테니까요. 특히 남자에게 이 10분은 조루에 관한 걱정은 손톱만큼도 하지 않고 마냥 느낄 수 있는 시간입니다. 그러니 이젠 어디가서 삽입 시작하고 20~30분은 기본으로 한다고 말해도 됩니다. 과연 그 말이 허풍일까요? 이처럼 남녀 모두 온몸으로 쾌감을 경험하는 소중한 시간인데 말입니다.

이렇게 소중한 느낌을 무시하고 무작정 밀고 들어가는 것은 섹스에서 얻을 수 있는 가장 큰 쾌감을 무시하는 것과 같습니다. 빠질 때의 느낌과 다시 들어올 때의 느낌 모두를 아주 세밀하게 뇌에 새겨 넣고 매번 그 느낌을 비교해보세요. 할 때마다 조금씩 다르다는 사실에 더욱 놀랄 것입니다.

이제 드디어
다 들어가보겠습니다

아주 천천히 점점 깊게 들어갔다가 그대로 멈추고, 질의 움직임을 느끼다가 다시 천천히 나가고, 그러다 다시 천천히 들어가세요. 그때마다 여성은 음경의 굵기와 단단함과 부드러움, 묵직한 음경이 내 질 안에 들어와 꽉 차 있는 느낌, 나갈 때 귀두의 돌출 부분이 질 벽을 쓰다듬는 느낌 등을 하나도 빼놓지 않고 느껴보세요. 남성은 질의 모든 깊이에서 질 점막이 나의 음경을 어루만지는 느낌, 그 부드러운 감각과 따뜻한 쾌감 모두를 뇌에 깊이 새겨두세요.

이렇게 천천히 진행하다 보면 귀두의 끝이 자궁경부와 거의 닿을 만큼 깊이 들어가기까지 아마 20분도 짧을지 모릅니다. 그게 진정한 슬로우 섹스입니다. 둘의 몸 세포 하나하나를, 내쉬는 깊고도 따뜻한 호흡 모두를, 온전히 경험하며 천천히 하나가 되는 과정 말입니다.

슬로우 섹스의 끝이 빠른 왕복운동일 필요도 없습니다. 나의 질로 그의 음경을 천천히 어루만지다 보면 어느새 그도 충분히 흥분하게 될 테니까요. 남성 역시 사정을 목적으로 갑작스럽게 왕복운동으로 들어가지 않아도 됩니다. 그건 내가 경험할 수 있는 엄청난 쾌감을 스스로 포기하는 자해 행위일 뿐입니다. 슬로우 섹스의 쾌감을 충분히 즐기다 자신이나 연인이 섹스를 끝내고 싶어 할 때, 서로 충분히 만족했을 때, 그때 사정하면 됩니다.

슬로우 섹스에는
또 다른 장점이 많습니다

슬로우 섹스가 주는 또 다른 장점 첫 번째는 조루 방지입니다. 자위하는 남성은 알 것입니다. 초반에는 빠르지 않게 움직이다가 갑자기 손 운동이 빨라지는 시점이 있다는 것을 말입니다. 남성들은 사정감이 차오르면 쾌감을 더 강하게 하려고 손 운동이 점차 빨라집니다. 그러고는 사정하죠. 쾌감을 높이기 위한 행위이지만 반대로 말하면 손 운동이 빨라지면서 사정이 촉발되기도 합니다. 사정감이 느껴지는 그때 손 운동을 멈추고 가만히 음경을 쓰다듬기만 해보세요. 조금 시간이 지나면 사정감도 약해지는 것을 느낄 수 있을 겁니다.

슬로우 섹스도 마찬가지입니다. 이토록 천천히 섹스하는 데도 사정감을 급하게 느끼는 남성은 거의 없습니다. 쾌감은 더 좋은데 조루 걱정도 하지 않을 수 있다니 이거야말로 일거양득 아닐까요. 조루인 체질이나 몸이 있는 것이 아니라 조루가 될 수밖에 없는 섹스를 하고 있었던 것입니다. 그럼에도 여전히 빠르고 강한 왕복운동을 고집하겠습니까?

두 번째 장점은 여성의 통증과 방광염이 줄어든다는 것입니다. 누군가에게 두들겨 맞아본 사람은 압니다. 맞은 부위는 맞을 때만 아픈 게 아니라 끝나고 나서도 한동안 얼얼하다는 것을 말입니다. 통증을 느낄 만큼 거칠고 빠른 섹스를 한 뒤 한동안 질 내부와 입구가 얼얼한 느낌이 지속되거나 복통을 경험하는 여성이 꽤 많습니다. 즐겁고 행복하고 싶어서 하는 행위로 통증을 얻는다면 그 행위를 계속할 이유가 있을까요?

또한 삽입 후 거칠고 빠른 음경의 왕복운동은 여성의 신체 구조상 불가피하게 요도를 자극하게 됩니다. 자극받은 요도는 부어오를 수밖에 없고 부어오른 요도 때문에 배출되지 못한 소변 일부가 고인 방광에는 염증이 생깁니다. 섹스 후 방광염으로 자주 고생하는 여성은 연인과의 섹스 방법을 되돌아볼 필요가 있습니다.

남성, 여성 모두에게
다시 한 번 부탁드립니다

남성 여러분,

단순히 성욕이나 사정에만 집중하여 아주 작고 미세한, 순간순간 느낄 수 있는 삽입의 즐거움을 놓치지 마세요. 섹스는 몸의 대화이고 행복하기 위해 하는 행위이니까요. 섹스하는 모든 순간은 미칠 듯이 행복해야 하고, 상대의 아주 작은 떨림에도 집중해야 합니다. 여러분이 그토록 소중하게 파트너의 몸을 대할 때 상대는 '사랑받고 있다.'라는 감정을 경험합니다. 여성이 섹스하고 싶어지는 순간 1위는 '내가 사랑받고 있다고 느낄 때'거든요.

여성 여러분,

지금 나의 연인이 빠르고 강하게 하는 것은 '몰라서 또는 서툴러서'일 가능성이 큽니다. 실망하거나 질타하지 말고 천천히 부드럽게 할 수 있도록 리드해주세요. 서둘러 들어오려고 하면 살짝 어깨를 밀어내면서 천천히 들어오라고 말하고, 필요하면 내 손으로 그의 엉덩이를 쥐고 아주 천천히 움직여보세요. 기분이 좋아지는 각도와 세기로 말입니다. 빨리 들어오려고 하면 엉덩이를 뒤로 빼고, 사정하려고 하면 질에서 나오게 한 뒤 아주 천천히 음경과 음낭, 회음부를 애무해주세요. 그러면 남성의 사정감이 사그라지고 섹스는 다시 시작될 겁니다. 섹스는 둘의 교감이어야 하니까요.

지피지기면 백전백승,
알아야 오래
세운다!

4

조루와 발기부전

1

20대인데
조루를 걱정하고 있다면

안녕하세요. 20대 남자입니다. 다름이 아니라 제가 조루인 거같아서요. 얼마 전 여자 친구와 첫 경험을 갖게 되었어요. 서로 애무해주다 충분히 달아오른 거 같아서 콘돔을 끼고 삽입을 하려고 하는데 처음이라서 질 입구를 잘 찾지 못했습니다. 그러다 여자 친구의 몸에 귀두를 약간 비비게 되었는데 그대로 밖에다 사정을 해버렸어요.

여자 친구가 괜찮다고 말해줘서 그날은 그냥 넘어갔지만, 계속 걱정이 되어서 인터넷을 찾아보니 처음엔 너무 흥분해서 그럴 수 있다고 하더라고요. 그런데 얼마 전에 다시 관계를 했는데 이번에는 삽입 후 몇 번 왕복운동하다 또 사정을 해버렸어요. 제 문제인지 여자 친구의 문제인지 확인하고 싶어서 성매매 업소에도 찾아갔는데, 역시나 삽입 후 얼마 안 돼서 사정을 했습니다. 처음엔 그럴 수도 있다고 생각했는데 지금은 조루를 걱정하고 있습니다. 저 어떡하죠? 이렇게 제 인생 끝나는 건가요? ㅠㅠ

사연 주신 분이 경험했을 감정, 백번 이해합니다. 발기가 되지 않거나 의도와 다르게 사정을 하는 경험은 남성의 자존심에 깊은 상처를 남기니까요. 하지만 너무 심각하게 고민하지 않았으면 좋겠습니다. 사연 주신 분의 상황에서는 조루가 아닌 게 더 이상하니까요.

젊음은 흥분과 열정 그 자체입니다. 그래서 청춘이 아름다운 것입니다. 20대면 성생활은 이제 막 시작이고, 많은 정보를 알고 있다 해도 아직 경험은 부족할 것입니다. 그러니 너무 조급하게 판단하거나 쉽게 절망하거나 고민에 빠지지 않았으면 합니다. 익숙하지 않은 일을 할 때는 실수를 하는 게 더 자연스러운 법이니까요. 경험이 반복되면서 점차 나아지고 단단하게 다져질 일입니다. 절대 일희일비하지 않아도 됩니다.

이제 막 시작한 성생활에서의 빠른 사정은 대개 조루가 아니라 과도한 흥분이 원인입니다. 가장 열정적인 나이에 최고로 흥분되는 순간을 만났는데 어떻게 몸이 평화로울 수 있겠습니까? 지금은 이성과의 성관계가 낯설고 긴장되어서 바라보기만 해도 가슴이 뛰고 온몸이 흥분될 것입니다. 사정의 시작은 뇌가 보내는 신호인데, 내 뇌의 상태가 그러하니 사정 조절이 쉬울 리 없습니다. 하지만 관계가 반복되면서 뇌가 이런 상황에 익숙해지면 점차 여유가 생기는 자신을 발견하게 될 것입니다.

특히 성매매는 그 자체로 불법이기도 하지만 조루와 관련해서는 최악의 자해 행위입니다. 성매매 업소를 찾는 남자들은 종종 업소에서 만나는 여성들을 '연인'으로 착각하지만, 이 행위는 단연코 물물거래입니다. 돈을 받고 육체 일부의 사용을 제공하는 것이지 연애하는 것이 아니라는 뜻입니다. 성매매 업소에서 일하는 여성에게 시간은 곧 돈입니다. 따라서 섹스 중 그녀가 지르는 신음, 행동은 거의 의도적이며 그녀의 목적은 단 하나, 빨리 사정하게 한 후 다음 손님을 받는 것입니다. 그러니 성매매 업소에서의 경험으로 조루를 판단하는 건 완벽한 자해 행위일 뿐입니다.

"나는 결코 조루가 아닙니다."라고 말할 수 있는 사람이 얼마나 될까요?

아마 절반도 되지 않을 듯싶습니다. 실제 조루는 기준이 모호하고, 많은 남성이 조루에서만큼은 완벽하게 자유롭지 못합니다. 그런데 조루가 정말 신체적인 문제일까요?

남녀 흥분 곡선의 차이를 들어보았을 것입니다. 남성은 흥분하기 시작하여 2분이면 사정과 동시에 오르가슴을 느낄 준비가 되지만, 여성은 최소한 17분이 지나야 비로소 오르가슴에 오를 수 있다는 것을 의미합니다. 이런 정보가 남녀의 차이를 이해하는 데는 큰 도움이 되지만, 이 곡선의 실제 의미를 제대로 이해하는 사람은 많지 않은 것 같습니다. 왜냐하면 이 곡선을 본 많은 남성은 자신의 사정을 조금이라도 늦추기 위해 눈물겨운 노력을 하기 때문입니다.

조루를 극복하려는 남성의 노력은
눈물겹습니다

조루를 극복하려고 삽입 후 거세게 왕복운동하면서 동시에 애국가를 부르거나, 구구단을 외고, 숫자를 100부터 아래로 세면서 내려오기도 합니다. 이 정도는 그나마 애교로 봐줄 수 있습니다. 감각을 무디게하려고 술을 많이 마셔서 아예 발기조차 되지 않아 낭패를 보는 남성, 콘돔을 2개 착용하고 섹스하다 한 개를 여성의 질에 남겨두고 나왔다는 남성, 귀두 감각을 무디게 해보겠다고 마취 스프레이를 뿌렸다가 자신은 물론이고 여성까지도 국소마취되어 아무것도 느낄 수 없게 되어버렸다는 에피소드에까지 이르면, 그야말로 눈물 없이는 들을 수 없습니다. ㅠㅠ

남성과 여성의 오르가슴이 터지는 순간이 15분 정도 차이가 나는 것을 결코 '삽입 후 왕복운동을 반복하면서 15분을 버텨야 합니다.'로 받아들여서는 안 됩니다. 이 곡선의 의미는 그저 '15분간 여성을 충분히 흥분시키면 됩니다.'입니다. 여성을 흥분하게 하는 방법이 오직 삽입 후 왕복운동뿐인가요? 오히려 삽입 후 왕복운동은 여성의 흥분과 전혀 무관하다고 앞서 말씀드렸습니다. 그렇다면 수많은 애무 방법을 통해 내가 사랑하는 여성과 스스로에게 15분간 흥분과 쾌감을 선사하면 될 일입니다.

2

일상생활에서 조루를 극복하는
세 가지 방법

남자 친구는 첫 번째 관계 시 엄청 빨리 사정합니다. 삽입 후 열댓 번만 움직여도 바로 사정해버립니다. 이것만 보면 조루 같은데 그 후 두 번째 관계를 하면 보통 20~30분을 넘깁니다. 거의 같은 패턴입니다. 그래서 하룻밤에 섹스를 두 번 합니다. 문제는 이런 상황이 반복되니 '한 번 하고 씻고, 다시 시작하고' 의 일련의 과정이 너무 번거롭습니다. 분위기가 계속 이어지지 않으니 두 번째 할 때는 흥분도 덜하고 통증도 있고요.ㅠㅠ 전 첫 번째 관계 후에는 찝찝해서 샤워를 해야 다시 관계가 가능해요. 그러니 두 번째 관계는 아플 수밖에 없고 몸속에 있던 정액이 흘러나오는 거 같아서 집중도 안 돼요.

요즘은 첫 번째 관계 시 콘돔을 써서 버리고 바로 이어서 하거나 오럴로 제가 입으로 받아주거나 휴지에 받아냅니다. 그럼 두 번째 관계로 빨리 넘어갈 수 있으니까요. 저도 아프지 않고요. 결혼하고도 이런 상황이 반복되면 불만이 쌓일 것 같습니다. 어떻게 해야 할까요?

한 번 사정 후 다시 섹스하는 것은 일반적으로 조루인 분들이 많이 활용하는 조루 대처 방법의 하나입니다. 한 번 사정하고 나면 이어지는 두 번째 섹스에서는 사정감이 크지 않아 사정을 조절할 수 있기 때문입니다. 대개 이런 방법을 사용하는 남성은 전날이나 섹스 전에 자위로 미리 사정을 하는 경우가 많은데, 남자 친구 분은 두 번 섹스하는 걸 패턴으로 굳힌 것 같네요.

물론 사연에서 말씀하신 두 번째 방법을 활용하는 것도 큰 문제는 없습니다. 첫 번째 관계를 할 때는 삽입하지 않고 오럴로 사정을 해주는 거죠. 그러면 적어도 질이 아파서 관계가 꺼려지거나 샤워를 해야 해서 맥이 끊기는 일은 없을 테니까요. 다만, 임시방편일 뿐이어서 이 방법으로는 근본적인 조루 극복은 불가능합니다.

지금부터 몸에 나쁜 영향을 주지 않으면서 조루 극복에 도움이 되는 훈련을 몇 가지 알려드리겠습니다. 이 방식들은 돈이 들거나 몸에 해롭지 않습니다. 다만, 꼭 알아두어야 할 것이 하나 있다면 '하루아침'에 효과가 있기를 바라면 안 된다는 것입니다. 조루도 극복하고 동시에 몸도 건강하게 만드는 방법이니 1년 이상 꾸준히 지속하면 반드시 효과를 볼 수 있을 겁니다.

조루 극복훈련 하나.
세로토닌 만드는 생활을 하세요

세로토닌은 뇌의 시상하부 중추에서 분비되는, 행복한 감정을 느끼게 하는 신경전달물질입니다. 흥분, 열정, 쾌락을 느끼게 하는 도파민과 반대로 평온, 안정, 행복한 느낌을 전달하죠. 남성의 사정은 뇌에서 사정 신호를 하반신으로 내려보냄으로써 시작되는데, 이때 사정중추에 세로토닌이 풍부하면 사정 신호를 억제하게 됩니다. 결론적으로 세로토닌이 많으면 사정을 늦출 수 있다는 뜻입니다.

그러니 평소 세로토닌을 만드는 생활을 하면 조루에 조금이나마 강해질 수 있습니다. 세로토닌과 관련된 생활 수칙은 1) 잠을 충분히 자고 2) 햇빛을 풍부하게 쬐며 3) 야외활동을 많이 하고 자주 걷는 동시에 4) 자주 웃는 습관을 갖는 것입니다. 이런 행동을 지속적으로 하면 조루 극복에 도움이 됩니다.

조루 극복훈련 둘.
건강한 자위를 습관처럼 하세요

두 번째 조루 극복훈련은 앞에서도 소개한 '건강한 자위'입니다. 사정을 생략하고 발기 상태의 음경을 오랜 시간 마사지해주는 방식이죠.

향이 좋은 수용성 오일을 손에 바르고 아주 천천히 음경을 애무해주세요. 절대 세게 쥐거나 압박하면 안 됩니다. 그저 음경에 오일을 바른다는 느낌으로 천천히 만지세요. 한 손으로 해도 좋고 양손으로 해도 됩니다. 음경 전체를 손바닥으로 감싸도 좋고, 손가락 사이로 귀두가 빠져나왔다가 다시 들어가는 걸 반복해도 좋습니다. 그렇게 10분이고 20분이고 다양한 방법으로 천천히 만져주세요. 자위하는 게 아니라 그저 내 몸을 만지는 것입니다.

만약 자위 과정에서 사정감이 느껴지면, 바로 자극을 멈추고 감정을 가라앉혀야 합니다. 사정감이 잦아들면 그대로 자위를 끝내도 좋고, 다시 시작해도 좋습니다. 절대 사정까지 가지 않는 것이 가장 중요합니다. 사정하지 않고 끝내는 것이 건강한 자위를 실천하는 가장 중요한 방법이니까요.

사정을 생략한 '건강한 자위'를 자주 반복하다 보면 실제 섹스에서도 사정감이 더디게 오는 경험을 할 수 있습니다. 성적 자극에 대해 나의 몸이 적응하는 것입니다. 몸이 성적 흥분을 즐기는 것과 사정하는 것을 구분하면 내가 원하는 시점에 사정할 수 있게 됩니다.

조루 극복훈련 셋.
하체 근육을 단련하세요

골반기저근은 골반 밑부분에 위치하여 생식기와 배뇨기를 지탱해주고 그 움직임에 관여하는 근육입니다. 흔히 알려진 케겔 운동이 바로 골반기저근을 단련하는 운동입니다. 사정은 남성 생식기에 연결된 근육이 수축과 이완을 반복하면서 정액을 펌프질하는 원리로 이루어지는데, 이 운동에도 골반기저근이 관여합니다. 그러므로 골반기저근을 단단하게 해주면 사정을 조절하는 데 도움이 됩니다.

항문 조임근을 '조였다 풀었다'를 반복하는 여성 케겔 운동과 달리, 남성은 소변을 멈췄다 다시 나오게 하는 근육을 단련하는 것이 케겔 운동입니다. 케겔 운동의 방법은 인터넷에 워낙 많으니 여기에서 굳이 언급하진 않겠습니다.

골반기저근을 단련하는 또 다른 방법은 하체 근육과 코어 근육을 단련하는 것입니다. 대표적인 코어 및 하체 근육 강화 운동으로는 실내에서 하는 스쿼트, 런지, 플랭크가 있고 야외에서는 파워워킹이나 등산 등이 좋습니다. 참고로 케겔 운동이나 코어 및 하체 근육 강화 운동은 발기력 향상에도 커다란 효과가 있으니 생식기의 전반적인 기능 향상을 위해서는 조금씩이라도 매일 하길 권합니다.

조루 극복훈련과 별도로 실전에서 도움이 되는 필살기 몇 가지를 알려드리겠습니다.

첫 번째 필살기는 '슬로우 섹스'입니다. 앞에서도 언급했지만 왕복운동의 빠른 속도는 조루의 근본 원인입니다. 빠른 왕복운동은 어느 경우이든 (여성이 진심으로 원할 때만 제외하면) 무조건 불필요한 행위입니다. 그러니 슬로우 섹스를 통해 섹스의 진정한 쾌감을 경험하고 조루에서도 벗어나기 바랍니다.

만약 슬로우 섹스를 했음에도 혹은 나도 모르게 속도를 빠르게 했다가 갑자기 사정 욕구가 생겼다면 속도를 줄이거나 아예 멈추는 게 좋습니다. 질 안에 음경을 둔 채 가만히 있거나, (격정적으로 섹스하는 중이었다면 멈추어도 여성 스스로 수축과 이완을 반복하면서 오르가슴을 경험하고 있을 것입니다.) 일단 밖으로 나온 후 오럴 애무처럼 쾌감의 강도가 높은 다른 방법으로 애무를 하다가, 완전히 사정 욕구가 사라졌다는 느낌이 들 때 천천히 다시 삽입하면 됩니다.

또 다른 필살기로는 '음낭 당기기'가 있습니다. 사정 욕구가 강하게 올 때 음낭을 만져보면 작게 오그라들어 몸에 착 달라붙어 있는 것을 확인할 수 있습니다. 당장이라도 정액을 음경으로 쏘아 올리기 위한 준비 자세인 셈입니다. 음낭을 손으로 살짝 감아쥐고 몸의 반대 방향으로 조심스럽게 잡아당겨 이 준비 자세를 해제시키면 사정 욕구가 조금이나마 약해지는 것이 느껴질 것입니다. 만약 이 상태로 왕복운동을 할 수 있는 체위 유지가 가능하다면 그 상태로 왕복운동을 하는 것도 좋습니다. 여간해서는 사정감이 오지 않는 것에 놀랄지도 모릅니다.

3

발기가 잘되는
생활습관과 운동법

저는 성적 트라우마가 있는 20대 남자입니다. 제가 성적 트라우마를 갖게 된 건 여자 친구와의 관계에서 반복되었던 발기부전 때문입니다. 술을 마시고 첫 경험을 했는데 발기가 금방 풀려서 삽입하지 못했습니다. 정말 창피하고 당황스럽더군요. 평소 자위를 많이 하는데, 그땐 발기도 잘되고 금방 사정도 하고 10분 정도 지나면 또 발기되고 또 사정할 정도로 성욕이 좋습니다.

이후에 만회하려고 술도 마시지 않고 모텔에 갔는데, 또 실패하고 말았습니다. 여행을 가서 시도했던 세 번째도 실패한 뒤 여자 친구와는 헤어졌습니다. 물론 그게 헤어진 이유라고 할 순 없지만, 왠지 그게 이유인 것만 같습니다. 애무로 잔뜩 달아오른 여자 친구의 실망하는 얼굴이 잊히지 않습니다.

비뇨기과에서 심인성 발기부전이라는 진단을 받고 비아그라 처방을 받았는데, 이러다 평생 약에 의존해야 하는 건 아닌지 두렵습니다. 저 좀 도와주세요. ㅜㅜ

결론부터 말씀드리면 전혀 깊이 고민할 문제가 아니니 걱정하지 않아도 됩니다. 잠시 내 몸이 발기되지 않는 상황을 경험했을 뿐 발기부전이라는 만성적인 증상이 시작된 것은 아니라는 뜻입니다. 그 이유는 첫째, 사연 주신 분의 나이가 20대이고 둘째, "평소 자위를 많이 하는데, 그땐 발기도 잘되고 금방 사정도 하고 10분 정도 지나면 또 발기되고 또 사정할 정도로 성욕이 좋"기 때문입니다. 20대에 만성적인 발기부전이 되는 일은 거의 없습니다.

발기부전의 대표적인 원인으로는 심혈관 질환, 야동중독, 운동 부족으로 말미암은 허약체질, 수면 부족, 비만, 흡연, 음주, 파트너에 대한 심리적 위축, 과도한 스트레스, 섹스에 집중하지 못하게 하는 환경 그리고 탈모 치료제와 당뇨병의 부작용 등이 있습니다. 우선 이 중 내게 해당되는 것이 있는지 확인한 후 그 원인부터 관리해야 합니다. 6개월 이상 꾸준히 노력하면 조금씩 나아지는 것을 느낄 것입니다.

여기에 좀 더 잘 발기할 수 있도록 근본적으로 몸을 바꾸는 노력을 추가하면 더 좋습니다. 혈액순환과 하체 관리가 그것입니다.

우선 발기부전을 대하는 마음가짐부터 바꿔야 합니다

마땅히 발기되어 있어야 하는 순간에 발기되지 않는 상황은 남성에게는 정말 생각하기도 싫은 끔찍한 장면입니다. 남성에게 발기는 자존심과 같은 의미이기 때문입니다. 사실 몸의 다른 이상 신호에 반응하는 것처럼 "오늘 컨디션이 안 좋은가? 뭐 다음에는 나아지겠지." 하며 곧 털어버릴 수도 있을 것 같은데, 유독 발기부전에는 의연한 대처가 쉽지 않습니다. 불안해하니 심적 요인이 생길 수밖에 없고 이 심적 요인은 다시 다음 발기부전의 원인이 됩니다. 악순환이 시작되는 거죠.

빨리 해결하고 싶은 조급한 마음에 여기저기 알아보고 이것저것 해보다가 안 되면 곧바로 약이나 수술을 생각합니다. 영원히 능력 없는 남자가 되는 건 아닌가 싶은 불안감에 말입니다. 하지만 발기부전을 극복하는 데에는 '시간'이 필요합니다. 한 가지 방법으로 당장 발기부전에서 벗어날 거라는 기대도 버리는 게 좋습니다. 발기되지 않는 상황은 대개 내가 오랫동안 내 몸에 끼친 영향으로 인한 것이기 때문입니다. 원인이 오랫동안 축적되었다면 해결에도 그만큼의 시간이 필요합니다.

몸이 허약해서 주먹을 휘둘러도 싸움에서 언제나 지는 아이가 있다고 가정하겠습니다. 언제까지 이렇게 살 수는 없다고 생각한 아이는 어느 날 마음먹고 합기도장에 다니기 시작합니다. 아이가 왜 합기도장에 다니게 됐는지 알게 된 관장님은 이 아이가 합기도장을 오래 다녔으면 하는 마음에 '싸움의 기술' 몇 가지를 알려줍니다. 그렇게 몇 달간 '싸움의 기술'을 배운 아이는 익힌 기술을 실전에 활용했고, 일부 싸움에서는 승리의 기쁨도 맛보게 됩니다. 그러자 아이는 이내 도장에 매달 내는 돈이 아까워졌고 곧 도장을 그만둡니다. 원하는 싸움의 기술은 이미 터득했으니까요. 이후 아이는 어떻게 됐을까요?

도장은 '단기간에 싸움의 기술을 익히기 위해' 다니는 곳이 아닙니다. 도장에 오래 다니면서 몸과 마음을 훈련하면, 단순히 싸움의 기술 한두 가지를 얻는 것과는 비교도 되지 않는 건강한 신체와 정신을 소유하게 됩니다. 그렇게 얻은 신체와 마음의 건강함은 아이에게 새로운 깨달음을 줄 것입니다. 주먹질하며 싸워서 이기는 승리보다 싸우지 않고도 이기는 승리가 더 효율적이고 값진 것이라는 깨달음 말입니다. 만약 인내를 가지고 도장을 꾸준히 다녔다면, 어쩌면 이 아이는 영원히 패배하지 않는 단단한 육체와 정신을 지닌 아이가 될 수도 있었습니다. 하지만 그렇지 못했던 아이는 몇 달 후 더 강한 상대를 만나 박살이 나면서 다시 자존감 바닥인 아이가 되어버리고 맙니다.

사실, 발기부전의 주요 원인 중 나에게 해당하는 원인을 하나씩 확인하며 극복 가능성을 따지는 데만도 오랜 시간이 걸릴 것입니다. 발기부전은 그런 체계적인 노력을 오랜 시간 하면서 서서히 극복해야 하는 성 기능 장애입니다. 그러니 일희일비하지 않고, 몸을 건강하게 만드는 방향으로 꾸준히 노력을 이어가야 합니다. 노력으로 건강해진 몸은 앞으로 그 무엇과도 바꾸지 못할 소중한 재산이 될 것입니다.

발기부전 극복, 발기의 원리부터 이해해야 합니다

발기부진을 극복하려면 우선 발기의 원리부터 이해하는 게 좋습니다. 음경의 발기는 3단계로 이루어지는데 1단계는 크기가 커지는 단계이고, 2단계는 단단해지는 단계이며, 3단계는 뜨거워지는 단계입니다. 이 모든 단계는 음경의 혈관이 확장되어 몸의 혈액 중 일부가 음경해면체로 모여든 후 빠져나가지 않고 머물면서 생기는 현상입니다. 쉽게 말하면 발기를 일으키는 건 다른 무엇도 아닌 혈액이라는 뜻입니다. 즉 '혈액순환'을 원활하게 하면 대체로 발기부전도 극복할 수 있습니다.

간혹 비아그라나 씨알리스 등의 약을 발기부전 치료제로 오해하는 분이 있습니다. 실제로 그렇게 부르기도 하니까요. 하지만 비아그라는 음경해면체 내 동맥을 확장해 더 많은 혈액을 유입시키고 유입된 혈액이 정맥으로 빠져나가지 않게 하여 일시적으로 발기가 유지되게 만들어주는 약입니다. 다시 말해 발기부전의 원인을 치료하는 약이 아닙니다. 따라서 영원히 약을 먹지 않을 거라면 발기부전약 역시 임시방편일 뿐입니다. 발기부전을 극복하는 가장 바람직한 방법은 바로 '꾸준한 나의 노력'뿐입니다.

발기부전 극복법 하나. 원활한 혈액순환

우리 몸에서 생기는 많은 반응은 혈액순환의 영향으로 발생합니다. 음식을 많이 먹으면 졸린 이유는 음식을 집중적으로 소화하기 위해 피가 위로 몰리면서 뇌에 공급되는 혈액이 부족하기 때문입니다. 또 암 환자의 체온이 정상인보다 낮은 것은 혈액이 암세포와의 전쟁에 집중되어 몸의 다른 부위에 공급되는 혈액이 부족하기 때문입니다. 다리에 하지정맥류가 생기는 이유 역시, 중력을 이겨내고 다리로부터 심장을 향해 올라와야 할 혈액이 원활하지 못한 혈액순환 때문에 중간에 고여 혈관이 부풀어 올랐기 때문입니다.

발기부전 역시 혈액순환이 원활하지 못해 생기는 증상입니다. 반신욕은 따뜻한 물에 하반신을 담금으로써 온몸의 혈액순환을 원활하게 해주는 목욕법입니다. 더운물로 확장된 혈관을 향해 온몸의 피가 더 많이 몰리고, 그렇게 하반신의 혈액순환이 원활해지면 성적 자극을 받았을 때 음경으로 몰리는 피의 양이 증가할 수 있습니다.

앞서 발기는 '음경에 혈액이 모이면서 발생하는 현상'이라고 말씀드렸습니다. 온몸으로 혈액을 힘차게 펌프질해서 보내는 심장은 가슴에 있습니다. 따라서 심장과 음경 사이의 교류를 방해하는 것이 없으면 없을수록 혈액순환에 도움이 됩니다.

손바닥 전기놀이를 할 때 손목 부위를 강하게 누르면 손바닥으로 들어오는 혈액이 차단되는 것처럼, 허리 밴드의 탄력이 강한 속옷이나 잠옷을 입고 자는 것은 원활한 하체 혈액순환에 좋지 않습니다. 물론 자면서 항상 발기하는 것은 아니니 그것이 직접적으로 발기부전의 원인이 될 수는 없습니다. 하지만 사용할수록 기능을 잘 유지하고, 사용하지 않으면 조금씩 기능이 약해지는 몸의 원리를 생각해보면, 헐렁한 옷을 입거나 하반신만이라도 벗고 자는 것이 하반신 혈액순환에는 유익합니다.

발기부전 극복법 둘.
하반신 근육 강화 운동

하반신으로 유입된 혈액을 다시 심장으로 올려 보내는 힘은 근육에서 비롯됩니다. 반대로 근육이 부실하여 혈액을 심장으로 강하게 올려 보내지 못하면 하반신에 머무는 혈액의 양이 많아지면서 하반신으로 새로운 혈액이 유입되는 순환이 원활하지 못합니다. 자전거나 트레킹, 등산, 스쿼트, 런지 등의 하반신 근육 강화 운동을 통해 지속해서 하반신 근육을 관리하면 하반신의 혈액순환 역시 원활하게 유지됩니다.

케겔 운동은 만병통치약입니다. 케겔 운동이 조루 극복에 도움이 된다는 것은 이미 말씀드렸습니다. 그런데 이 만병통치 운동은 심지어 발기부전에도 도움이 됩니다. 케겔 운동은 골반기저근을 강화하는데, 이 과정에서 음경의 뿌리 안쪽을 싸고 있는 요도 괄약근의 강화에도 도움이 되는 것입니다. 요도 괄약근을 단단하게 만들어주면, 음경에 유입된 혈액이 나가지 못하게 막아주는 역할을 하여 발기가 훨씬 단단해집니다.

다만, 주의해야 할 것은 실전 섹스에서 발기할 때도 케겔 운동하듯이 하반신에 힘을 주면 안 된다는 것입니다. 발기는 근육이 하는 것이 아니라 엄연히 음경에 유입되는 혈액이 만드는 현상입니다. 그러니 발기가 되어야 하는 순간에 하반신에 힘을 주면 오히려 음경으로 가야 할 혈액의 흐름이 차단되어 발기가 잘되지 않습니다. 발기가 되어야 할 때는 하반신의 힘을 빼고, 케겔 운동은 평소에 하시기 바랍니다.

건강한 몸이
건강한 발기를 만듭니다

방송이나 칼럼에서 의사들이 입을 모아 하는 이야기가 있습니다. 담배를 끊고 술을 줄이라는 이야기입니다. 너무 많이 들어서 이제는 그저 구호쯤으로 생각할지 모르지만 이 둘은 정말 발기의 천적입니다.

흡연은 혈관을 수축하여 음경으로 가는 혈액의 양을 줄입니다. 가벼운 흥분을 넘어서는 과도한 음주는 중추신경을 마비시켜 혈관을 확장하는 일산화질소의 분비를 방해합니다. 비아그라가 바로 일산화질소의 분해를 막아 발기가 유지되도록 하는 약입니다. 쉽게 말하면 발기가 되게 하는 약이 비아그라라면, 발기가 안 되게 하는 약이 바로 '술'이라는 뜻입니다. 담배를 오래 피우고 술도 많이 마시면서 늦은 나이까지 성관계를 건강하게 유지하는 남자를, 저는 단 한 명도 본 적이 없습니다.

4

아침 발기는
정력과 무관합니다

며칠 전 충격적인 일을 경험했습니다. 제가 성욕도 많고 발기도 자신 있거든요. 아침에도 매일 발기가 짱짱하게 잘됐습니다. 그런데 그날은 발기는 되는데 강직도가 너무 떨어지는 것 같더니 얼마 지나지 않아 흐물흐물해지는 겁니다. 제가 만져 줬는데도요. 여자 친구가 생겨서 곧 섹스도 해야 하는데 갑자기 아침 발기가 안 되니 걱정이 앞섭니다. 발기가 안 되면 어쩌죠? 왜 갑자기 아침 발기가 안 되는 걸까요? 아니, 발기는 되는데 강직도가 떨어지고 지속력이 너무 약하네요. 갑자기 왜 그런 거죠? ㅜㅜ

남성은 종종 아침에 깨어나 자신의 음경이 발기된 것을 발견합니다. 남성에게 발기는 자존심과 같은 의미여서 자신의 의지와 무관하게 단단하게 발기된 음경은 아침부터 남성을 기분 좋게 해주죠. 반대로 어느 날 아침, 자신의 음경이 발기되지 않는 것을 발견한 남성은 점점 자신감을 잃게 되고, 이 사건이 발기부전으로 이어지는 것은 아닐지 심각하게 걱

정합니다. 그때부터 몸에 좋다는 음식과 보약을 찾기 시작하지만, 사실 그런 걱정들이 오히려 발기부전을 만드는 심리적 원인이 되기도 하죠.

일반적인 남성들의 생각과 달리 아침 발기는 '성 기능'이나 '성적 능력'과 크게 관련이 없습니다. 아침 발기는 성행위를 위한 일반적인 발기와는 원인이 조금 다르기 때문입니다.

아침에 발기하는 게 아니라
자면서 발기하는 것입니다

우리가 '아침 발기'라고 알고 있는 현상은 사실 '수면 중 발기'라고 표현해야 더 정확합니다. 사람은 자면서 얕은 잠(렘^{REM}수면)에 4~5회 들어가는데 이 렘수면 때 눈동자도 활발하게 움직이고, 꿈도 꾸고, 발기도 일어납니다. 수면 발기는 아침뿐만 아니라 밤새 4~5회 정도 일어나는데, 마침 발기된 순간이 잠에서 깨는 시점과 맞물리면 음경이 발기된 채 잠에서 깨어나는 것입니다. 반대로 렘수면 시점과 기상 시점이 다르면 아침 발기를 만날 수 없죠. 다만, 이 렘수면의 양과 횟수는 나이가 들면서 점차 줄어듭니다. 정력과 무관하게 아침 발기를 만나는 횟수는 나이가 들면서 점점 줄어들 수밖에 없습니다.

건강한 사람이 아침 발기도 잘된다는 것은 사실입니다. 발기를 위해 말초혈관에 해당하는 음경까지 혈액이 운반되려면 심장은 건강하게 펌프질을 하고, 그렇게 밀어낸 혈액의 통로인 혈관이 막힘없이 뚫려 있어야 하니까요. 즉, 심장이 좋지 않거나 혈관질환이 있는 사람은 아침 발기도 약해질 수밖에 없습니다. 그래서 옛말에 "아침 발기가 되지 않는 자에게는 돈도 빌려주지 마라."라는 말이 있는 건가 봅니다. 빌려준 돈도 받기 전에 급사하면 안 되니까요. ㅠㅠ 결론적으로 아침 발기는 노화와는 관계가 있지만 정력과는 무관합니다. 그러니 아침에 발기되지 않았다고 해서 우울해하지 않아도 됩니다.

어디에도
털어놓지 못하는
성 고민들

5

나만 왜 이럴까요?

스타킹
페티시가 있습니다

안녕하세요. 평범한 대학생입니다. 저는 스타킹 페티시가 있습니다. 4~5세 때 스타킹 신은 다리를 우연히 스쳤는데 그 촉감이 좋았던 것으로 기억합니다. 그래서 아무도 없을 때 엄마 스타킹을 만져보고 신어보기도 했고요. 중학생 때는 같은 반 여자 급우가 교실 휴지통에 버리고 간 올이 나간 살색 스타킹을 집에 갖고 와서 자위했습니다. 죄책감이 들더군요. 고등학생 때도 학교 내 여자 선생님이나 살색 스타킹을 신은 여자 급우들을 상상하면서 자위했어요. 단지 상상만 하며 자위한 것뿐인데 죄를 지은 것 같아서 하루하루가 괴로웠습니다. 성인이 되니 이제는 인터넷에서 스타킹을 구매해서 자위하고 있습니다. 하루빨리 이 페티시에서 벗어나고 싶습니다. 죄책감이 드는 것도 괴롭고요.

제일 먼저 드리고 싶은 이야기는 "절대 죄책감 느끼지 마세요."입니다. 나의 페티시로 인해 타인에게 감정적인 상처를 주거나 경제적인 손해를 끼쳤다면 이는 죄책감뿐만 아니라 벌까지 받아야 할 사안입니다.

하지만 혼자 즐기면서 어느 누구도 내가 이런 페티시를 지니고 있다는 사실조차 모른다면, 그저 나의 취향일 뿐이니 떳떳하게 즐겨도 됩니다.

대부분의 페티시는 성적 취향이지 변태 성욕이 아닙니다

페티시는 신체 부위나 사물, 동물 등을 대상으로 성적 흥분을 경험하는 현상을 말합니다. 페티시는 많은 사람들이 사회적 상식에서 벗어나는 것으로 여겨, 타인의 페티시를 무조건 '변태'라 비난하는 분위기가 만들어지기 쉽습니다. 그러다 보니 페티시를 갖고 있는 사람은 자신이 정신병자라도 된 듯한 죄책감을 느끼면서 자학하게 됩니다. 정말 페티시는 변태 성욕일까요? 아니면 단순한 성적 취향일까요?

대체로 두 가지 조건을 기준으로 나눠보면, 변태 성욕인지 성적 취향인지 구분할 수 있습니다. 하나는 '상식적으로 고개를 끄덕일 수 있느냐.'이고 다른 하나는 '타인에게 해를 주느냐.'입니다. 예를 들어 가슴이나 엉덩이, 발, 스타킹, 속옷 등을 대상으로 하는 페티시는 성적 취향이라고 볼 수 있습니다. 하지만 대변, 어린아이, 채찍질 등을 대상으로 하는 페티시는 상식적으로 고개를 끄덕이기 어렵습니다. 또 스타킹 페티시가 있더라도 버려진 스타킹이나 구매한 스타킹을 대상으로 하는 것과 훔친 스타킹을 대상으로 하는 것은 엄연히 다릅니다. 타인에게 피해를 주는 페티시는 정상적인 성적 취향과 반드시 구분되어야 합니다.

인간은 누구나 약간의 페티시를 지니고 있습니다

페티시는 남성에게 좀 더 많은 게 사실이지만, 남성의 제복 입은 모습이나 팔뚝 근육 또는 굵고 낮은 음성 등을 통해 성적 만족을 경험하는 여성도 많으니 남성의 전유물만은 아닌 듯합니다.

페티시를 무작정 '변태'라고 생각하며 비난하거나 자책하는 것은 결코 건강한 태도가 아닙니다. 오히려 타인에게 피해를 주지 않는 범위 안에서 충분히 경험하고, 자신이 쾌감을 느끼는 정확한 포인트를 찾아 적극적으로 즐기고 개발하는 노력이 필요합니다. 특히 연인의 페티시는 둘 사이의 성적 만족감을 높여주는 훌륭한 성감대로 활용할 수도 있습니다.

만약 자신이 무언가에 페티시 경향을 보이는 것이 마음에 들지 않아 극복하고 싶다면, 먼저 자신의 과거를 돌아보는 것이 좋습니다. 페티시는 대개 어떤 대상과 나의 성적 감성이 결합했던 경험에서 시작되기 때문입니다. 여자 선생님에게 성적 호기심을 가졌지만 부끄러워 얼굴도 제대로 바라보지 못하고 그녀의 다리만 봐야 했던 남자아이가, 성인이 된 뒤 스타킹 페티시를 갖게 되는 경우를 예로 들 수 있습니다. 타인에게 해가 되지 않는다면 세상에 '변태'는 없습니다. 특별한 '성적 취향'이 있을 뿐이죠.

Q2

삽입이 되지
않습니다

20대 후반 여성입니다. 오래전부터 남자 친구랑 교제할 때 섹스를 시도해왔는데 매번 실패했습니다. ㅠㅠ 결혼을 생각할 나이가 되니 슬슬 조급해집니다. 성생활도 하면서 즐겁게 연애하고 싶은데, 삽입에 대한 공포증이 너무 심해서 남자 친구가 손도 대지 못하게 할 정도예요.

합의하에 강압적으로도 시도해봤는데, 조금만 들어오는 느낌이 들어도 제가 심하게 비명을 지르고 다리에 힘이 들어가서 삽입이 되지 않습니다. 남자 친구를 사랑하고 충분히 믿는데도 그래요. 저, 어떻게 해야 하나요? 기다려보는 것밖에 방법이 없을까요?

사연 주신 분이 경험한 것은 '질경련'이라는 증상입니다. 그게 무엇이든 (꼭 음경이 아니더라도) 질 입구로 들어오려 하면 질 입구가 단단하게 수축하면서 삽입할 수 없는 상태가 되거나, 삽입되더라도 통증을 유발하는 증상을 말하며 주로 심리적인 원인으로 발생합니다. 한 번이라도 질경련을 경험해본 여성까지 포함하면 15% 이상이 겪는 제법 흔한 증상이니, 내 몸에 문제가 있는 건 아닌지 걱정할 필요는 없습니다. 성적인 문제로 어린 시절 겪은 트라우마가 있거나 오랜 기간 순결을 강요받아온 여성들이 경험하기도 합니다. 그저 남보다 겁이 조금 많거나 딱히 이유가 없는 여성도 겪을 정도로 흔합니다.

질경련은 작은 성 기능 장애일 뿐입니다. 고소공포증이나 폐소공포증처럼 특정 대상이나 상황에 대해서만 발생하는 공포증의 일종인데, 삽입에 대한 공포가 주된 원인입니다. 심리치료와 물리치료를 통해 얼마든지 치료할 수 있습니다.

질경련은 심각한 질병도 아니고, 치료도 어렵지 않습니다

증상이 가볍다면 혼자서도 해볼 수 있습니다. 인간은 원초적으로 경험해보지 않은 것에 대한 공포가 있는데, 그 공포를 치유하는 심리학의 대표적인 방법이 '체계적 둔감법'입니다. 특정 대상에 공포를 느끼는 사람에게, 유사하거나 아주 작은 자극부터 시작하여 점차 큰 자극을 노출해 조금씩 자극에 익숙해지게 하는 대표적인 행동 치료요법이죠.

눈을 감고 상상 속에서 따뜻하고 평화롭고 아름다운 곳을 찾아가 바닥에 몸을 편안하게 누입니다. 편안하게 누운 상태에서 역시 상상으로, 옷을 모두 벗고 다리를 약간 벌립니다. 잠시 후 아주 가늘고 부드러운 무언가가 질 입구를 통해 내 몸속으로 들어오는 것을 상상해봅니다. 무척 부드러워서 들어오는 느낌만으로도 기분이 좋아지는 상상을 충분히 해보면 좋습니다. 하루에 한 번씩 최소 한 달 이상, 이렇게 상상 속에서 조금씩 크기를 키우고 강도를 높이다 보면, 어느 순간 실제로도 외부 삽입에 대한 몸의 반응이 많이 약해져 있음을 느끼게 될 겁니다. 절대 단시간에 나아지지 않습니다. 충분한 시간을 두고 반복해야 합니다. 조급할 필요 전혀 없습니다. 어차피 백 년 살아갈 내 인생에서 고작 몇 달일 뿐이니까요.

심리치료에서 큰 효과를 보지 못했다 해도 실망하지 마세요. 산부인과 또는 여성 전문 비뇨기과는 통상 질경련을 포함한 다양한 성교통 치료를 위한 별도의 클리닉을 운영하고 있습니다. 증상이 심하거나 혼자 치료하는 게 불안하다면, 클리닉에서 전문적인 방법으로 조금씩 통증 역치(느낄 수 있는 고통의 한계)를 높이는 치료를 받아도 좋습니다. 대개는 3개월 이내에 증상이 많이 좋아질 수 있습니다.

Q3

성관계 중
방귀가 나와요

남자 친구와 성관계를 한 뒤 남자 친구가 성기를 빼고 서로 안고 있는데 갑자기 질에서 방귀 소리가 나는 거예요. 질 방귀는 잦은 성관계나 출산 등으로 질 구멍이 넓어지면 난다고 알고 있는데 그런 소리가 나서 정말 당황했습니다.

잦은 성관계로 질이 넓어져서인지, 제가 하체의 힘이 없어서 그런 건지, 남자 친구도 삽입 시 별다른 느낌이 없다면서 사정을 못 할 때도 많습니다. 너무 고민입니다. 결혼까지 생각하고 만나는 사람이거든요. 뭐가 문제일까요?

연인 사이에서 발생한 문제의 원인을 무조건 자신에게 돌리는 습관은 건강하고 평등한 연인 관계의 지속을 위해 전혀 바람직하지 않습니다. 설사 그 일의 원인이 정말 어느 한쪽에 있다고 해도 사랑하는 연인이라면 함께 책임 의식을 느끼고 문제를 해결하려고 노력해야 하니까요. 그런 점에서 지금 하는 고민은 하루빨리 잊으세요. 왜냐하면 질 방귀는 절대 질이 넓어서 생기는 현상이 아니니까요.

입을 크게 벌리고
휘파람을 불 수 있을까요?

휘파람은 입술을 가능한 작고 동그랗게 오므린 상태에서 바람을 불어야 소리를 낼 수 있습니다. 코골이 역시 좁아진 기도를 드나드는 공기 때문에 소리가 나는 것입니다. 몸을 옆으로 뉘어 자면 기도가 넓어져서 코골이를 줄일 수 있죠.

결론부터 말씀드리면 잦은 성관계로 질이 넓어지지도 않지만, 만에 하나 질이 넓어졌다 해도 방귀 소리는 나지 않습니다. 그러니 질의 넓이와 질 방귀는 아무 연관이 없습니다.

질 방귀는 질 속의 공기가 몸 밖으로 나오면서 생기는 마찰 때문에 소리가 나는 현상입니다. 특별한 경우를 제외하고는 항문으로 방귀 뀌는 것과 같이 지극히 정상적인 몸의 반응이죠. 음경이 삽입될 때 질 내부 공간에 공기가 빨려 들어가 압축되었다가, 자세를 바꾸거나 몸을 움직이면서 생기는 음경과 질 사이의 공간으로 공기가 빠지면서 소리가 나는 것입니다. 주사기를 생각하면 이해하기 쉬울 겁니다.

섹스의 체위 중에서는 '뒤에서'가 질 방귀가 가장 빈번하게 발생하는 체위입니다. 공기가 쉽게 빨려 들어가고 그만큼 쉽게 빠져나오는 자세이기 때문입니다. 질의 넓이나 탄력과 무관하게 상황과 체위 등에 따라 젊은 여성도 질 방귀를 흔히 경험합니다. 방귀를 많이 뀐다고 대장의 넓이나 탄력을 걱정하지 않는 것처럼, 질 방귀 역시 신체에 어떤 문제가 있어서 나오는 게 아니니 걱정할 필요는 없습니다.

다만, 관계 시 한두 번 발생하는 정도가 아니라, 섹스에 방해될 만큼 다양한 체위에서 너무 자주 발생한다면 병원을 찾아 진료를 받아보는 게 좋습니다. 질 방귀는 질염에 의해 생길 수도 있으니까요.

Q4

질 넓이나 탄력이
걱정됩니다

흔히 노처녀라고 할 수 있는 나이의 여성입니다. 요즘 결혼을 심각하게 고민 중인데, 인터넷에 떠도는 이런저런 글을 읽다 보니 제 질의 넓이나 탄력이 걱정되더군요. 아무래도 어린 나이일수록 질의 수축이나 탄력이 좋겠지요? 얼굴이나 몸의 피부처럼요. 상대방도 그 차이를 느낄 수 있을까요? 노처녀는 아무래도 젊은 여성에 비해 관계 시 질의 수축이나 탄력(흔히 말하는 조임)이 현저히 떨어질 거 같은데, 제 남자 친구도 느낄 수 있을까요?

"서로 사랑하면 관계없다."는 답 말고 정말 솔직한 답변을 듣고 싶습니다.

"서로 사랑하면 관계없다."가 아니라 진짜로 아무 관계없습니다. 나이와 질의 넓이나 탄력이 관계있으려면 최소한 노인으로 불리는 나이 정도는 돼야 합니다. 그 정도로 나이가 많은 분은 아닌 것 같으니 분명하게 말씀드립니다. 아무 관계없습니다.

성 응용용 편

질은 헐거워지는 기관이 아닙니다

자신의 질에 손가락을 넣어보면 알 수 있습니다. 질 내부는 손가락 하나쯤은 넉넉하게 스치지 않고도 넣을 수 있는 넓은 공간이 있는 원형이나 타원형의 기관이 아닙니다. 서로 거의 닿은 채로 있던 질 벽이, 넣은 손가락의 두께만큼 탄력 있게 벌어지는 것을 느낄 수 있을 겁니다. 질 안쪽 벽이 손가락 피부에 닿아 있는 채로 말이죠.

물론 질이 헐거워질 때가 있기는 합니다. 아이를 막 출산하고 회복되기까지의 몇 주가 그렇고, 폐경 이후 여성호르몬 분비가 중지되어 피부의 탄력이 사라지면 질 역시 탄력을 잃는데, 이때의 질도 다소 그렇습니다. 노인 여성에게서 요실금이 생기는 것과 같은 원리입니다. 그러므로 특히 젊은 여성의 질이 헐거울 일은 결코 없습니다.

"조여준다."라는 말은 잘못된 고정관념입니다

"조여준다."라는 말은 질에 음경이 삽입되었을 때 질 내벽이 사방에서 음경을 단단하게 눌러주는 것을 말합니다. 이 개념은 흔히 '명기'라는 판타지를 만들 때도 사용되고, 남편이 자신의 외도를 합리화하는 구실로도 활용됩니다. 일부 여성은 '조여주기' 위해서 기구를 구매하거나 수술을 하기도 하죠. 하지만 주변에서 기구나 수술 때문에 떠나간 남자의 사랑을 되찾은 사례를 본 적이 있나요? 기구 제조사나 병원 사이트의 체험 후기는 제외하고 말입니다.

질 근육은 성적으로 흥분하면 저절로 수축과 이완을 반복하는 불수의근입니다. 불수의근은 본인의 의지와 상관없이 반응하고 움직이는 근육이라는 뜻입니다. 결론적으로 '잘 조여주는 질'은 '성적으로 충분히 흥분한 질'과 같은 말입니다. 만약 어떤 남성이 여성과의 성관계에서 '조여주는 압력'을 느끼지 못했다면 그건 여성을 성적으로 흥분시키지 못했다는 뜻이기도 합니다. 자기만 좋은 이기적인 섹스를 하고 있다는 뜻이며, 성적으로 건강하지 못한 남성이라는 방증이죠.

그렇다면 케겔 운동은 왜 하고,
성관계 중 음경은 왜 빠질까요?

PC 근육을 조였다가 풀어줌으로써 질 근육을 강화하는 케겔 운동은 단순한 '조여주기'와는 전혀 다른 목적을 가진 훈련입니다. 케겔 운동은 질 근육을 단련시킴으로써 요실금을 방지하고 질의 반응 운동을 활성화합니다. 따라서 케겔 운동은 성감을 높이기 위해, 또 훗날 건강한 질을 유지하기 위해 꼭 필요한 훈련입니다. '헐거워진 질'이 조금이라도 걱정된다면 케겔 운동 정도만 해도 충분합니다.

성관계 중 음경이 질에서 빠지면 질이 헐거워서 생기는 현상으로 생각하고 걱정하는 분이 있습니다. 하지만 이 역시 그저 자연스러운 현상입니다. 성관계 중 질에서 음경이 빠지는 가장 흔한 이유는 체위를 바꾸거나 남녀가 몸을 움직이는 과정에서 결합이 어긋나기 때문입니다. 당연히 있을 수 있는 일입니다.

물론 음경의 길이가 정상보다 매우 짧다면 그럴 가능성이 더 커지긴 합니다. 왕복운동을 너무 격하게 할 때도 빠질 수 있습니다. 앞뒤 운동의 유격이 큰 만큼 빠져나올 가능성도 커지는 것입니다. 특히 여성이 위에 올라타서 움직이는 '여자 위' 체위나 남자가 여자의 등 뒤에서 삽입하는 '뒤에서' 체위에서는, 유격을 크게 하여 움직이면 음경이 빠질 가능성이 더 커집니다. 두 체위 모두 성기의 자연스러운 삽입 곡선과 어긋나는 체위이기 때문입니다.

인간사의 많은 불행은 자연스럽게 흘러가는 것을 억지로 막거나 바꾸려고 할 때 발생하는 경우가 많습니다. 공부에 지친 아이에게 휴식 대신 강요를 주면 자살로 이어질 수 있고, 식어버린 사랑을 되돌리려는 안타까운 집착이 도리어 이별을 만들기도 합니다. 사랑한다면, 지금의 내 모습을 인정하면서 더 나은 모습이 되도록 노력하는 것 정도로 충분합니다.

Q5

연인의 성기에서
냄새가 납니다

저의 고민은 남자 친구 성기에서 나는 냄새가 너무 역하다는 것입니다. 남자 친구는 포경수술을 하지 않았고 관계 시엔 자연 포경이 되는데, 남자 친구의 성기를 애무해줄 때 음경에서 나는 악취 때문에 어떻게 해야 할지 모르겠습니다. 지린내 같은 거요. 바지 지퍼만 내려도 냄새가 날 정도로 심한데 도저히 말해줄 자신이 없네요. 많이 민망해할까 봐서요.

혹시 손을 비누로 30초 이상 자주 씻으면 감기에 걸릴 확률이 매우 낮아진다는 사실을 알고 있나요? 잘 씻은 손은 악수할 때도 뽀드득한 느낌이 나서 상쾌하죠. 여기에 은은하게 퍼지는 향기로운 비누 냄새까지 동반한다면 상대에게 좋은 인상을 남길 수 있습니다.

무엇보다 섹스에서 냄새는 절대 극복 가능한 대상이 아닙니다. 시각은 차단하면 되고, 청각이나 촉각은 그때그때 내가 원하는 방향으로 바꾸면 되지만, 후각은 피하거나 바꾸기 어려운 감각입니다. 따라서 남자든 여자든 사랑하는 연인을 위해 평소 생활습관이나 몸 상태를 관리하고, 특히 자신의 냄새에 신경 쓰는 것이 좋습니다. 섹스 전에는 서로의 몸을 잘 씻어주세요.

남자의 냄새는
포경수술과 무관합니다

물론 포경수술을 하지 않았다면 음경에 치구가 남을 가능성이 큽니다. 하지만 이것은 '씻지 않는다.'라는 전제에서만 가능합니다. 매일 속옷을 갈아입을 때 가볍게 씻어주기만 해도 치구는 남지 않을 뿐만 아니라 냄새도 없습니다. 만약 바지 지퍼만 내려도 냄새가 날 정도라면, 단순히 몸을 자주 씻지 않는 것뿐 아니라 속옷을 여러 날 입는 습관이 있지는 않은지 확인해볼 필요가 있습니다.

남성의 경우 음경에 대한 별도의 위생관리 팁이나 씻는 법은 없습니다. 그저 몸의 다른 부위를 닦는 것처럼 비누로 깨끗이 닦아주면 됩니다. 자주 닦는 것이 유일한 팁입니다. 물론 성병의 가능성도 있으니 매일 관리해도 냄새가 난다면 병원 진료를 권해주세요. 말해주는 것은 절대 미안한 일이 아닙니다. 냄새가 나지 않으면 당신을 더 행복하게 애무해줄 수 있을 것 같다고 말해주는데도 행동이 변하지 않을 남자는 없습니다. 만약 병이 냄새의 원인이라면 병원 진료야말로 둘 모두를 위해 가장 바람직한 방법일 테고요.

여자의 냄새 원인은
다양합니다

여성의 생식기는 남성보다 냄새가 날 원인이 좀 더 많습니다. 물론 남성처럼 자주 씻는 것은 필수이며, 씻을 때도 질 건강을 위해 가능하면 질 내부는 세정제나 비누를 사용하지 않는 것이 좋습니다. 외음부만 씻어주면 됩니다. 매일 잘 씻어준다는 걸 전제하고, 여성 생식기에서 나는 냄새의 대표적인 원인은 '냉'입니다. 냉은 원래 정상적인 질 분비물로서, 질 내부를 외부 세균으로부터 보호하기 위해 약산성을 유지하는 역할을 합니다. 일반적으로 여성의 질에서 약하게 나는 시큼한 냄새는 냉 때문이며 이는 냄새라고까지 할 만큼 거북하지 않습니다. 물론 이 정도의 냄새도 개인의 비위에 따라 거북할 수는 있죠.

하지만 생선 비린내처럼 역겨운 냄새가 난다면 질병을 의심해야 합니다. 질염이나 성병 등 다른 원인에 의해서 냉이 많아지면 냄새도 심하게 날 수 있으니까요. 이 경우 여자 친구가 상처받지 않도록 표현에 주의해야 합니다. 내가 냄새를 참을 수 없어서가 아니라, 여자 친구의 건강이 걱정되어 이야기하는 것이라는 점을 분명히 한 뒤 말해주는 것이 좋습니다. 병원 진료를 두려워하는 여성도 있으니 가능하면 진료는 동행해주세요.

몸이 피곤하거나, 스트레스를 많이 받았거나, 영양 상태가 좋지 않아서 대하가 생기고 냄새가 나는 경우도 있습니다. 이때는 여자 친구의 몸이 편안한 상태로 돌아올 때까지 챙겨주며 지켜봐주면 됩니다.

성병,
이것만은 꼭 알아두자

성병은 누구나 걸릴 수 있으며 꼭 낯선 상대와 관계한 후에만 걸리는 것도 아닙니다. 보균자와 성관계를 했다고 무조건 걸리는 것은 아니지만, 병마다 잠복기가 달라서 연인과 사귀는 동안에는 모르다가 헤어지고 나서야 발견하는 경우도 있습니다. 또 어떤 성병은 한 번 걸리면 평생 완치 없이 재발을 반복하는 '불치병'이기도 하고요. 구더기 무서워 장 못 담가서는 안 되는 것처럼 성병이 무섭다고 섹스 자체를 거부하는 건 바보 같은 행동이지만, 적어도 조심하는 건 아무리 강조해도 지나치지 않습니다.

병원에 가면 STD^{Sexually Transmitted Disease}(성병) 12종 검사를 받을 수 있습니다. 의료보험이 적용되니 증상이 있거나 무증상이더라도 성병이 걱정되는 성관계가 있었다면, 부담 없이 병원을 찾아가 STD 검사를 받아보는 것이 좋습니다. 지피지기면 백전백승이라고 했던가요. 지금부터 꼭 알아두어야 할 성병에 관한 몇 가지 상식을 확인해보겠습니다.

박테리아와 바이러스

성병 균은 크게 박테리아와 바이러스로 나눌 수 있습니다. 박테리아는 핵과 세포로 구성된 단세포 생물로서 혼자서도 살 수 있습니다. 바이러스보다 10배 이상 크고 항생제로 치료합니다. 반면 바이러스는 생명체라기보다는 단백질 덩어리인데, 살아 있는 숙주에 기생하여 생존하므로 혼자서는 살 수 없으며, 백신이나 항바이러스제로 치료합니다. 복잡한가요? ^^ 다 잊고, 성병 관련해서는 다음의 이 내용만 알아두면 됩니다. "박테리아는 항생제를 먹으면 완치되지만, 바이러스는 완치가 없으며 재발합니다." 물론 골라서 조심할 수는 없겠지만, 알고 있으면 이후 대응에 도움이 될 것입니다.

박테리아 감염에 의한 성병들

성병 중 가장 흔한 것이 바로 박테리아 감염에 의한 성병입니다. 증상이 심하지 않아서 아예 증상이 없거나 있어도 질염처럼 분비물이 많아지거나 냄새가 심해지거나 소변 시 약간의 통증이 느껴지는 것 정도가 전부입니다.

대표적인 것으로는 임질, 클라미디아, 미코플라스마 제니탈리움, 유레아플라스마 등이 있습니다. 박테리아 감염에 의한 성병은 항생제를 복용하면 완치되니 크게 걱정하지 말고 우선 병원부터 방문하면 됩니다. 성관계 매개성 질환이니 반드시 파트너와 함께 치료해야 한다는 걸 잊지 마세요. 안 그러면 치료되지 않은 연인으로부터 또다시 감염될 수 있습니다.

바이러스 감염에 의한 성병들 A, B, C

바이러스 감염에 의한 성병의 가장 큰 특징은 완치할 수 없다는 것입니다. 치료하면 눈에 보이는 바이러스는 소멸하지만, 나머지는 내 몸에 숨어 있다가 면역력이 약해지면 다시 증상을 유발합니다. 기본적으로는 내 몸의 면역력으로 억제하고, 심할 경우 항바이러스제 투여 등으로 관리할 수 있습니다.

Ⓐ 곤지름

곤지름은 콘딜로마, 성기 사마귀, HPV(인유두종 바이러스) 등 다양한 이름으로 불리는 바이러스 감염질환으로서 성인의 30% 이상이 보유하고 있다고 알려진 전염성이 강한 성병입니다. 남성의 경우 음경이나 고환, 항문 등에 보이지 않던 사마귀 형태의 돌출물이 생겼다면 병원을 찾아가는 게 좋습니다. 감염자의 90% 이상은 특별한 치료 없이도 2년 이내에 자연 치유되지만, 여성에게는 치명적인 자궁경부암의 원인이 될 수 있기 때문입니다. 보통 집중적으로 치료하고 2년 동안 재발하지 않으면 이후 다시 재발하는 일은 드뭅니다.

HPV 예방백신이 개발되어 자궁경부암의 원인이 되는 일부 바이러스는 예방할 수 있으니 남녀 모두 가능한 한 서둘러 예방접종을 받는 것이 좋습니다. 특히 만 12세 이하 여성 청소년은 국가지원 무료접종 대상입니다.

Ⓑ 헤르페스 1, 2형

헤르페스는 입술이나 성기에 물집이 생기는 병입니다. 피곤할 때 입술에 물집을 만드는 바이러스가 헤르페스 1형이며, 성기에 물집을 만드는 바이러스가 헤르페스 2형입니다. 우리 몸에 거주하는 바이러스는 저마다 자신들이 처한 상황에 적응해가며 거주하고 있습니다. 따라서 다른 부위로 옮겨지면 힘을 발휘하지 못하거나 생존할 수 없지만, 헤르페스 1형과 2형은 오럴 애무를 통해 거주지를 옮겨서 발병하기도 합니다.

물론 성매매나 원나잇이 아니라면 헤르페스가 두려워 오럴 애무를 피할 필요는 없습니다. 그래도 걱정된다면 연인이 함께 미리 성병 검사를 받는 것도 좋습니다. 대개 헤르페스 감염자는 물집이 생겼다가 터지고 진물이 나면서 통증이 심해 병원을 방문하게 됩니다. 증상이 있을 때 전염되므로 물집이 있을 때는 절대 성관계하지 않는 것이 좋습니다.

ⓒ 에이즈

후천성면역결핍증AIDS을 유발하는 HIV는 인간의 몸에 들어와 면역기능을 파괴하는 바이러스입니다. 감염자의 체액(정액, 피 등)과 피감염자의 신체 점막(질, 항문, 구강 등)이 직접적으로 접촉함으로써 감염되므로, 다른 성병들처럼 콘돔 착용이 예방에 큰 도움이 됩니다. 보균자와 콘돔 없이 섹스해도 실제 감염률은 1% 전후입니다. 현재는 항바이러스제의 개발로 걸리면 죽는 불치병이라기보다는 고혈압처럼 관리만 잘하면 되는 만성질환의 개념이 되었습니다.

성병을 예방하는 가장 확실한 방법은 검증되지 않은 파트너와의 성관계를 자제하고, 1년에 한 번 정기적으로 STD 검사를 받는 것입니다. 성관계할 때 콘돔을 착용하는 것도 큰 도움이 됩니다. 성병이 무서워 성관계를 자제하는 것은 어리석은 행동이지만, 성병을 무시하고 아무하고나 성관계를 갖는 것 역시 어리석은 행동입니다.

EPILOGUE

이 책에 담긴 모든 내용은 그저 '지금'을 기준으로 정리된 하나의 '정보'에 불과합니다. 시대가 바뀌어도 변하지 않는 진리가 결코 아니라는 뜻입니다. 이 정보는 '나'라는 객체를 만나 더 깊이 연구되고, '상대'에게 적용되면서 더 다양한 변이를 만들 것입니다. 지금까지 제 블로그를 방문해주셨던 많은 이웃들이 그랬던 것처럼 이 책을 읽는 여러분만의 '연구와 변이'를 절실하게 기다립니다. 왜냐하면 그것은 더 많은 분에게 또 다른 새로운 정보가 될 수 있으니까요.

blog.naver.com/orichia

이 블로그를 찾아 댓글을 통해 더 많은 분에게 여러분의 경험담을 들려주세요.

orichia@naver.com

이곳으로 메일 주셔서 궁금한 것을 해결하고, 타인과 공유하며, 함께 발전해나갔으면 좋겠습니다. 이런 바람직하고 건강한 단체행동을 '집단지성'이라고 하던가요? 많은 사람이 모여 함께 '건강한 집단지성'을 실현해나가는 장면을 상상하는 건 진심으로 설레는 일입니다. 저는 단지 여러분의 정보가 마음껏 소통되는 플랫폼이 되려고 합니다. 많은 여러분의 참여를 부탁드립니다.

상담사 **치아** 드림

밤의 숨소리

1판 1쇄 발행 2021년 2월 26일
1판 4쇄 발행 2021년 5월 15일

지은이   상담사 치아

펴낸이   김봉기
출판총괄   임형준
편집   이미아
디자인   onmypaper
마케팅   김보희, 정상원, 이정훈, 한세진

펴낸곳   FIKA(피카)
주소   서울시 강남구 삼성동 154-11 M타워 3층
전화   02-6203-0552
팩스   02-6203-0551
이메일   fika@fikabook.io
등록   2018년 7월 6일(제 2018-000216호)

ISBN   979-11-90299-20-6 03190